Anonymous

**Die Kockritze im Voigtland**

Meissen & Sachsen

Anonymous

**Die Kockritze im Voigtland**
*Meissen & Sachsen*

ISBN/EAN: 9783744636834

Hergestellt in Europa, USA, Kanada, Australien, Japan

Cover: Foto ©ninafisch / pixelio.de

Weitere Bücher finden Sie auf **www.hansebooks.com**

# DIE KÖCKRITZE

IM

## VOIGTLANDE, MEISSEN & SACHSEN.

I. ABSCHNITT.

Als Manuscript gedruckt.

MAINZ, 1871.
BUCHDRUCKEREI VON H. PRICKARTS.

# Die Familie von Köckritz
## und ihre Zeit.

### Vorgeschichte, Sage, Deutung.

Aus dem Urwald der Sagen rieseln die Quellen der Geschichte; es sei desshalb gestattet, hier Alles das zusammenzustellen, was im Munde des Volkes, in den ältesten Zeitbüchern, in Archiven und durch die neuesten Sprachforschungen sich über den Ursprung eines Adelsgeschlechtes auffinden liess, welches urkundlich in's 12. Jahrhundert hinaufreicht, wo sein Name mit dem Beginne der Erblichkeit derselben erscheint. Die Forschung sieht sich hier bald im weiten Bereiche der Conjectur, da bei allem Bemühen, das Material zu sammeln und zu verbinden, doch diese Quellen naturgemäss eine Grenze und zwar nach rückwärts haben. Die ältesten noch zu findenden Urkunden können das 12. Jahrhundert nicht überreichen. Wollen wir daher, aufgefordert durch einige Lichtblitze, auf frühere Zeiten des Geschlechts zurückgehen, dann muss die Untersuchung auf urkundliche Belege verzichten und nicht zu peinlich und kritisch das Licht sammeln, was Zeitbücher, Sagen, Maale, Ueberlieferungen vereinzelt auf die Vorgeschichte desselben werfen. Wenn bei solchen Ursprungs-Forschungen allerdings die Befriedigung nicht zu erwarten ist, welche später die urkundliche Sicherung zweifelhafter Thatsachen und Folgerungen gewährt, so bietet es doch eine andre Art nicht geringeren Interesses, an der Hand vereinzelter und dürftiger

Nachrichten mit Hülfe mehr oder minder gesicherter Vermuthungen die Bodenschichten zu lüften, welche die Stammwurzeln der Familie decken. Das hier Gebotene ist das Ergebniss unsrer Bemühungen auf diesem Gebiete. Es hätte bequem und nahe gelegen, zwei in gleichen Urkunden-Bereiche und Zeugenkreisen, die eine 1196 zu Zeitz, in der ein *Poppo* »Ma·chalcus«, und die andere 1209 zu Weida im Voigtlande, in welcher *Poppe* und *Heinrich* v. Ktz. auftreten, ausgestellte Urkunden als Ausgangspunkte zu betrachten, und in dem nahe bei Weida gelegenen, noch vorhandenen festen Thurme Köckritz, dessen Zubehör, das Dorf Koffeln, als Besitz der Familie urkundlich nachweisbar ist, die Wiege des Geschlechtes zu suchen. Seine Verbreitung im Voigtlande, nach Meissen, Lausitz, der Mark, Schlesien und Preussen war dann von hier aus zu verfolgen. Auch unschwer und historisch genügend würde für diesen Ausgang der Zusammenhang der Verzweigungen nachweisbar sein, so dass nur die Frage zu beantworten bliebe: lieh der feste Thurm dem Geschlechte, oder dieses jenem den Namen? — eine oft wiederkehrende Frage, die Herr v. *Ledebur* (*Märk. Forschungen*, IV, p. 175) dahin beantwortet: Der frühere Standpunkt in solchen Dingen, namentlich wie er sich zwischen dem 16. und 18. Jahrhundert gestaltete, konnte zweierlei Vorstellungen nicht aufgeben: einmal, dass ein alter Kaiser mit dem Ahnherrn eine Erhebung in den Ritterstand, eine Wappen- und eine Namens-Ertheilung vorgenommen habe; zweitens, dass der Stammsitz dem Geschlechte, nicht aber dieses jenem Entstehen und Namen zu verdanken habe. — Jetzt wissen wir allerdings, dass von Erhebung und Wappen-Ertheilung im 12. bis zur Mitte des 14. Jahrhunderts nicht die Rede sein kann, und dass das Alter der Ortsnamen in dem eigentlichen Deutschland in der Regel viele Jahrhunderte über den Zeitpunkt hinausreicht, wo die Sitte beginnt, Geschlechter danach zu benennen. Nur in den germanisirten Slavenländern, deren Annectirung zum Theil in eine Zeit fällt, wo Familiennamen bereits Stetigkeit gewonnen hatten, kommt oft der Fall vor, dass die Familie den Namen auf den gegründeten Ort übertrug.

So lange also das Schloss Köckeritz im Voigtlande, der alten Sorbenmark, als Unicat des Namens dastand, konnte nach einer oder der andern Ansicht die Forschung sich mit diesem Ausgangspunkte begnügen und den Baum der Genealogie darauf pflanzen, mit Aufgeben mannichfach anderer Andeutungen, die auf eine weit östlichere Heimath der Familie hinweisen. Doch Urkunden, die in der neuesten Zeit aus den aufgeschlossenen Archiven hervortraten, knüpfen den Namen *Kökritz* auch an andere, wenn auch erloschene Orte in mehr östlicher Lage und gestatten nicht, das Voigtland ferner als unbezweifelte Heimath des Geschlechtes anzusehen. So finden wir, von Ost nach West vorgehend, das erste urkundliche Auftreten des Ortsnamens Ktz. am rechten Elbeufer, Meissen gegenüber, in einem Lehnsregister der Burggrafen von Meissen von 1434, als zur Zeit unbekannten Ort mit der Variante *Kokencz*. (*Märker Burggrafthum Meissen*, p. 273. Siehe auch *Regeste* zu 1397.) — Das zweite Kokoritz, ebenfalls unbekannt, lag in der Ebene zwischen Leipzig und der Saale, um Markranstädt; siehe eine Urkunde von 1235 über den Kauf von 29 Dörfern durch Heinrich II., Bischof zu Merseburg von Friedrich, Markgraf von Landsberg. (*Leo, Die Territorien des D. Reichs im Mittelalter*, II, p. 1046. — *Reg.* zu 1285). Von diesen Dörfern sind 22 noch nachweisbar, der Rest, darunter Ktz., ist verschwunden. — Endlich das dritte noch bestehende bekannte Dorf und feste Haus Ktz. bei Weida an der alten Frankenstrasse Karls des Grossen, gegenüber dessen Sammelplatze und Uebergangspunkte Saalfeld. — Weiter östlich hat sich ein solcher Ortsname nicht auffinden lassen; wir müssten denn den Namen eines Teiches bei Moritzburg oder einen Waldfleck, den Köckritz, bei dem alten Familienbesitze Senftenberg a. d. Elster dahin zählen, von welch' letzterem die Sage berichtet, er trage als Geschenk eines alten Schlossherrn dessen Namen. Wenn nun die Thatsache keinem Zweifel unterliegt, dass die gleichlautenden slavischen Ortsnamen mit dem Vordringen dieses Volkes von Ost gegen West wanderten, so dass z. B. das Swinica in Volhynien dem Schweidnitz in Schlesien, und dieses den mehrfach gleichnamigen in Sachsen, im Voigtlande, auftretenden voranging, so lässt sich die Annahme nicht abweisen, dass auch schon lange vor dem urkundlichen Auftreten des Namens im Voigtlande, östlich der Elbe die Ortsbenennung Ktz. zu suchen ist.

Die Nd.-Lausitz ist die letzte östliche Staffel der Slavenwanderung, auf der sich noch Bevölkerung, Sprache und Sitte derselben erhalten haben, und sind auch hier gleichlautende Ortsbenennungen nicht nachweisbar, so bietet doch die Sage um so bereiter die Hand. Sie lässt (*Merbach's Chronik von Kalau*, wohl aus v. *Schmidt's* älterer Chronik dieser Stadt und Local-Sagen entlehnt), 40 Köckritzer südlich der Stadt beim Dorfe Séttinchen im Kampfe fallen, und einen Köckritz wegen Raubes einer wendischen Braut getödtet werden. Noch heute bezeichnet die Sage einen terrassirten flachen Bergvorsprung, den Kreutzberg, im Walde zwischen Bronkow und Séttinchen, als altes Dorf. Zu Menschen Gedenken war dieser Punkt noch durch ein Kreuz als Schauplatz einer blutigen That bezeichnet und dessen Fussgestell, ein gelochter Feldstein, sowie umliegende zerbrochene rothe Sandsteinplatten mit fusshohen roh eingegrabenen Runenzeichen befanden sich im Jahre 1848 noch zur Stelle. Letztere wurden nach dem Herrenhause zu Bronkow in Verwahrung gebracht; Bronkow bedeutet slavisch Waffenplatz, Kampfplatz. Unter dem die Feldmark bedeckenden Steingerölle finden sich **häufig** Streitäxte von Serpentin, geformte Schlendersteine etc. *) — Es tritt uns hier die Frage entgegen: steht jene Sage, deren Ursprung die wendischen Bauern gewiss nicht aus den Jahrbüchern deutscher Vorzeit entlehnten, mit der Eroberung der Feste der Cocareszen durch die aufständischen Slaven (955) und die wortbrüchige Ermordung der Vertheidiger, die sich auch an eine geraubte wendische Maid knüpft, in Verbindung. *Wittukind* (*Sächsische Geschichte*, Uebersetzung, pag. 100) — Geschichtschreiber der deutschen Vor-

---

*) v. *Schmidt* sagt in seiner *Chronik*, pag. 98: «Aus den urältesten Zeiten Caroli Magni und Henricus Auceps her wird berichtet: Da hinter Calau, und dem Dorfe Bronkow bei Lipten, eine Schlacht vorging, wobei etliche 40 Ritter, darunter verschiedene Kockritze erschlagen wurden, auch die Stadt Kalau in's Gedränge kam.»

zeit — erzählt ausführlich diese tragische Geschichte. — Der Brautberg bei Golmitz, ein hervorragender Punkt am Rande des weiteren Spreewalds-Beckens, den die Sage als jährlicher Opferplatz einer wendischen Braut bezeichnet, liegt nahe eine halbe Stunde westlich im Gesichtskreise jener alten Mordstätte, und es ist nicht unschwer, hier Beziehungen zwischen Opfer, Raub und Mord zu finden. Wir wissen, dass hergebracht der Schauplatz jener blutigen That am rechten Ufer der untern Elbe im Kriegsgebiete des dort waltenden Herzogs Hermann gesucht wird, und bekennen, dass die Worte Wittukind's scheinbar diese Annahme zulassen; doch berechtigt die wunderbare Uebereinstimmung der Sage und der Aufzeichnung des Namens der Cocareszen, den Angaben jenes Schriftstellers den Maassstab höherer Kriegskunst anzulegen, und da ergibt sich: dass der Deutschen Kriegstheater an der Elbe, von den böhmischen Bergen bis zur See, in drei Marken zerfiel, wovon die obere und mittlere, sie reichte bis zur Havelmündung hinab, vom Markgrafen Gero, die untere vom Herzog Hermann befehligt und überwacht wurden. Bei Gero's wahrscheinlicher Abwesenheit auf dem Lechfelde (er hatte 954 siegreich gegen die Uckerer gefochten) vertraten ihn hier sein Legat, Markgraf Dietrich, und unter ihm Siegfried Graf von Walbeck, ein Liebling des Kaisers. Die Mehrzahl der sächsischen Ritterschaft war zur Abwehr der andrängenden Slaven an der Elbe zurückgelassen, als der Kaiser gegen die Ungarn aufbrach. — Herzog Hermann, dem in dieser gefahrdrohenden Lage wahrscheinlich der Oberbefehl in den Ost-Marken übergeben war (doch Wittukind spricht dies nicht aus), wurde zur Zeit (955) an der unteren Elbe von den Obotritten in der Front und im Rücken von sächsischen Verschwornen, den Anhängern des Grafen Wichmann, bedroht, welche Gefahr er, unterstützt vom Markgrafen Dietrich und dem Grafen Siegfried, durch partielle Angriffe zu bekämpfen suchte. Auch Markgraf Dietrich ergriff darauf in Gero's Marken die Offensive, die jedoch von den Slaven blutig und zur schreckhaftesten Aufregung von ganz Sachsen zurückgeschlagen wurde. Diesem Unfalle folgte der Einbruch der Slaven, der mit dem Morde der Cocareszen abschloss. Herzog Hermann, obgleich er unverweilt mit Hülfe

herbeigeeilt war, vermochte dies nicht zu verhindern, führte
vielmehr das Unglück selbst herbei; denn als er sah, dass das
feindliche Heer bedeutend, seine eigene Kriegsmacht dagegen
sehr gering war, hielt er es wegen der Gefahr des damals
noch ungestillten Bürgerkrieges — Wichmann's — für gerathe-
ner, den Kampf bei dem zweifelhaften Stande der Dinge zu
verschieben, und der Menge, welche zahlreich in einer Feste —
die der Cocareszen —, also in einem Centralplatze, zusammen-
geströmt war, da sie der Festigkeit der übrigen nicht trauten,
anzubefehlen, sich mit dem Feinde friedlich und so gut wie
möglich abzufinden. Diesen Beschluss nahmen die Ritter sehr
übel auf, besonders Graf Siegfried, ein überaus tapferer Kämpe.
Diese Missstimmung Siegfried's, der erst im Frühjahre dem
Herzog an der untern Elbe ritterlich beigestanden hatte und
sich jetzt von ihm im Stich gelassen sah, hatte volle Berechtigung jedoch nur dann, wenn man die namenlose Feste der
Cocareszen in den Siegfried's Obhut anvertrauten Gebieten
Gero's sucht. Siegfried's Gegenwart bietet dafür den vollen
Beweis; denn welcher haltbarer Grund konnte, nach dem den
Markgrafen Dietrich getroffenen Unfalle und dessen Folgen,
den Grafen v. Wallbeck und seine Ritter nach der unteren
Elbe, nach der Priegnitz, nach Mecklenburg, mit Preisgebung
des eigenen Gebietes, führen? — Und Gero's Gebiet rechts der
Elbe war die Nd.-Lausitz, 955 noch zinsbares Bundesland mit
dem Anspruch auf eigene Herren, dem erst das Jahr 963
vollständige Dienstbarkeit brachte. Sucht man die namenlose Feste, so bietet sich die Stadt Kalau, im Munde des
Wenden Kale genannt, welches Wort in seiner Ursprache
nichts als Feste bedeutet, wie dies zahlreiche Ortsbenennungen im Oriente bezeugen. Die Richtigkeit dieser Annahme
für die Position von Cocareszen wird besser noch durch die
Bemerkung beleuchtet, dass zu jener Zeit das Kriegsfeld der
Deutschen, rechts der Elbe, von dem vom Aufstande unberühr-
ten Gebiete der Heveller, der alten Herrschaft des getauften
Slavenfürsten Tugomir (er starb 949) — den Bisthümern Havelberg und Brandenburg — in zwei Hälften geschieden war.
Den drei deutschen Marken links der Elbe standen drei slavische Zinsgebiete gegenüber, von denen das mittlere durch

Tugomir's und geistliche Herrschaft beruhigt war. Wenn wir dem, die beiden oberen Marken überwachenden Markgrafen Gero bei dem, dem Cocareszenmorde folgenden Rachezuge des Kaisers in erster Linie die Führung der Verhandlungen und Bewegungen anvertraut sehen, so spricht dies überzeugend dafür, dass der Einbruch der Slaven und ihre Bestrafung an der Raxa nur im Bereiche seines Kriegsfeldes zu suchen ist. Unterstützt wird diese Ansicht noch durch die bei dem Uebergange der Raxa helfenden, Gero befreundeten Fluss-Anwohner, den Rivanen des *Analist. Saxo*. Es bedarf bei dieser Leseart nicht des gelehrten Suchens nach der selbstgeschaffenen Völkerschaft der Rvanen. — Wenn es gestattet ist, eine Conjectur über den unbekannten Fluss Ráxa, Racscu, auszusprechen, so bezeichnen wir damit die krebsreiche Spree (Rác = Krebs), und als Gegend des Kampffeldes, an der Nordgrenze der Nd.-Lausitz, den beinahe kreisförmigen Bogen der sumpfreichen Niederungen dieses Flusses unterhalb und östlich der Stadt Lübben, das Gebiet der Krum-Spree. Der Kaiser hätte dann mit Hülfe der Ortskenntniss Gero's den Fluss bei Sabrod, Brod = Furth, kämpfend dort überschritten, wo das linke Ufer, zwischen dem Dorfe Kostemblat und dem Schwiloch-See, damals Sumpf, durch eine noch vorhandene Walllinie vertheidigt wurde. Bei der damaligen Gangbarkeit des Landes war für ein Heer, welches sich von der Elbe bei Belgern nach den Ukernlanden bewegte, Lübben der einzig mögliche Durchgangspunkt. Jenseits desselben befand es sich dann allerdings in dem geschilderten Zirkel gefährlicher Terrainhindernisse, Fluss, Sumpf und Wald, der nur zwischen Sabrod und Kostenblat einen offensiven Ausgang hatte. Man darf sich das von den Slaven eingeschlossene Reiterheer des Kaisers nicht in der Situation eines eingepfählten Elephanten denken.

Wir dürfen in dem veränderten Namen des Flusses keinen Anstand finden; denn heute noch ist dem Wenden das Wort Spree nur eine allgemeine Bezeichnung für jeden langgestreckten Wasserspiegel, so dass selbst solche zeitweiligen Wasserflächen von ihm Spree genannt werden. Er sagt nicht: die Spree, sondern eine Spree. Der untere Lauf des Dame-

Flusses heisst noch die wendische Spree. Ueberhaupt ist bei näherem Eingehen das Wort Spree nicht der ursprüngliche Eigenname dieses Flusses, wenigstens nicht von Spremberg abwärts, was sich unzweifelhaft aus dem wendischen Namen der Stadt Kottbus ergibt. Coissubussa, zu deutsch: Uebergang des Coissü, lässt ihn ursprünglich als Coissü auftreten, welches Wort jedoch ebensowenig wie das deutsche A und Ach als Sondername betrachtet werden kann, da in der letzten Wanderstation der slavischen Geschlechter im östlichen Kaukasus, noch heute drei von einem Gipfelberge der Kaukasuskette, dem Kaccan, herabstürzende Bergströme Coissu genannt werden und ein in ihrem Bereiche gesessener Linzenstamm den Namen die Koissubus-Linzen, oder Linzen an den Uebergängen des Koissu, führt. Diese auf officielle russische Karten gegründete Angabe gestattet keinen Zweifel an dem wandernden Namen des Flusses. Und wieder ist diese Benennung doch nur als eine zusammengesetzte anzusehen, da deren Wurzelsylbe Ssu, Flies, Fluss, sich aus der alten Völkerwiege der Slaven, der Dzungarey, aus Hochasien über Armenien und den Kaukasus verbreitet hat. Dort überall bilden die Abflüsse der Alpen nur durch Vorsilben des Ssu ihre Namen, z. B. Acssu, Schwarzwasser. Die wandernden Dzungaren gaben im Kaukasus dem Koi-Ssu der Linzen und diese dem Koi-Ssu der Wenden den Namen, wo er dann dem Deutschen als Rac-Ssu, Raxa, später als Sprewa anklang.

Wir verlassen hier diesen Excurs nach dem Vorhallen des Wendenvolkes, für dessen Kaukasische Abkunft damit ein neuer Beweis geführt sein dürfte, der mindestens eben so viel wiegt als der für die Abstammung der Franken aus Troja.

Durch diese Erörterung über das Kriegsfeld des Jahres 955, deren geographische Grundlage dem Aufsatze des Herrn *v. Ledebur: die Nordmark etc., (Märkische Forschungen* IV., pag. 167) entlehnt ist, dürften für die Feste der Cocareszen und die Raxa, wenn auch nicht unbestreitbar, Positionen im Bereiche der Vor-Marken Geros in der Nd.-Lausitz gewonnen und die Cocareszen Wittukind's der Wendischen Sage genähert sein. Der Gewissheit nähert sich diese Annahme, wenn man der Frage: wo schlug Kaiser Otto am 16. October 955, den

Masstab von Zeit und Raum anlegt. Der Kaiser war in circa 30 Tagen, Anfang Juli bis Anfang August, aus Sachsen nach dem Lechfelde gezogen. Am 10. August schlug er hier die Ungarn-Schlacht und zurückkehrend am 16. October die Slaven an der Raxa, wo er vorher viele Tage eingeschlossen war (vide *Wittukind*). Beide Schlachten trennt ein Zeitraum von 66 Tagen. — Rechnen wir für die Zeit der thatsächlichen Verfolgung, sie führte bis Regensburg, und die Retablirung des Heeres nach der Schlacht bis zum Abmarsch nach Sachsen 15 Tage (*Ranke's* Jahrbücher nehmen an, dass der Kaiser sich Anfang September in Bewegung setzte), für die vielen Tage der Einschliessung an der Raxa eben so viel, zusammen 30 Tage, so bleiben für die Marschzeit dorthin 36 Tage. — Ohne Wegbiegung, in der Richtung der alten Heerstrassen gemessen, beträgt die Entfernung von der Donau über Belgern, dem alten Sammelplatze an der Elbe, bis zur Spree-Raxa in der Nd.-Lausitz 70 Meilen und nach der Priegnitz über Merseburg und Magdeburg an die Dosse, die man zur Taxa-Raxa machen will, 80 Meilen. — Für Heere jener Zeit, deren Kern aus schwerer Reiterei bestand, die täglich auf den Feldern fouragiren und in den Dörfern requiriren musste, viel Gepäck, Zelte mit sich führte, würde die Zurücklegung solcher Entfernungen, die sich durch das Verhältniss wie 5 zu 7 der Wegmeilen zu den Marschmeilen bis an die Raxa auf 100 Meilen verlängert, in der gegebenen Zeit so andauernde Gewaltmärsche erfordert haben, dass schon die Erreichung der Spree nördlich von Lübben fraglich erscheint und um so mehr die der untern Elbe. — *Taxa*. — Zur Orientirung über die Heerzüge jener Zeit lassen wir hier folgen, was der Apt Rudolph von St. Tron als Theilnehmer eines solchen Zuges im befreundeten Lande zu 1107 erzählt. Ein Heerhaufen von 2000 Rittern zog unter Führung des Erzbischofs von Köln, Herzögen und Grafen, von Lüttich nach Verdun. Die Märsche waren sehr kurz, von früh 8 Uhr an, es war Sommer, wurde gerastet, alle Dörfer, Höfe und Häuser der Umgegend vorzüglich von den Schildknappen geplündert und verheert, was mitgenommen werden konnte, auf die Pferde gebunden und in das Lager gebracht. Hier, an den Ufern der Flüsse, auf den Wiesen, schlugen die Krieger, welche Beile und andere Werkzeuge zur Hand hatten, prächtige Zelte für die Herren auf und bauten Hütten für sich, während andere mit Sicheln Gras für die Pferde schnitten und Lebensmittel aus den Dörfern holten. Das Uebrige des Tages wurde in Ruhe und Vergnügen in den Büschen und auf den Wiesen zugebracht. — Der Reiterhaufen brachte so 10 Tage auf diesem Marsche von 25 Meilen zu. Die Marschverhältnisse des kaiserlichen Heeres nach der Raxa gestalteten sich rechts der Elbe noch weit ungünstiger; die Nd.-Lausitz war zinspflichtiges aber aufständisches Land, von dem erst 10 Jahre später, 963, Wittukind aufzeichnet: Um diese Zeit besiegte auch Markgraf Gero die Lausitzer Slaven mit gewaltiger Kraft und brachte sie zur vollständigen Dienstbarkeit, jedoch nicht ohne eigene schwere Verluste.

Die böhmische *Chronik* des *Pulkawa ap. Dobner* T. III. p. 131 zeichnet Anno 1087 auf: In Medio Surb Kalow. Wir sind dadurch berechtigt, diese Stadt als Centralpunkt des Wendenlandes, Surb = Syrb, der späteren Nd.-Lausitz anzusehen, in deren Mitte, begrenzt durch Elster, Spree und Neisse, sie liegt. — Ihr vulgärer Name Kale bezeichnet sie unzweifelhaft als altslavische Feste und es darf nicht befremden, in v. *Schmitts Chronik*, p. 98, und *Grosser's Merkwürdigkeiten der Lausitz*, T. II. p. 60, alte Aufzeichnungen zu finden, welche sich auf östliche Kriegszüge der Franken in ihrem Bereiche beziehen. Die wendische Bevölkerung der Nd.-Lausitz unterlag seit 1300 Jahren keinem Wechsel und wenn unter den Spreewalds-Bewohnern im Anfange dieses Jahrhunderts die Tradition der Abstammung von einheimischen Fürsten noch fortlebte, so können sich eben so gut, wenn auch verschwommen, noch Erinnerungen an jene Kriegs-Ereignisse im Lande erhalten haben.

Karl der Grosse zog 789 gegen die Wilzen an der untern Oder, diese wurden bis zur Pene-Mündung zurück gedrängt, die Stadt ihres Häuptlings Dragwitz erobert. Dieser unterwarf sich und demnächst viele andere Fürsten und Edle, so dass das Land zwischen der Donau, dem Meere bis zur Weichsel dem Franken-Kaiser zinsbar war. — Nach Eginhard ging der Zug dieses mächtigen Heeres von Köln aus, westsüdlich und nördlich des Harzes nach zwei befestigten Uebergängen der Elbe — Wolmirstädt und Belgern? — also auf zwei Marschlinien, wovon die nördliche die Havel berührte, in das Land zwischen Elbe und Oder. Die Ueberschreitung der Letztern, sie muss, obgleich von Eginhard übergangen, zur Unterwerfung des Landes bis zur Weichsel vorausgesetzt werden, erfolgte bei Frankfurt. Der militärische Aparat, mit dem Karl während seines Lebens diese östliche Welt im Zaume hielt, war ein durch meilenlange Landwehren vor Frankfurt am östlichen Oder-Ufer gebildeter Brückenkopf, der dem Limes zum Stützpunkte diente, welchen die Franken längs des Oberaflusses zogen. Seine Verwallungen schlossen sich oberhalb Schwerin an die Warthe. Beide grossartigen Werke sind in ihren Spuren noch vorhanden. Sie waren nach Römerart durch Signallinien, Hochwarten, verbunden, die mindestens bis zur Elbe, wenn nicht bis zum Rheine, reichten. — Kalau lag den Marschlinien des Fränkischen Zuges nahe, an dem die Syrben als Bundesgenossen Theil nahmen. — Dass diese Stadt noch bis zum späteren Mittelalter, der Zeit Kaiser Karl IV., als Mittelpunkt der Lausitz galt, wird dadurch bezeugt, dass sie gleichzeitig der Sitz des Archi-Diakonats, des Obergerichts und des Landvoigts war.

Betrachten wir nun den Namen des Geschlechts für sich, so steht unzweifelhaft nach Analogie vieler von den bedeutendsten slavischen Sprachforschern vertretene Ableitungen fest, dass Cac- oder Coc-ritz zum Geschlechte des einsilbigen Stammnamens gehörig bedeutet. Beide Namensformen finden sich bis zum Beginne des 16. Jahrhunderts wechselnd in den Urkunden aller Provinzen, in welchen die Familie auftritt. Coc war die deutsche, Cac die slavische Aussprache, wie Cossac und Cassac, und wie oft die niedere deutsche Sprachweise das Stamm a in o umlautet, bedarf keiner Beispiele. Cacritz war noch beim Beginne des Jahrhunderts in der Nd.-Lausitz bei alten Schlossdamen und Tanten sprachgebräuchlich. — Als Ortsnamen kommt Cac in Servien vor und zusammengesetzt mit andern Sylben findet sich Cac, Coc, in unzählbaren Variationen bei Personen und Ortsnamen in allen slavischen Ländern, was über ihren Ursprung keinen Zweifel lässt. Die Sylbe selbst bedeutet altslavisch hoch, erhaben in beiden Bedeutungen des Wortes, so Caccan Gipfelberg im Kankasus und Kacchan ältester Heer-Fürst der Tartaren. Der Name des 1 Meile westlich Kottbus gelegenen Dorfes Kocrow, ausgesprochen Kacrow, zu deutsch — Kacs — Grab, erlangt für die Existenz eines Stammvaters gleichen Namens dadurch beweisende Kraft, dass sich nahe vor dem südlichen Ausgange desselben ein mächtiges Hünengrab erhebt, das unzweifelhaft zur Ortsbenennung Veranlassung gab und einen Häuptling dieses Namens deckt, der in der Nd.-Lausitz zu einer Zeit verschied, wo man noch zum Andenken von Helden Hügel-Maale schüttete. Für die alte Heimath der Familie in der Nd.-Lausitz, bei den vielen Wanderzügen der Slaven dürfen wir nicht Urheimath sagen, dürfte diese Thatsache von Bedeutung sein. Ist irgend wo, so hier, heiliger Boden für das Geschlecht. — Schliesslich sei noch eine wendische Sage angeführt, die jedoch schon das Gepräche des mit Worten spielenden späteren Mittelalters trägt, wonach die Geschlechter der v. Muschwitz und v. Köckritz von zwei Brüdern im Dienste eines einheimischen Fürsten abstammen, der ihnen nach einer rettenden Jagd-That bezügliche Wappen und die Namen verliehen habe, an welche sich ein wendisches Wortspiel knüpft. Bei der noch gegenwärtig bemerkbaren, oft überraschenden Aehnlichkeit von Personen beider Familien ist jedoch die Annahme eines historischen Kerns dieser Nachricht nicht wohl abzuweisen.

Wir wollen das neutrale, allen Meinungen offene Gebiet der Vorgeschichte des Geschlechts nicht verlassen, ohne uns bestimmt über den möglichen Ursprung desselben auszusprechen. Derselbe lässt sich auf zweifache, slavische oder fränkische, Nationalität zurückführen. Die Meinung einer slavischen Abstammung der Ktze. leitet dieselbe nicht von der unterjochten Bevölkerung der Sorben- und Wenden-Marken ab, sondern stützt sich auf die urkundlich nachweisbare Existenz von Klanverbindungen (ex Gente) im Czechen-Volke, dessen Häuptlinge, Lechen, schon 845 in Regensburg die Taufe empfingen und sich unter König Zwenteplocks Führung um 880 die Elbufer bis Magdeburg unterwarfen und diesen Gegenden

Aufseher (Episcopi, Supane) gaben. Der deutsche König Arnulph tagte mit Zwenteplock als Gleicher, sah Slaven (Sorben) an seinem Hofe zu Saal in Franken und war ihnen zeitweise befreundet. Es ist mehr als eitle Vermuthung in dem fest angesessenen Stamme der Cocareszen, der 955 für die deutsche Herrschaft am rechten Ufer der Elbe kämpfte und fiel, einen solchen christlichen Lechen-Klan zu sehen, der sich unter der Herrschaft Zwenteplocks in der Nd.-Lausitz sesshaft gemacht und seines Glaubens und seiner Nationalität wegen, neben den vordringenden Deutschen, die solcher Hülfe bedurften, höhere Rechte erhalten hatten. — Die für den Kampf gegen die Slavenstämme 936 (?) organisirte Merseburger Legion war angewiesen, die zwischen derselben wohnenden Christen als befreundet anzusehen. — Die christlichen Bewohner der Stadt Luibni-magni bitten um Unterstützung gegen Bolislaw. — Der Stammhäuptling dieses Lechen-Klans würde Cac oder Coc geheissen haben und sein Grabhügel ist, wie bemerkt, noch in Gestalt und Namen vorhanden. Parallel mit diesem Cac geht — Bor — der freie Mann slavischer Nation, der 1071 mit dem Erzstift Meissen Güter tauschte und als Urahn der Borwitze, Bor's Söhne, zu bezeichnen ist. Und war der Tribus Budzec, aus dem die Billungen stammen, die jetzt auf einem Königsthrone sitzen, etwas Anders als ein solcher Klan, der sich mit dem Rechte der Semper-Freien gleich bei seinem ersten Auftreten im 10. Jahrhundert documentirt und dessen Häupter noch 983 Böhmische Schaaren gegen die Deutschen führten? Auch des Grafen Wiprechts v. Groitsch Grossvater, Graf Wolf, soll nach den Mittheilungen des späteren Mittelalters ein wendischer Knesz aus Pommern, nach Andern ein wendischer Heide aus Dietmarssen, gewesen sein, der das zerstreute Balsamer Land (um Arneburg in der Altmark) für Kaiser und Reich wieder zusammen brachte. Der Name Cac ist häufig in der Geschichte der Czechen und erscheint noch heute mit der böhmischen Umlautung des Schluss c in z in verschiedenen Namen.

Für den fränkischen Ursprung der Ktze., dem der gleichnamige Ort in der fränkischen Sorbenmark unterstützend zur Seite steht, kann nur der Vorname als vermittelnd herangezogen werden. Wichtig ist dafür der urkundliche Poppo (Marchalcus) von 1196 und dessen feststehendes Auftreten mit Heinrich v. Ktz. zu 1209 und 1225, hier als Castellane (Voigte) der Reichsburg Greitz, was sie als Reichs-Ministeriale mindestens qualificirt. Poppo zu 1196 ist noch ohne Erbnamen; die Klammern der Urkunde, welche das Wort Marchalcus einschliessen, bezeichnen es als ein Amt. Noch im 14. Jahrhundert treten urkundlich Ktze. einfach als Poppo (oder Poppo genannt v. Ktz.) auf, also mit dem Schwerpunkte auf dem Vornamen. — Im Jahre 880 erscheint ein Poppo als mächtiger und siegreicher Herzog der Sorbenmark aus dem Geschlechte der Babenberger, also unzweifelhaft ostfränkischen Ursprungs. Seine Nachkommen pflanzen auf beiden Seiten des Thüringer Waldes, nördlich als die alten Grafen von Weimar-Orlamunde, südlich als Grafen von Henneberg, das Geschlecht fort, in dem der Name Poppo vorherrscht. Es kann nicht befremden, dass sich der Name der gefeierten Führer als Taufname auf die Söhne und Erben seiner Ritterschaft übertrug. Das feste Haus Köckritz lag damals, wie noch jetzt, innerhalb des Gebietes der alten Grafschaft Orlamünde. Die erste Urkunde des Naumburger Domstifts-Archivs, welche den Gutsbesitz als Geschlechtsbezeichnung gebraucht, datirt von 1103, und führt an: Teto (Tettau) v. Crossus, Boppo v. Poleb und Boppo v. Collidiz. Gleichzeitig, wenn auch nicht urkundlich nachweisbar, gab es sicher auch einen Boppo v. Ktz., der, wie jene Genannten, Reichs-Ministerialer, d. h. ursprünglich zur Vertheidigung der Sorbenmark angesiedelter Grenzritter im Dienste des Reichs war, einer Institution, die sich ursprünglich aus der Jugend des fränkischen Heerbannes rekrutirte, um sich im fernen Osten des Reichs mit ihrem guten Schwerte eine neue Heimath zu gründen.

Dem gräflichen Hause Gleisberg, den jetzigen Fürsten Reuss, wurde von Kaiser Heinrich IV. nach der Mitte des 11. Jahrhunderts das voigteiliche Amt von Weida, eines kaiserlichen Reichsguts, und mit ihm der Befehl der eingesessenen Reichsministerialen übertragen. Die Familie wusste sich in erblichen Besitz dieser und der benachbarten Reichsvoigteien zu setzen, und wenn wir 100 Jahre später (1209) voranstehend in ihren Urkunden Köckritze als Zeugen und 1225 als Castellane der Reichsburg Greitz auftreten sehen, so begründet dies die volle Berechtigung, die Reichsministerialität derselben im Voigtlande zu behaupten. Wenn auf der andern Seite östlich der Elbe in der Nd.-Lausitz Köckritze, nach einer Urkunde des römischen und böhmischen Königs Sigismund von 1420, im Besitze böhmischer Kronlehen erscheinen und das Kloster Dobrilug, 1165 gestiftet, als die Stätte bezeichnet wird, wo ihre Vorfahren begraben liegen, so weist dies wohl auf ein paar Hundert Jahre, wenn nicht auf eine Theilnahme an der Stiftung zurück, da solche Berechtigung besondere Verdienste voraussetzt. Die Entscheidung, ob slavischer, ob fränkischer Abkunft, bleibt daher in der Waage.

Die hier folgenden brieflichen Aeusserungen zweier namhafter Geschichtsforscher geben vielleicht unserem Leser den Ausschlag nach einer oder der andern Seite hin.

»An den Rittmeister v. Ktz. Mondschütz.

»Prag, den 23. März 1869.

»Ihrem in dem verehrlichen Schreiben vom 17. März geäusserten Wunsche entsprechend, will ich meine Ansicht über den Ursprung des Familiennamens Köckritz Ihnen ohne Umschweif und Rückhalt mittheilen.

»In meinen reichhaltigen genealogisch-topographischen Excerpten aus alten Urkunden finde ich folgende drei aus den Prager Original-Konfirmationsbüchern zu den Jahren 1363—65 geschöpfte Daten:

»1363, 23. August, erscheint Dominus Poppo de Kokerwicz als Kirchenpatron und Collator der Pfarre zu Gottleube in Sachsen; 1363, 4. December, Nicolaus de Kokoricz, ebendasselbe zu Hennersdorf daselbst; endlich 1365, 9. Januar, Henricus und Benessius fratres de Kokoricz; ebenso zu Markersbach. Die Form des Namens Kokerwics halte ich für einen Schreibfehler, wie sie in den Handschriften nicht selten sind, anstatt des einzig richtigen (?) Kokoricz, wie sie solches wohl auch aus Ihren alten Urkunden entnommen haben werden. Steht aber diese ursprüngliche Namensform fest, so unterliegt ihre einzig richtige Erklärung gar keiner Schwierigkeit und keinem

Zweifel. Sämmtliche slavische Ortsnamen, die auf *ici, ow* und *owici* enden, sind von Personennamen abzuleiten. Diese Regel gestattet keine Ausnahme. Die Bedeutung der Endungen ici und owici ist vorzugsweise eine patronymische, die auf ow vorzugsweise eine possessive, z. B. Buzici, Diedici etc. sind die Nachkommen eines Buz, Died etc., — Buzow, Diedow u. dgl. ein Gut oder Eigenthum des Buz, Died u. dgl. Doch schon in den ältesten Zeiten finden wir diese Bedeutung nicht mehr sehr auseinander gehalten, sondern unter einander gemengt, so dass Buzici, Martinici etc. insgemein nur als die dem Buz, Martin etc. angehörigen Leute bezeichnet werden, gleichviel ob sie dessen Kinder, Freunde oder Hörige bedeuten. Der der Form Kokorici zum Grunde liegende Personenname könnte nur *Kokor* oder *Kokora* gelautet haben, und zwar ist ausschliesslich Letzteres wirklich der Fall. Der Name Kokora kömmt wirklich in alten böhmischen Urkunden als männlicher Personenname vor. Diese Namensform wird auch noch zum Ueberfluss durch den Namen der Burg Kokorcin bestätigt, deren imposante Ruinen nicht weit nördlich der Stadt Melnik zu sehen sind. Denn nur die auf *a* oder *e* auslautenden Personennamen können auch die possessive Bildungssylbe *in* annehmen, z. B. Wita, Witin, Libuse, Libusin (Burg der Libuse) u. dgl., nicht aber solche, die mit einem Consonanten enden; während es jenen frei steht, alle Bildungssylben *(ici, ow, in, owici)* mit beinahe gleicher Bedeutung sich anzuhängen (also Kokorici, Kokorow, Kokorin oder Kokorowici). Auch führt wirklich noch heutzutage die Familie des Grafen von Kokorowa in Böhmen einen solchen Namen.

»Mit einem Worte: der Name »Kokorici« als patronymische Form des Personennamens Kokora ist keine blose Conjectur, sondern historische Thatsache.

»Wer nun jener »Kokora« gewesen, von welchem der Ort Kokorici seinen Namen erhalten, kann ich natürlich nicht wissen. Es mag der Kokoras in der altslavischen Welt zu Tausenden gegeben haben etc. Die etymologische Bedeutung des Namens Kokora birgt sich im Dunkel des grauen Alterthums; mit dem Namen des »Cac« steht »Kokora« in gar keiner Verbindung oder Verwandtschaft.

»Wollen Ew. das in Eile Aufgesetzte freundlich aufnehmen, da es mir zu umständlichen Deductionen an Zeit gebricht.

»Mit etc. Fr. v. Palatzký.«

»*NB*. In Russland führen Personen in bedeutenden Stellungen die Namen Kokorew und Kokorin.«

---

»Pritzen, i. d. Nd.-Lausitz, 24. Februar 1868.

»Ew. (Adresse wie oben.) Die Frage über die ursprüngliche Nationalität des v. Köckritz'schen Geschlechtes, in deren Beantwortung Sie mit Ihrem Vetter, dem Herrn Oberst-Lieutenant, dissentiren, wird wohl, so lange Urkunden sie nicht zur Entscheidung bringen, der individuellen Sympathie für Deutsch- oder Wendenthum zur zweifelhaften Lösung anheimfallen. Allenfalls könnten die Vornamen der ältesten Ritter v. Köckritz, — denn erbliche Familiennamen gab es bis in's 13. Jahrhundert nicht — wenn sie sich als slavisch oder deutsch erweisen, Licht in das Dunkel bringen, mehr aber noch die Uebereinstimmung der Wappenembleme mit denen eines andern anerkannten Rittergeschlechtes, das von andern Besitzungen auch einen andern, später erblichen, Namen erlangt hat. Uebereinstimmung der Wappen ganz verschieden genannter Geschlechter ist nicht gerade selten. Da aber im Mittelalter die Wappen perennirende Geburts-Atteste vorstellten, so ist auf dieselben weit mehr zu geben, als auf die vom Besitzthum entlehnten, erst später erblich gewordenen Familiennamen.

»Die Slaven waren bis an den obern Main vorgedrungen, als der Rückschlag erfolgte. Nicht alle wendische Dynasten wurden depossedirt; ein guter Theil derselben blieb im Besitz der angestammten Güter, wenn er den deutschen Siegern nur tributum et christianismum angelobt hatte. Das vae victis traf allerdings die Häuptlinge härter als das gemeine Volk; aber nachdem sie von den eigenen nationalen Göttern verlassen (besiegt) waren, blieb ihnen weiter nichts übrig, als sich dem Sieger zu unterwerfen und mit ihm gemeinschaftliche Sache gegen die eigene Nation zu machen, wenn sie es nicht vorzogen, in die noch unbesiegten Slavenländer auszuwandern. Mag es nun dahin gestellt sein, auf welcher Seite, der deutschen oder sorbischen, die tapferen Köckritze in der sagenhaften Schlacht bei Bronkow standen und fielen, die spätern Köckritze hielten es entschieden mit ihren wendischen Hörigen gegen das eingedrungene deutsche Stadtvolk. Der grosse Krieg war mit der Unterwerfung der Wenden beendet, aber der kleine brach partiell bei vorkommender Gelegenheit in allerlei Fehden aus, wie zuweilen Flammen aus glimmenden Aschenhaufen emporlodern. Die ebenso gewerbfleissigen als gewinnsüchtigen Deutschen und niederländischen Ansiedler waren unter den Wenden das, was die Yankee's in Amerika, die Geldmänner und Brodräuber; geschützt von soliden Stadtmauern und bewachten Thoren, schlossen sie die Wenden und Wendensöhne von ihren Zünften und Innungen aus und übten neben ihren kirchlichen Christenpflichten einen eifersüchtigen Mammonsdienst. Diese Verhältnisse waren nicht dazu angethan, Deutsche und Wenden mit einander zu versöhnen. Vielmehr trennte Verachtung von einer Seite und Hass von der andern beiderlei Nationen, deren Naturell schon eine starke Scheidewand zwischen ihnen bildete, indem der Slave mehr Neigung zum Lebensgenuss, der Deutsche mehr Erwerbsbetrieb besitzt. Ein kleines Zweiglein des Wendenvolks, das bis vor ohngefähr 150 Jahren im Lüneburg'schen seine Sprache und Sitte bewahrt hatte, nannte die Deutschen Czsetje, d. h. die Geehrten oder Vornehmen, und sprach damit selbst seine Erniedrigung aus. Die Antipathie zwischen deutschen Städtern und wendischen Dörflern wurde später der Haupthebel des Raubritterwesens, welches am meisten dann überhand nahm, als bei uns die öffentlichen Rechtszustände in's Schwanken geriethen und Land und Leute bald einem Herrn de jure, bald einem Herrn de facto, bald nur einem Pfandinhaber gehörten. Dass unter diesen Umständen und Wirren Landleute und Ritter ohne Unterschied der deutschen oder wendischen Abkunft zusammenhielten, war natürlich. So viel mir bekannt ist, haben in rein deutschen Gegenden jenseits der Saale dergleichen Feindschaften zwischen Stadt und Land gar nicht stattgefunden; denn die Veranlassungen dazu waren nicht vorhanden.

„Dass der Ortsname Köckritz ursprünglich Kokeriz (cz ist in altdeutscher Orthographie nur unser z oder tz) gelautet habe, ist als gewiss anzunehmen. Der Deutsche liebt einmal die Umlaute und verwandelt z. B. die Lausitzer Ortsnamen, wendisch: Gorki, in Görich; Chlodna, in Klöden; Chorize, in Göritz; Kolsk (o), in Kölzig; Sarjiz (o), in Säritz etc. Ist aber Kokeriz oder Kokoriz entschieden ein Ortsname, wie alle Adelsnamen mit den Präpositionen von, zu, an, aus es sind, dann bezeichnet er auch keine moralische oder physische Eigenschaft dessen, der Herr von diesem Orte ist. Die slavischen, daher auch wendischen Adjective *kaki* und *taki* entsprechen der Bedeutung nach dem lateinischen *qualis* und *talis* und können daher hier nicht in Betracht kommen. Ueberdiess ist mir ein slavisches Adjectiv kak, das mächtig bedeuten soll, ganz unbekannt (auch Kacchan, Grossfürst der Mongolen; Kaccan, Gipfelberg der Kaukasuskette; Kakssu, Fluss des Ala-Tau (?) —), ob ich gleich seit länger als 20 Jahren den slavischen Dialect studire. Dass der Name Kokoriz germanisirt Kockeritz, einen Rundberg, Kegel, Bühl bezeichne, ist mir ebenso fremd als unerklärbar; Gorka und Goriza, *f.*, sind allerdings Diminutive von Gora, *f.*, Berg, und bedeuten daher einen Hügel, nied.-deutsch Hübel, aber was will Ihr Interpret mit der ersten Sylbe des Wortes anfangen? \*)
Ein Rundberg heisst aber in allen slavischen Dialecten Cholm oder Chlum, *m.*, woher die Ortsnamen Kulm, Golm gedeutscht

---

\*) Die vorstehende Bemerkung bezieht sich auf die Angabe des Herrn Pfarrer Resch zu Tzchorna bei Muskau i. d. Nied.-Lausitz, der insbesondere ausspricht, dass Köckeritz wendisch eine Höhenbildung in Form ohngefähr eines Heuschobers bezeichnet. Tzchorna, früher auch Besitz der Köckritze, ist ein urwendisches Dorf, in welchem diese Sprache noch vorherrscht, während sie in Pritzen, dem Sitze des Herrn Pfarrer Bronisch, längst ausgestorben ist. Es liegt desshalb die Annahme nicht fern, dass sich dort Bezeichnungen erhalten haben können, welche sich den Studien entziehen, da sie eine historische Grundlage haben wie der Ktz., Waldfleck bei Senftenberg, p. 3. — Maale, wie sie oben bezeichnet, werden in Polen auch Kupiez in der Steppe Kurgan genannt.

sind. Die Benennung des Orts Köckritz scheint aus den Namen des Krautes Kokorik, m., und Kokorizka, f., Weisswurz, convallaria (polnisch und böhmisch) entstanden zu sein. Allerdings kann man Zweifel erheben, dass Ortschaften von unbedeutenden Pflanzen oder Thieren ihre Namen entlehnt haben, aber Thatsachen entkräftigen diese Zweifel; denn in der Nd.-Lausitz hat Farrenkraut dem Dorfe Paproth, in Mähren die Brennnessel dem Dorfe Kopriwnice, in Böhmen der Ameisenhaufen dem Dorfe Mrawischtje den Namen gegeben. Letzterer Benennung entsprechen die mehrfachen Marwitze in Pommern und Brandenburg. Doch kann man für den Ort Köckritz noch eine andere Etymologie aufstellen, wenn man das Wort mit der veralteten slavischen Präposition »ko« construirt. Diese ist inseparabel und entspricht ihrer Bedeutung nach dem lateinischen con, com, co, separat cum. Sie findet sich in den wendischen Wörtern kossydlo, n., Dohne, polnisch ssidlo, n.; komudjitt, versäumen, polnisch mudjit; aber auch im Böhmischen ko-rmutit, sa-rmutit, trüben. Nun gibt es bei Kottbus ein Dorf Kokrjow, m., deutsch Kakrow, bei Spremberg aber ein Sa-krjow, m., deutsch Türkendorf, und ein anderes Sa-krjejz, m., zusammengezogen aus Sa-krjowitz, n., deutsch Wadelsdorf; zu diesem gesellen sich die schlesischen Sakrow etc., die nichts Anderes bedeuten als das polnische sa-krjew, n., Anpflanzung, Bestaudung, Plantage, vom einfachen polnischen krjew, m., Staude, Buschwerk; böhmisch krjowje, n., Strauchwerk, und krjowischtje, n., bestrauchter Feldplan; lateinisch fruticum. Dieses mit der Präposition »ko« vermehrt, gibt die Namen Kokrjejz, n., oder Kokrjowischtjo, n. — Der Ort Köckritz kann nach jenen Prämissen eben sowohl die eine als die andere Form gehabt haben, was aber nun, da wir ihn nur in der germanischen Gestalt haben, nicht mehr unterschieden werden kann. Genug, er bedeutet, wie Kakrjow bei Kottbus, Strauchwerk, junge Plantage. Diese Ableitung ziehe ich der oben gegebenen vor. Bronisch, Pfarrer.«

Nicht entgegnend, sondern nur erläuternd sei hier beigebracht, dass wendisch der Strauch kerka und pudkerka als Gewannname »unter den Sträuchern« bedeutet und so vorkommt. Das dem Herrn Bronisch unbekannte Hünengrab bei dem Dorfe Kuk-row spricht wohl gegen seine Ableitung des Ortsnamens und lässt die als Kac oder Kocs, Grab, natürlicher erscheinen. *)

»Berlin, 23. März 1868.

(Adresse w. oben.) »Die Frage nach dem Ursprunge Ihrer Familie würde ich unbedingt zu Gunsten des deutschen Ursprungs beantworten. Nur ausnahmsweise scheinen wendische Familien in den Ritterstand aufgenommen zu sein, und für eine solche Ausnahme von der Regel des deutschen Ursprungs mangelt es bei Ihrer Familie der Beweise. Die Orte Köckritz mögen in Sachsen wendischen Ursprungs sein; daraus folgert aber diese Herkunft nicht für Familien rittermässigen Standes, die in diesen Orten ihre Ritterlehne besassen und daher zu der Zeit, da es in diesem Stande üblich wurde, von den Wohnsitzen erbliche Familiennamen anzunehmen, sich von Köckritz nannten. Dass der Namen gebende Ort Ktz. das Filialdorf von Weida im Voigtlande gewesen sei, ist wohl nach dem ersten Vorkommen des Poppo v. Ktz. in dieser Gegend wahrscheinlich. Wahrscheinlich ging dann die Stiftung der Orte Ktz. in der Lausitz — bei Lützen und östlich von Meissen — von jenem Orte, dessen rittermässigen oder dessen bäuerlichen Bewohnern, bei der in den Wendenländern weiter fortschreitenden Colonisation, aus. — Zeigen sich die v. Ktz. auch als Lehensbesitzer der colonisirten Orte, mir ist das unbekannt, so würde ich ihnen die Stiftung zuschreiben. Sonst bin ich geneigter zu glauben, dass bäuerliche Bewohner des alten die neuen Ktze. stifteten, da solche Art von Filiation die gewöhnlichere war, wenn eine solche zwischen den Orten über-

---

*) *Märker, Die Burggrafen von Meissen*, gibt zum Jahre 1435 unter pag. 273, die Besitzungen der v. Pflugk bei Gr. Hain, wie folgt, an: in erster Linie von W. nach O., 1. *Gorczk* — Görzig a. d. Röder; 2. *Kokenz*, Variante Kokericz, unbekannt; 3. *Lampertswalde*. Darnach würde Kokericz zwischen Görzig und Lampertswalde zu suchen sein. Zwischen beiden liegt das Kirchdorf Strauch, Filiale von Zabeltitz, früher im Besitz der Ktze., und noch Anno 1800 von Bauern dieses Namens bewohnt. Nach Pastor Bronisch's Ableitung wäre Strauch das slavische Kokrjejz und die oben (p. 3) als fehlend bezeichnete Position östlich der Elbe.

haupt angenommen wird, die nicht nothwendige Folge der Selbigkeit der Namen ist. — Für den fränkischen Ursprung Ihres Hauses möchte ich die drei Lilien oder Hellebarden-Spitzen nicht als Beweis ansehen, etc. — Sonst weiss ich Ihnen keine Quellensammlungen oder Hülfsmittel, die Sie nicht schon benutzt hätten, nachzuweisen. Ich bin seit Jahren so ausschliesslich mit der Brandenburg'schen und Geschichte des Königshauses beschäftigt gewesen, dass ich darin festgebannt war, wie ein Bergmann in seiner Grube und von der Aussenwelt nicht viel weiss. — Ich füge einen Extract aus meinem *Codex Brdbgs.*, die Erwähnung der v. Ktz. enthaltend, bei, etc.

R i e d e l.«

Bemerkung. Wir fügen der das Wappen betreffenden Aeusserung des Herrn R i e d e l hier bei, was Herr *v. Mühlverstädt* (*Neue Mittheilungen des Thüring. Sächsischen Vereins*, 9. Bd., 3.—4. Heft, pag. 4 etc.) über die Wappenbilder ausspricht, welche das Mittelalter als Kennzeichen jüngerer Geburt oder Stammabzweigung gebraucht haben soll. »Nach einer berichtigten neuern Meinung soll jedes eine Dreizahl von Figuren, $^o_o{}^o$, zeigende Schild ein Nebenwappen sein, welches die Abzweigung einer jüngeren Linie von einem Geschlechte bedeutet, welches die Einheit im Wappen führt.« — Zum Beweise der Richtigkeit dieser Ansicht wird dargethan und mit diplomatischer Gewissheit erwiesen, dass sich eine Zahl von genannten Adelsgeschlechtern Nord- und Mittel-Deutschlands dieser Verdreifachung des Wappenbildes bei Abzweigungen bediente. Am nächsten liegend für die Familie v. Ktz. ist das, was *v. Mühlverstädt* über das Wappen der v. Rochow sagt: »Dass bei dem v. Rochow'schen Geschlechte die **einfache** Schildfigur die ursprüngliche gewesen sei, möchte trotz des mit der **dreifachen**, 1322, siegelnden Ritters Heinr. v. R., beweisen, dass dessen beide Söhne in derselben Urkunde nur **eine** Lilie im Schilde führen, die das ältere, ursprüngliche Wappenbild gewesen sein muss. In weitern Urkunden von 1329 und 1334 siegeln andere Rochows mit drei Lilien. Irren wir nicht, so hat jetzt, auf dem Glaswappen im Schweizerhause zu Fischbach, ein Rochow drei Schachfiguren als sprechendes Wappen angenommen, zur wesentlichen Beeinträchtigung des Alters der Familie, deren Ursprung dadurch an das Wappen, also an das Mittelalter geknüpft ist, während derselbe bis vor die letzte Völkerbewegung hinaufreicht. — Rochow heisst baskisch ein Rothkopf, und der Spiegel sagt noch heute dem lebenden Geschlechte, dass ihre Ahnen jenem Bergvölkchen wandernden gothischen Stammes den Namen überlieferten. — Auch das Haus Plauen, Reichsministeriale im Voigtlande, führte **eine Lilie** im Wappen.«

## I. Abschnitt.

### Die Köckritze im Voigtlande, Meissen und Sachsen.

In der Einleitung zu dieser Arbeit wurde bereits darauf hingewiesen, dass sich das erste urkunndliche Auftreten der Familie v. Ktz. auf das Voigtland zurückführen lässt, wo ein Nobilis oder Reichsministeriale, Namens Poppo, in der 2. Hälfte des 12. Jahrhunderts, wie so viele seiner Genossen, nach einem noch vorhandenen festen Thurme und Dorfe, von Kockritz, genannt wurde. Eingehende Untersuchungen des H. v. d. *Gablenz*, (*Mittheilungen der Osterländischen Gesellschaft*, 5. Bd. 1. Heft,) stellen fest, dass dieser Gebrauch in Sachsen und Thüringen später als in Süddeutschland begann, und in der zweiten Hälfte des 11. Jahrhunderts noch sehr vereinzelt selbst bei dem hohen Adel auftrat. So werden in einer Kaiserurkunde aus den Jahren 1015—18 die Grafen v. Orlamünde blos Wilhelmus Comes et frater Boppo genannt. 1044 und 19 heisst es noch Eccardus Marchio und Ludowicus, Udo Comes. Adalbert de Donctorf und Adalbert de Bielrieth sind 1057 der erste bekannte Fall, dass auch Ministerialen Familiennamen führen. Auch wurde diese Sitte keinesweges mit Einemmale allgemein, lange noch kommen unter den Zeugen aus dem Laienstande Personen mit und ohne Familiennamen neben einander in Urkunden vor. Für die hiesige Gegend findet sich dafür das letzte bekannte Beispiel in einer Urkunde des Bischofs Berthold v. Naumburg vom Jahre 1190, worin Ministerialis *imperii* et nostri: Heinr. de Wida..., Ludwic. de Crozna, Volrad. de Hagen, Gumbertus et Cunradus fratres, Gerhardus de Birke (Berka), Ernestus als Zeugen genannt werden. Beweisend spricht diese Urkunde auch für das Vorkommen von Reichs-Ministerialen im Sprengel von Naumburg.

Wenn aber bei dem Adel die Führung eines Gutsnamen neben dem Taufnamen auch seit dem Jahre 1200 als allgemein üblich angesehen werden darf, so ist damit doch noch nicht gesagt, dass dies Familiennamen im neuern Sinne waren, die sich regelmässig vererbten und der Familie ohne Rücksicht auf einen Wechsel des Besitzes eigen blieben. Die Gutsnamen behielten noch eine Zeit lang ihre wahre Bedeutung, das Besitzverhältniss auszudrücken, d. h. sie gingen nur mit dem Besitz selbst auf den Erben über und haben sich verändert, wenn der Besitz ein verschiedener wurde. So finden wir 1170 Heinrich Burggraf v. Dohna und seinen Bruder Otto v. Drachenau, 1176 Hugo v. Rudelsburg und seinen Bruder Bodo v. Schönberg und noch 1231 Berno v. Winandshagen und seinen Bruder Heinr. v. Kaufungen. Auf diese Weise ist es gekommen, dass manche Familien sich in Zweige verschiedenen Namens spalteten, deren gemeinsame Abstammung nur noch aus dem gleichen Wappen erkennbar ist, die desshalb mit grösserer Strenge festgehalten wurden. — Doch werden umgekehrt auch im 14. Jahrhundert Personen, die schon feste Familiennamen besitzen, anstatt dieser, zuweilen noch nach ihren Gütern genannt. So tritt im Vergleiche wegen Todschlag des Burggraf v. Golsen ein Joh. v. Senftenberg 1318 als Bürge auf und 1319 ist ein Domine Joh. v. Ktz. Zeuge in einer zu Baruth in der Ober-Lausitz ausgestellten Urkunde eines Herzogs von Jauer, des Lehnsherrn von Senftenberg, das bereits 1326 im Besitz der Ktze. urkundlich vorkommt. — Da zur Zeit Ktze. in der Ober-Lausitz und Hrn. v. Senftenberg in beiden Lausitzen nicht auftreten, so wird hier Johann augenscheinlich zweifach, nach seinem Besitz und nach seiner Abstammung, genannt.

Urkundlich kommen in der Familie v. Ktz. noch zwei Fälle vor, die auf den Ursprung des Namens hinweisen, wenn gleich in den entgegengesetzten bereits in der Einleitung besprochenen Richtungen. So Poppo, genannt v. Ktz., nach einer 1335 unter böhmischem Einfluss zu Billin ausgestellten Urkunde und 1384, wo Ritter Heinr. de Kokericz zu Wehlen gesessen, seiner Ehefrau Kaczschen zwei Güter verschreibt. — Wenn Hr. v. Klöden in seinem Werke *Waldemar v. Brdburg*, I, pag. 132, bei der Erörterung über die Namen jener Zeit wohl begründet ausspricht: „Die unverheiratheten Frauen wurden nur mit ihren Taufnamen bezeichnet, als Ehefrau erhielten sie den Namen ihres Mannes mit der angehängten weiblichen Endsilbe in, im Nord-Deutschen auch inne", so können wir hier in der Abkürzung des Frauennamens nur die Erinnerung an die Abstammung des Mannes vor einen Cac sehen, die damals noch in der Familie rege war und in der Urkunde zum Ausdruck gelangte. In Ostpreussen ist diese Form für die Benennung der Ehefrau noch jetzt gebräuchlich.

Nächst der Frage nach dem Ursprunge des Namens, tritt die nach der Nationalität des Stammvaters der Familie v. Ktz. an uns heran, und hier deutet der Poppo zu 1209 und 1225 und mehr noch der Poppo genannt v. Ktz. zu 1335 überwiegend, für das Voigtland wenigstens, auf fränkische Abkunft. Das Voigtland, die alte Sorbenmark zwischen Saale und Mulde war schon seit dem Jahre 800 zur Vertheidigung von Thüringen und zum Angriff gegen die Daleminzen an der Elbe militärisch kolonisirt. Diese Form des Grenzschutzes sehen wir bis in die neueste Zeit bei den Kossacken an den Linien des Kaukasus zum Schutz gegen die Bergvölker in Thätigkeit, und wie dort mögen sich auch die Verhältnisse von Land und Leuten in den alten Grenzmarken Deutschlands gestaltet haben Der Krieg war die Regel, Friede die Ausnahme. Begründet in der Art der beiden kriegführenden Nationen, Franken und Slaven, zeigt sich hier ein Volk übermächtig in der von den Römern entlehnten Kriegskunst und einheitlich geschlossenen Leitung, zunächst die eigenen Gebiete vor räuberischen Einfällen zu sichern bemüht, doch bald selbst zum Angriff vorgehend, die Grenzen des Eroberten stärker befestigen, immer mehr um sich greifend. Auf der andern Seite ein Volk, wie alle Slaven unter einer Anzahl von Fürsten vertheilt, das zunächst nur durch die unermüdete Wiederkehr der Angriffe dem mächtigen Gegner trotzt, bald die Ueberlegenheit seiner Streitkräfte anerkennend, einen Theil seiner Unabhängigkeit hingibt, unter dem stillen Vorbehalt der steten Bereitschaft für die alte Unabhängigkeit, für seinen Glauben und heidnische Sitte zu den Waffen zu greifen, das jederzeit den Aufstand sinnt, sobald es den Gegner geschwächt oder anderweit beschäftigt glaubt. Anno 805 verbot ein Kapitular Karls d. Gr. in der Linie der östlichen Zollstapelplätze, die von Bardewick links der Elbe und Saale über Magdeburg, Erfurt, Hallstadt bei Bamberg und Kelmünz zur Donau zog, die Ausfuhr von Waffen und Harnischen an die Sorben. Die Streitäxte auf den Feldern von Bronkow sind dadurch annähernd datirt. 806 führte ein Sohn des Kaisers den Heerban der Franken über die Saale, nach Eginhards Angabe die Grenze zwischen Franken und Sorben. Zum Schutze dieser Grenze baute gleichzeitig dieser jüngere Karl zwei Festen, die eine gegenüber Magdeburg, die andere bei Halle. Beide hatten auch offensive Zwecke und Halle den Besitz der Salzquellen im Auge, zu der aus allen Richtungen noch vorhandene uralte Salzstrassen zogen. An der oberen Saale hatte der Uebergangspunkt Saalfeld, er lag an der hohen Strasse, welche aus Ostfranken nach Dalminzien führte, die Bedeutung einer Ausfallspforte gegen die slavischen Bewohner des Landes bis zur Elbe. Es bestimmte sich diese Bedeutung durch das Orlathal, das in Form einer breiten ursprünglichen Flötzsenkung in west-östlicher Richtung das Höhenterrain durchsetzt, welches die Thäler der Saale und Elster scheidet und damit einen erleichterten Durchgang eröffnet, den drei Parallelstrassen, zwei als Rennwege auf den begleitenden Höhen und eine auf der Thalsohle, benutzten. Durch diese circa eine Stunde breite und zehn Meilen lange Thalfurche, den Orlagau, zog der mit dem Kreutze und Schwerte kolonisirende Franke in die Sorben-Gebiete ein. Das Eingangsthor war Saalfeld, der Ausgang die Mildenfurth, später Kloster, bewacht durch die im Dreieck in nahem Abstand umliegenden Festen: Osterberg, Veitsberg und Köckritz. Eine Stunde südlich vom Dorfe und Thurme Ktz., in einer Biegung des steilen, wilden Aumathals trägt eine Felszunge die gebrochene wüste Altenburg. Diese im früheren Umfange des Besitzes der Köckritze gelegene, jetzt namenlose Naturfeste ist naheliegend als der älteste Stützpunkt des einem slavischen Häuptling abgenommenen Gebiets anzusehen und war wohl lange der Sitz des Geschlechts, das erst später den am sonnigen Abhange der Strasse näher gelegenen Thurm baute. — Rechts und links zwischen Saalfeld und Mildenfurth schützten feste Frankensitze auf slavischen Siedlungen diesen

Völkerweg, der sich östlich der Elster bis Altenburg, dem Mittelpunkte uralter Kultur, und weiter zu den Collodizen verfolgen lässt. Wir zählen als solche Stützpunkte: Beulwitz, Römschitz, Obernitz, Könitz, Brandenstein, Döbritz, Schweidnitz, Cospoda, Weltewitz, Pöllnitz, Wolfersdorf, Burkersdorf, Steinsdorf, Schönberg, Zedlitz, Köckritz. Sie wurden alle die Wiege von Adelsgeschlechtern, deren fränkischer Ursprung desshalb nicht abzuweisen ist. Bei der gewaltsamen Gründung der neuen Marken musste naturgemäss der erste Schritt der Eroberer, Ersatz der vertriebenen sorbischen Häuptlinge in ihren Festen durch fränkische Krieger sein, so dass an Stelle des slavischen Adels bald ein deutscher trat. Bei dem Hin- und Herwogen des Sieges mag dies mehrmals gewechselt haben, auch gelang es einzelnen sorbischen Herren ihre Freiheit und ihren Besitz durch den Anschluss und durch Unterwerfung unter fränkische Herrschaft zu erhalten. Doch unbedingt willenlos war diese Unterwerfung nicht immer, sonst wären Eigenmächtigkeiten, wie sie zu 1132 *Winter (die Cistersienser,* I. pag. 36) von einem wendischen Edeln gegen das voigtländische Kloster Schmölen erzählt, wohl unmöglich gewesen.

Mit der Sicherheit des Gebietes durch Befestigungen und Waffen begann auch die Einwanderung der deutschen Ansiedler, natürlich zunächst der Saale und Orla, nur allmählig sich verbreitend und nach Osten vorschreitend. Theils waren es Einzelne, welche den tief im deutschen Charakter liegenden Zug folgend, sich aufmachten, um in der eröffneten Fremde eine neue Heimatstätte zu suchen, theils schickten auch die grösseren Grundbesitzer Boten aus, um Leute in Deutschland zu werben. So führte noch später der bekannte Graf Wiprecht v. Groitsch, er war auch mit dem Orlagau belehnt, um das Jahr 1100 Franken zur Ansiedlung in seine Besitzungen. Den östlichen Marken wurde durch diese Kolonisation ein völlig neues und frisches Kulturleben zugeführt, nicht allein durch die Germanisirung, weit mehr durch die Form der Besitzer. Die Ansiedler erhielten ihren Hof als Erbe und lebten als freie Leute nach ihrem Volksrechte. Es erhob sich also eine freie Bevölkerung mitten zwischen den mit den Waffen niedergehaltenen Slaven.

Neben dem deutschen Adel und den deutschen Kolonisten wirkte weiter aber auch noch die Einführung des Christenthums auf die Verdrängung des slavischen Bewusstseins. Die zu diesem Zwecke gegründeten Bisthümer zu Merseburg und zu Zeitz, später zur grössern Sicherheit nach Naumburg a. d. Saale verlegt, denen bald nachher auch das zu Meissen folgte, erscheinen gleich festen Standlagern, von denen das Kreuz erobernd vorschritt. Die Truppen der streitenden Kirche waren anfänglich wenigstens ausschliesslich deutscher Abkunft, wodurch neben den Kolonisten das Slaventhum immer mehr erschüttert und deutsche Sprache und deutsche Sitte unter dem Volke verbreitet wurde. Jede neue Kirche, jede neue Klostergründung brach eine neue Bresche in das alte Volksthum und half dasselbe bekämpfen. Dennoch ging die Bekehrung nicht rasch von Statten. Nach 1071 wird vom Orlagau gesagt, als Anno, Erzbischof von Cöln, das mächtige Benedictinerkloster zu Saalfeld zu diesem Zwecke stiftete: »terra Orla, qui pagana fuit, et adhuc *semi*pagana est.«

Unter den geschilderten Verhältnissen kristallisirte sich um den Orlagau als Kern, die Mark gegen die Slaven. Im Jahre 839 geschieht ihrer zuerst in der Mehrzahl als Thüring'sche Marken — ducatus Toringubae cum marchis suis — Erwähnung. Dass unter den Thüring'schen Marken der später sogenannte Limes Sorabicus zu verstehen sei, darüber kann kein Zweifel obwalten, da 10 Jahre nach ihrem ersten Auftreten, im Jahre 849, ein Tachulf als Comes et Dux der Limitis Sorabici in der Geschichte erscheint, der (nach den Fuldaer Annalen zu diesem Jahre) als vertraut mit Gesetz und Sitten der Slaven bei Verhandlungen ihr besonderes Vertrauen hat. Dies ist das erste Mal, wo Tachulf als Herzog der sorbischen Grenzmark auftritt; doch hatte er, wie Vorangeführtes ergibt, diese Stellung schon länger ein. Tachulf starb 873; sein Leben war eine Reihe von Kämpfen gegen die immer unruhigen Sorben. Ihm folgte in gleicher Thätigkeit Ratolf, und diesem Poppo. Auch von diesem berichten die Fuldaer Annalen, dass 880 der Comes et Dux limitis Sor.:bici *Poppo* die sich empörenden Dalminzen und Sorben, denen auch die Böhmen beistanden, auf's Haupt schlug. Dieser Poppo, ein fränkischer Graf, war Bruder des

Herzogs Heinrich v. Franken, des grössten Kriegshelden seiner Zeit. Unbekannter Veranlassung wegen hiess König Arnulf im Jahre 892 den Dux Poppo in's ehrenvolle Privatleben, d. h. auf seine Besitzungen, zurücktreten. Sein Nachfolger, Herzog Conrad, Besitzer des Gau's Hessi-franconicus, Vater des spätern Königs Conrad, aus einer der mächtigsten Familien des Reichs, vermochte ebenfalls nicht die Ruhe herbeizuführen, und trat, durch Reichsangelegenheiten bestimmt, von diesem Grenzposten ab. Ihm folgte Dux Burkhard, ein Graf aus dem Grabfelde, der mit fester Hand ein und um sich griff, so dass 897 der sorbische Tribut wieder entrichtet, allein auch gleichzeitig die Verbindung der Daleminzen mit den Ungarn herbeigeführt wurde. Unter dem Schutze ihrer Einbrüche fielen die gesammten slavischen Völker östlich der Mulde ab. Der Markgraf, Dux, Burkhard unterlag im Jahre 908 in einer denselben gelieferten unglücklichen Schlacht. — Der benachbarte Herzog Otto der Erlauchte von Nd.-Sachsen, dessen Macht allein noch nicht gebrochen war, vereinigte jetzt die sorbische Mark, die dadurch ihre Bedeutung verlor, mit seinen Erbbesitzungen. — Die Unterwerfung der Sorben, die bei den Einbrüchen der Ungarn so wenig wie die Deutschen geschont wurden, vollzog sich, und die spätern Kriege der sächsischen Herzöge sind nur noch gegen die Elbslaven gerichtet. Es erscheinen zu diesem Zwecke in der Mitte des 10. Jahrhunderts die neuen Marken: Merseburg, Zeitz und Meissen. Die beiden ersten verschwinden bald und verwandeln sich in Bischofssitze, die der an die Elbe vorgeschobenen Ostmark als Stütze dienen, deren Schwerpunkt die Feste und der Bischofssitz Meissen war, welche zu jener Zeit gegen Böhmen und das östliche Elbufer eine Stellung einnahmen, wie sie 1813 und jetzt noch dem festen Punkte Dresden beizumessen ist. —

Wir haben die Geschichte der sorbischen Mark skizzirt, um den geschichtlichen Boden zu zeigen, in welchem das Geschlecht wurzelte, welches den festen Thurm Köckritz baute und hier hauste. Wie lange und in welcher Reihen- und Thatenfolge, liegt in den Fluthen der Ereignisse begraben. Leicht war seine Stellung nicht, doch hat sie eine Thatkraft gestützt, die, hoffen wir, lange noch vorhalten wird. Die weitere Geschichte des Landes und seiner Geschlechter sind mit der Geschichte der sächsischen Herzoge, des spätern Kaiserhauses, verflochten, das unter Kaiser Heinrich I. eine neue, durch die Waffenpflicht geregelte, gesellschaftliche Ordnung schuf, welche voran gegen die Einbrüche der Ungarn bestimmt, später zur Unterwerfung der Slavenstämme zwischen Elbe und Oder verwandt wurde. Durch einen 9jährigen, von den Ungarn mittelst schwerem Tribute erkauften Waffenstillstande, der 924 begann, gewann der Kaiser Zeit, Land und Leute auf den bedrohten Grenzen zu dem entscheidenden Kampfe vorzubereiten. Das orkanartige Hereinbrechen dieses Feindes, (von dem die Zeitgenossen erzählen: »Alles, so oft sie kamen, war ihrer Verheerung, ihrem Raube preis gegeben; Flucht in abgelegene Höhlen und auf steile Felsen (wir möchten hinzusetzen, auf Fluss- und Sumpf-Inseln) war die einzige Rettung. Schaarenweise durchzogen diese Feinde das Land; Rauchwolken und feuergerötheter Himmel zeigen die Richtung ihrer fächerförmig geordneten Fahrt. Stellte sich Ihnen geregelter Widerstand entgegen, so zerstreuten sich die Haufen, und in kleinen Schaaren zertheilt, machten sie einen geordneten Angriff unmöglich und entgingen dem Kampf; plötzlich aber traten sie aus den Wäldern hervor und trugen die Verwüstung nur weiter umher.«) liess den Kaiser erkennen, dass er mit seinen Kriegern des üblichen Aufgebotes, unerfahren und ungeeignet zu solchen Reiterkämpfen, der Verheerung nicht Schranken zu setzen vermöchte. Heinrich fand die Abhülfe darin, dass er die Gauen des Landes in Burgwarteien zerlegte, und in jedem dieser Bezirke eine Burgwart an terraingünstigen Punkten anlegen liess, die durch ihre Lage und Befestigungs-Umfang Schutz für das Leben und bewegliche Habe der Einsassen des Bezirks darbot. — Grosser Umfang und ein Reduit zur engern Vertheidigung war die Regel. — Tag und Nacht, sagt *Wittukind*, war man mit der Erbauung dieser Festen beschäftigt; die Anwohner ohne Rücksicht auf Stand und sonstige Exemtionen wurden zur Hülfe herangezogen. Diese neugegründeten wie die schon bestehenden Landesburgen erhielten fest bestimmte Vertheidiger; je der neunte der Landbesitzer (der waffenpflichtigen Freien) des Bezirks garnisonirte in der Burgwart (wir sehen in ihm den Ursprung der spätern Burgvoigte, Kastellane), und baute hier sich wie den übrigen Achten Unterkunft. Für die Zeit der Gefahr wurde hier ein Drittel der Ernte geborgen; Rechtsberathungen, Festlichkeiten, öffentliche Versammlungen sollten hier stattfinden. Signallinien in den bedrohten Richtungen, Wart- und Hutposten auf geeigneten Punkten wurden angelegt und vorbereitet. — Finden wir auch keine bestimmten Aufzeichnungen, auf und in welcher Weise sich der Kaiser in den Jahren des Waffenstillstandes ein zahlreiches und geübtes Reiteraufgebot im Lande schuf, so geschah es dennoch, wie die Worte *Wittukind's* bezeugen, der nach der Schilderung der Kämpfe während des Waffenstillstandes gegen überelbische Slaven und die Dalminzen, zum Jahre 932 fortsetzt: »Als nun der König eine im Reitergefecht geübte Ritterschaft hatte, fühlte er sich stark genug, gegen seine alten Feinde, die Ungarn, rühmlich den Kampf zu eröffnen.« Es ist bekannt, mit welchem Erfolge dies bei Merseburg geschah. Die neue Ritterschaft hatte den Sieg errungen, das Land gerettet; wie anders, dass in ihr in der Folge mehr und mehr die Kraft des Heeres gesucht und dadurch die Last, Ehre und Belohnung des Krieges auf Wenigere beschränkt und die neueroberten Slavenländer in diesen erprobten Formen organisirt wurden. Aus den Besiegern der Ungarn erwuchs so eine neue Incarnation der im Volke lebendigen Adelsidee, der sich Turniere, Ritterthum, Geburtsprobe anschlossen. Der Stand der alten Edlinge, der alten Freien ging in diesen neuen Gestaltungen unter.

Die Obhut der Ostgrenze Sachsens und ihrer Vorländer war Grenzgrafen anvertraut, nicht wesentlich verschieden von den Gaugrafen des innern Landes; nur machte die stete Gefahr des Ueberfalles und die obliegende Pflicht der Vertheidigung und des Angriffs für sie eine grössere Machtfülle nothwendig und gab ihnen höheres Ansehen. Markgraf Gero, durch seinen Allodialbesitz, seine Verwandtschaft mit dem Könige und seine Kriegsthaten; die Markgrafen von Meissen, durch die strategische Wichtigkeit ihrer Position, waren die bedeutendsten. Gero führte von Magdeburg und Belgern aus die Kriegszüge über die Elbe und erwarb, 963, die Lausitz bleibend dem Reiche. Die Markgrafen, mehr auf die Vertheidigung angewiesen, hatten von Meissen aus die Dalminzen im Zaume, die Milzenien und Böhmen im Schach zu halten. In den dabei oft schweren Kämpfen wurden sie in Ablösungen durch Kriegsmannschaften der rückliegenden Gaue und Bisthümer wechselnd unterstützt. Ditmar, der Bischof von Merseburg, spricht in seiner Chronik zu 1012, 15, 17 mehrfach davon, wie verschiedene Gaugrafen mit vierwöchentlichem Wechsel und er selbst dort zur Ablösung war, oder seine junge Mannschaft — juvenes — dort als Besatzung lag. Ohne Zweifel hatte das Bisthum Zeitz-Naumburg gleiche Verpflichtungen, und es erklärt sich daraus die Schenkung Kaiser Heinrich's II. zu 1013, welche diesem Bisthum die in der unmittelbaren Nähe von Meissen gelegenen Orte Glup-Glaubitz, Difnowo-zedlo-Siedlung, später Schloss Tieffenau, Zenici-Schänitz und Mirotino-zedlo-Siedlung, Martinskirchen, im pago Daleminzi gelegen, übereignet, jedenfalls um von ihnen aus die Verpflegung der gestellten Wachtmannschaften leichter zu bewirken. Noch 1133 vergleicht sich der Bischof von Naumburg mit Conrad d. Gr., Markgraf von Meissen, über die Stiftseinkünfte von dem Schlosse Saathein mit allem, dem Röderflusse benachbarten umliegenden Gebiete. Zeugen: die Ministerialen Heinrich und Hartwig, die schon 1121 vorkommen. 1259 und 1282 gehen Schloss Tieffenau mit Frauenhain, 1284 Schloss Saathein vom Bisthum Naumburg an Heinrich d. Erlcht. durch Kauf über. Alle diese Orte und Schlösser sind 50 Jahre später als Köckeritzsche Besitzungen, seit 1348 urkundlich, nachweisbar. Beiläufig bemerkt, liegt hier die Ansicht nahe, dass Einzelne dieses Geschlechts, das im Voigtlande zum Sprengel von Naumburg gehörte, durch diese Beziehungen nach den überelbischen Besitzungen des Bisthums verpflanzt wurden.

Während so die slavischen Eroberungen des sächsischen Kaiserhauses an der Elbe sich im 10. und 11. Jahrhundert, in eine Mark Meissen und in eine Zwillings-Ostmark auf beiden Elbufern, auf dem östlichen auch Mark Lausitz genannt, unter eigenen Markgrafen verwandelt hatten, war der alte Limes Sorabicus zwischen Mulde und Saale Reichsland geblieben, das, von Burggrafen, Castellanen, Voigten besetzt, parzellenweise von den sächsischen und fränkischen Kaisern nach den Geboten der innern Politik an Bischöfe, Aebte, hervorragende Persönlichkeiten und fremde Fürsten zu Lehen vergeben wurde. Wir sehen hier der Reihe nach in solchem Besitz: den Erzbischof von Köln, die Abtei Quedlinburg, den Grafen Wiprecht v. Groitsch, die Krone Böhmen, ferner die Voigte zu Weida, Plauen und Gera mit ihren Gebieten. — Das Land dieser Voigte war Reichsdomäne; sie verwandelten, wie überall die Grafen, ihr ursprüngliches Amt in Erbe. Unabhängig von ihnen hatten in ihrem Bereiche einzelne Herren reichsunmittelbaren Besitz. Ihre Stellung zeigt ein Vertrag von 1212, in welchem Voigt Heinrich v. Weida mit Andern für Kaiser Otto IV. Gewährleistung übernimmt. Auch die Besitzveränderungen vollzogen sie im Namen des Reichs. Wer im Lande ein Gut vom Reiche hatte, es verkaufen etc. wollte, konnte dies vor dem Voigte in Gegenwart zweier Reichsministerialen thun, »als ob das Reich gegenwärtig wäre.« (1289.) Einer dieser Voigte, Heinrich v. Weida, gehoben durch den engsten Anschluss an die Hohenstaufen, theilte Ende des 12. Jahrhunderts, nachdem er sein Amt in erbliches Eigenthum verwandelt und ansehnliche Hausgüter dazu geschlagen hatte, seine Besitzungen unter drei Söhne und gründete so die Linien Weida, Plauen und Gera. Vor seinem am Schlusse des Jahrhunderts erfolgten Tode stiftete er »mit Genehmigung und auf Vorschriften des Kaisers«, also auf Reichsgut, 1196 das bei Weida gelegene Prämonstratenser Kloster Mildenfurth — wie schon früher angedeutet in Slavica-villa Mildenvorde. — Die nachgelassenen Söhne Heinrichs, Voigte von Wida, fanden es angemessen, im Jahre 1209 eine weitere Urkunde auszustellen, in der sie die Fundation ihres Vaters bestätigen und vermehren. Wir geben diese Urkunde nach *Longolius* (Bd. II, p. 112) wörtlich im Anhange, da sie das erste urkundliche Auftreten der Köckritze bezeugt, und bemerken dazu, dass sie ohne Ortsangabe im ersten Regierungsjahre Kaiser Otto's und im dritten Engelhard's, Bischof von Naumburg, ausgestellt ist. — Sie gibt als Zeugen obenan stehend einen Heinrich, Voigt v. Strassberg, dann in zwei Reihen links 11 Bürger (urbani) der benachbarten Städte Gera, Greitz, Weida und wohl auch Plauen; rechts sechs Edelleute, an ihrer Spitze Poppo und Heinrich v. Kockeritz, ohne Angabe ihrer Sitze, jedoch nach nahen Orten benannt; dann einen Geistlichen und einen Schreiber. Von Besitzungen der Familie kommt bei der Stiftung unter vielen genannten nur der Zehnten im Dorfe Koffeln vor, das dem Schlosse Ktz. angrenzt und sich durch spätere Urkunden zu 1340 und 1362 als dort eingepfarrt und im Besitz der Familie ausweist.

In einer zweiten Urkunde, 14 Jahre später, 1225, ebenfalls für die Voigte in kirchlichen Angelegenheiten ausgestellt, (*Longolius*, pag. 115) bekennt Engilhard, Bischof zu Naumburg, dass die Kirche St. Lorenz zu Elsterberg mehrere Gründer hatte, die Hrn. v. Lobdeburg und die Voigte zu Wida, welch Letztere im Patronatsrecht bevorzugt waren. Bald darauf sei von den Voigten bei dem Schlosse Greitz die Kirche St. Mariae gebaut worden, welche die v. Elsterberg (Lobdeburg) sich angeeignet hätten, weil sie in ihrem Gebiete (Sprengel) gelegen sei. (Vor dem Kirchenbau in Greitz stand hier die Kapelle St. Adelheit, welche der Kirche in Elsterberg zugehörte. v. Gueldern). Zur Ausgleichung einiges Streites darüber hätten die Brüder Hartmann und Hermann v. Lobdeburg und die Brüder Heinr. und Heinr. v. Wida — sie waren verschwägert — sich dahin verglichen: das die Brüder v. Wida auf das Patronatsrecht in Elsterberg und die v. Lobdeburg auf ihre Rechte an der Kirche in Greitz verzichten sollten. — Er, der Bischof, bestätige diesen Vergleich auf Ansuchen beider Partheien und besiegele ihn.

1225 den 25. April. Zeugen: acht hohe geistliche Herren; Nobilis: Hartmann v. Bergowa, Heinr. v. Crimitschova, Albert Nothhaft v. Wildenstein, Albert v. Schönegge; ferner elf genannte Castellane: von Elsterberg, Wida, Greitz, Schönfels. Als Castellane von Greitz sind vier Ktze. genannt, darunter der Poppo und Heinrich der Urkunde zu 1209, und ausser ihnen noch Hermann und Sieghard.

In der Original-Urkunde stehen die Zeugen in folgender Ordnung:

Vlricius cicenses ecclesie canonicus et custos. Gerwicus

decanus de novo foro. Heinricus plebanus de Olsnitz. Cuonradus de Dalntiz. Bruno de Curbiz. Heinricus plebanus de Beiersdorpts. Wernerus plebanus de Richinbach. Albertus decanus de Oztrowa. Hartmannus de Bergowe. Heinricus de Crimatsowa. Albertus Nothaft de Wiltstein. Albertus de Schönegge. Castellani de Elstirberg. Hertwicus et Gotscalcus De Wida. Ulricus de Orla. et Berno. De Groiz. Hermannus. Boppo. Sigehardus. Heinricus de Kockeriz. De Schoninvels. Vlricus de Mosin. Waltherus. Rheinoldus et alii quam plures.

Die Punkte sind genau nach dem Original gegeben. Nach dem Gebrauch der Zeugenstellung haben wir hier acht Geistliche, vier Nobilis (Edelherren) und die Castellani von vier Reichsschlössern, Ministerialis imperii, vor uns, der niedere Adel ist nicht genannt. — Der Name des Schlosses geht den der Castellani voraus, wenn auch nur bei Elsterberg angeführt, so ist er doch durch das De vor den übrigen drei genügend angedeutet. — Die vier Ktze. sind also Castellani de Groiz.

Aus beiden nicht zu trennenden Urkunden folgert, dass die Ktze. beim Beginn des 13. Jahrhunderts als Castellane des Schlosses Greitz auf den Landdingen erschienen und zu den Voigten v. Wida in nachbarlichen Beziehungen standen. Welcher Art dieselben waren, ist für den politischen Rang der Familie zur Zeit ihres ersten Auftretens eine entscheidende Frage, deren Untersuchung nicht zu umgehen ist und zugleich die Geschichte der Hrn. v. Wida berührt. Die gleichzeitige Bedeutung der Versammlungen — Dinge — unter deren Rath und Vertretung solche Urkunden ausgestellt wurden, sowie die Stellung der Kastellane in jener Zeit, ist dabei in Betracht zu ziehen.

Die Heinriche v. Wida erscheinen zuerst in einer Urkunde des Klosters Homburg bei Langensalza, wonach zwischen 1127 und 39 »Heinr. v. Wida, der Sohn Eckenberts,« durch die Eltern Heinrich des Löwen mit der Tymarsburg und umliegenden Walde belehnt wird, welchen Besitz der v. Wida um 1143, unter Genehmigung des Lehnsherrn, an jenes Kloster verkauft. *(N. Mittheil. des Thüring.-Sächsisch. Vereins*, Bd. 7, Heft 4, pag. 32.) Wenn Heinr. v. Wida in dieser Urkunde als Milites, und in einer weiteren zu 1162 daselbst, nur als letzter einfacher Zeuge, doch unmittelbar vor den als Reichs-Ministeriale, Homo liber imperii, bekannten Hrn. v. Salza auftritt, auch sein Bruder »Eckenberto prefati Henrici fratre de widaa« in der Urkunde zu 1143 als letzter Zeuge hinter drei als Ministerialen — imperii — bezeichneten Edelleuten ohne weitern Titel und Adelsnamen erscheint, so ist dadurch die ursprüngliche Nobilität der v. Wida ausgeschlossen und der höchste für sie geltende Rang kann nur der eines Homo liber sein, der durch Lehnsfolge der Mann der Welfen geworden war. Vollständig berechtigt wird diese Annahme durch eine zwischen 1195 und 1227 ausgestellte Urkunde gedachten Klosters, welche mit den Worten: »Heinr. de Wida und weitere Ministerialen« auf ihn Beziehung nimmt. Auch wird schon Heinr. v. Wida's Vater in einer Urkunde von 1122 ganz bestimmt als **Eckenbert de Widaa Ministeriales** bezeichnet. *(Lepsius, Geschichte der Bischöfe von Naumburg, pag. 239.)* — Heinr. v. Wida folgte bis zum Jahre 1165 seinem Herrn treu im Kriege und Rathe und kommt, doch nur bis dahin, in den Urkunden Heinr. des Löwen häufig vor. Das Jahr 1166 brachte Kampf und Verschwörung der deutschen Mitfürsten gegen den Löwen, der, im Besitz der Herzogthümer Bayern und Sachsen, seine Uebermacht missbrauchte. Heinr. v. Wida muss sich hier, in kluger Voraussicht der Dinge, (die Welfen unterlagen 1180 mit der Aechtung Heinr. des Löwen) der Parthei der Gibellinen zugewandt haben. Wohl aufgenommen als tapferer Führer — Capitaneo — begleitete er als Marschall mit 100 Gleven den Kaiser Friedrich I. auf dem Kreuzzuge und blieb 1186 beim Sturme auf Potolomais. — Dumbrav. — Sein Sohn oder Vetter? stand zum Sohne Friedrich I., dem Kaiser Heinrich IV., in gleicher Stellung, begleitete ihn auf dem Krönungszuge nach Rom und ward 1191 auf der Tiberbrücke zum Ritter geschlagen. — Die Gunst zweier dankbarer Kaiser und Erfolge im Kriege hatten die v. Wida in kurzer Zeit, zwischen 1166 und 1196, zu reichen und mächtigen Herren mit ausgedehnten Reichslehnen im Voigtlande gemacht, doch Reichsvoigte und erbliche Dynasten waren sie im 12. Jahrhundert beim Tode des sogenannten Heinrich des Reichen noch nicht. — Die Urkunde Kaiser Friedrich II. von 1232, welche den v. Wida Reichsvoigt nennt, ist gefälscht. (*Cohn, Vortrag, gehalten im Voigtländ. Gescht.-Verein 1868*, pag. 317). Dagegen war Heinrich seit 1228 Reichshauptmann und schlägt 1231 die Mongolen bei Regensburg. — Henricus de Wida steht in der bischöflichen Naumburger Urkunde, die wir hier im Auszuge wegen ihrer Adelsklassificirung und wegen des Popo »Marchalcus« wiedergeben, nur als Erster der Ministerialen des Stiftsprengels, die Zweifel an seiner Nobilität finden dadurch ihre volle Bestätigung. Die bischöfliche Urkunde konnte wohl seine Macht anerkennen, seinen Adelsrang in der Versammlung steigern konnte sie nicht.

1196 d. d. Zeitz. Bischof Berhold II. von Naumburg schlichtet die Streitigkeiten zwischen dem Stifte zu Zeitz und dessen abgabepflichtigen Dörfern. Die lateinische Urkunde ist bezeugt von den Vorständen der benachbarten Klöster und Kirchen, 16 geistlichen Personen, dann dem Bischofe Bruno von Meissen, Arnold, Tiric, Marsilius (wahrscheinlich bischöfliche Canonici), ferner: **Nobiles**, Comes Tioderich de Wissenvels, Com. Meinerus de Werbene, Gerhard Burggraf de Groutsch, Albert de Drouzic, Herm. de Tucherne, Heidenricus de Wetha, Conrd. de Hainsberc, Erkenbert de **Teckwitz**, Lupert de **Rubin**, Henric. de Korun, **Ministeriales, Heinricus de Wida**, Friedr. de Groutsch, Bernhd. de Vesta, Hug. de Huckenwalde, et filiis suis Heinric, Rudolph de Chunowe, Gumbert de Elsits, Lodewic de Crozene, Volrad de Belzich, Popo »Marchalcus«, Arn. de Moselbuce, Bodo de Schönberc, Alexius Cammerarius, Walth. de Moselburg, Heinr. de Lunkewitz, Otto et Ekardus fratres de Tuchin, Heinric. de Hagin, Gunzelin de Groutsch et alii quam plures. (*Mittheilungen der Gesellschaft d. Osterlandes*, Bd. 5, 2—3. Heft, pag. 177).

War Heinrich v. Wida der Stifter des Klosters zu Mildenfurth, im Jahre 1196 nur der Erste unter den Reichsministerialen, so kann er in der nicht aufzufindenden Stiftungsurkunde desselben zu 1193 keineswegs in höherer Stellung eingeführt sein, und seine Nachkommen können bei der Erneuerung dieser Stiftung, nur 13 Jahre später, 1209, wenn sie hier auch zum ersten Male als Voigte genannt werden, keinen höhern Adelsrang einnehmen. Die Urkunde von 1209 bezieht sich auf die Genehmigung des Kaisers und die Zustimmung des Landgrafen von Thüringen; die darin ausgesprochenen Schenkungen waren also Reichslehen, und wir können daher in den adligen Zeugen derselben nur die Beisitzer eines Land- oder Gaudings, Nobiles, liberi imperii, Schöffenbarfreie, sehen, deren Genehmigung zur Ausstattung von Kirchen und Vermehrung von Kirchenvermögen aus Reichsgut erforderlich war. (*Diplom. Theodorich marchio*. 1206. *Schultes, Director*. Bd. II, p. 442. — *Verfassung des Markgrafthums Meissen*. von *v. Posern-Klütt*. p. 50.) Das Hinzuziehen der 11 Urbani aus Gera, Greitz, Weida und auch wohl Plauen, dem wahrscheinlichen Ausstellungsorte, ist von den Formen der Thüring. Friedensgerichte entlehnt, die wohl für das politisch angeschlossene Voigtland galten.

Die zeichnenden 6 Edelleute, voran Poppo und Heinrich v. Ktz., waren daher keineswegs pflichtige, zur Anerkennung der Urkunde befohlene Vasallen der Voigte von Wida, sondern, wenn auch nicht an Macht, so doch im Range mindestens Gleiche derselben, d. h. Ministeriales, »homo liber imperii«. Die Ktze. sassen 1225 als Reichs-Castellane auf Schloss Greitz und die v. Lübschwitz (Gerhardt) 1237 als Burgvoigte auf Ronneburg. (*Limmer, Voigtland*, Bd. I, p. 197.) Die erste bekannte Urkunde, in welcher ein Heinr. v. Wida als »dictus Advocatus de Greitz« auftritt, ist vom Jahre 1240; er disponirt darin nur über Reichs-Lehngut. (*Longolius*. Thl. II, p. 116.)

Die vorstehend ausgesprochene Ansicht über den Adelsrang der v. Wida wird entscheidend durch eine Urkunde Kaiser Friedr. II. bestätigt, in welcher derselbe 1214 im Lager bei Halle dem Bartholomäus-Kloster zu Altenburg mehrere Kirchen der Umgegend eignet. Zeugen sind: der Erzbischof von Magdeburg, der Bischof von Naumburg, der Landgraf von Thüringen, der Markgraf von Meissen, der Herzog von Meranien, die Grafen von Eberstein, von Schönburg, von Mansfeld, von Scharzburg; dann Albert von Drouzk (Droissig); Ludolf von Berlestetten, Heinr. Advocatus de Wida, Albert Burggraf von Altenburg, Heinr. Advocatus de Strassberg, et alii f. d. (*Mittheilung der geschichtsforsch. Gesellschaft des Osterlandes*, Bd. 5, Heft 2—3, pag. 229.) Die hier zurückstehende Stellung beider Voigte hinter Albert v. Drouzk, der (vide 1196) als Nobilis auftritt, lässt nicht bezweifeln, dass sie hier noch zu den Ministeriales imperii gerechnet wurden. Es stimmt damit überein, dass die Ktze. zwischen 1225 und 1320, hier erst als »unsre Mann,« in 100 Jahren nur zwei Mal als Zeugen mit Luppold v. Ktz. Ritter, 1287, und mit demselben Hr. Luppold v. Greitz, 1288, als Rathgeber in Beziehung zu den Voigten v. Wida urkundlich vorkommen. Diese Entfernung von den Geschäften der benachbarten v. Wida berechtigt, in ihnen nicht voigteiliche Vasallen, sondern Reichsgut-Sassen, »homo liber imperii,« zu sehen, denen die Voigte nur als Obere des Reichs-Heeresverbandes vorgeordnet waren. Der Reichs-Castellanei Greitz standen die Ktze. als erbliche Burgvoigte bis nach 1288 vor; denn der ganze Stamm zeichnete 1225, und es war das wechselnde politische Geschick, welches im 13. Jahrhundert aus solchen Castellanen vielfach entweder **Burggrafen** oder **Burgmannen** — Castrensen — machte. In der kaiserlichen Stiftungs-Urkunde des St. Thomasklosters zu Leipzig werden, 1213, die Burggrafen v. Dohna und Meissen noch **Castellane** genannt. (*Schöttchen* und *Kreissig*, T. I, p. 44.) Den Castellanen v. Greitz war weder das Eine noch das Andere beschieden; sie verloren wahrscheinlich das Schloss Greitz durch einen politischen Missgriff während des Zwiespaltes Friedrich II. mit seinem Sohne, dem römischen König Heinrich, der schon 1225 keimte und 1235 mit des Letzteren Absetzung endete.

Neben der sichern Annahme, dass die Ktze. um 1200 zu den Freien oder Ministeriales imperii zählten, erscheinen schon früher Indicien, nach welchen sie sich unter die Nobiles reihen. Wenn dafür auch die directen Beweise fehlen, so liegen doch Urkunden von 1157, 1169 (*Lepsius, Geschichte der Bischöfe von Naumburg*, p. 254 und 260) und 1196 vor, welche die v. Teckwitz und v. Breitenbach als Nobiles ausdrücklich bezeichnen, während beide Adelsgeschlechter in spätern Urkunden zu 1304/5 und 1320 theils auf gleicher Stufe, theils den Ktzen. nachstehend erscheinen. (*Wilke Ticmann, Codex dipl.*, p. 184.) Gleiches beweist die Stellung der HH. v. Schapow, welche urkundlich 1282 zwischen den Edelherren v. Torgau und v. Leiznick (*Lepsius*, p. 314) und 1299 hinter den v. Ktz. zeichnen. *(Urkunde des Dom-Capitular-Archivs zu Merseburg.)* — Die Castellane waren aus den angesehensten Freien des Landes gewählt, mit der niedern Gerichtsbarkeit des Bezirks betraut und speciell zur Vertheidigung des anvertrauten Reichsschlosses verpflichtet. Zu den Dingsitzungen gingen sie als Freie, Schöffenbare, und hatten dort als Beisitzer Rath und Entscheidung zu finden. *(v. Posern-Klätt, Verfassung des Markgrafthums Meissen.)*

Mag auch das 13. Jahrhundert, wo durch Heirathen und das Amt als Heerführer Kaiser Friedrich's II. die Stellung der Voigte v. Wida rasch gehoben wurde, diese als mächtige Zwischenbehörde eingeschoben und dadurch die freie Stellung der Castellane v. Greitz verdunkelt haben, so war doch die Zeit noch zu kurz, um die Erinnerung an die Reichsunmittelbarkeit der »homo liber imperii«, die sich durch die Form der Verleihung bei jedem Lehnswechsel erneuerte, als verwischt anzusehen. Irren wir nicht, so führten die dadurch entstandenen Reibungen die Ktze. des Voigtlandes im 13. Jahrhundert in die Arme der Bischöfe von Naumburg und der Markgrafen von Meissen, und als Folge davon zur Uebersiedlung auf das rechte Elbufer. Die Voigte v. Wida ereilte bald nach 1350 auch das Geschick, höhere Autorität über ihre Lande und Leute anzuerkennen. Der 1374 abgeschlossene Vertrag, in dem die Voigte ihre freie Reichsbesitzungen vor den Markgrafen von Meissen als Thüringisches Reichs-Afterlehen bekennen mussten, ist nächst Andern für Meissen von Hrn. Nickel v. Ktz. verhandelt und vollzogen.

Geleitet durch die Urkunde von 1209, haben wir bis dahin das Voigtland als Ausgangspunkt und Poppo v. Ktz. als Stammvater der Familie angesehen. Das wenig spätere Auftreten eines Otto v. Ktz. zu 1239 in Meissen und der Nd.-Lausitz im Gefolge Heinr. des Erlaucht., dessen Ableitung von den im Voigtlande zu 1209 und 1225 genannten Ktzen. des Vornamens wegen sich nicht rechtfertigen lässt, führt auf die Vermuthung, dass gleichzeitig um 1200 auch ein Zweig der

Familie in Meissen sesshaft war. Die nachstehende Urkunde von 1197 erhebt dies fast zur Gewissheit.
1197 Indication XV. III. K. May d. d. Kloster Alt-Celle. Bischof Dietrich von Meissen bestätigt den Vergleich der Streitigkeiten zwischen der Kloster-Kirche und den Gebrüd. Hrn. v. Nossen. Es sind Schiedsmänner Seitens der Kirche, Reinhd. v. Regensberg, Bernhd. v. Trebezin, Heinr. v. Sassenberg, Herm. v. Gluch; anderseits: Heinr. v. Strele, Rudolf v. Mochow, Boris v. Zbore, Joh. v. Blotis. — Vormänner: Heinr. Kittlitz und Heinrich kaiserl. Kämmerer (v. Gnandstein?). — Zeugen unterschrieben: Reinhd. v. Regensberg, Heinr. v. Strele nebst Sohn Heinr., Matheus v. Meissen, Rudolf v. Mochow, Heinrich Cammerarius imperat., Bernhd. v. Trebezin, Boris v. Zbore, Herm. v. Gluch, Friedr. v. Rithmitz, Gunzelin v. Greuze, Heinr. v. Sassenberg, Gerhard Leo v. Greuze, Otto v. Kaciz nebst Sohn Siegfried, Tammo v. Waldesere, Ricolf v. Aldenburg, Isenhard und Walt. v. Döbelin, Albert v (Borne). (*Monument. veter. Cellam.* bei *Menken, script. rer. Germanic*, T. II, p. 451.) Der Adelsname Kaciz ist historisches Unikat und so unsicher, dass Menken, der die Namen häufig korumpirt, (so T. II, p. 1450 und 1898) nicht wagte, ihn im Register aufzunehmen. Der Vorname Otto weist auf einen Ktz. hin. Hier ist wahrscheinlich der Fehler durch ein liirtes r und i entstanden. Unter Voraussetzung der Richtigkeit dieser Korrectur verliert Poppo v. Ktz. zu 1209 seine Stellung als Stammvater und wir müssen für ihn und Otto v. Ktz. zu 1197 einen unbekannten Urheber voraussetzen, der bis zum Beginne des 12. Jahrhunderts zurückreicht, da neben Otto bereits ein mannbarer Sohn erscheint. Otto und Poppo waren möglicherweise Brüder, wovon der erste durch den Bischof von Naumburg, in dessen überelbischen Besitzungen sesshaft geworden, zum Stifte Meissen in Beziehung gelangt war.

Wir sind mit den vorbesprochenen Urkunden zum Anfange des 13. Jahrhunderts und zum Beginnen der Regierung Heinrich des Erlauchten Markgraf von Meissen gelangt. Es ist bekannt, dass die sinkende Macht der Hohenstaufen und die darauf folgende »kaiserlose schreckliche« Zeit, 1250—1272, im gesammten Deutschland Verwirrungen und

Verwicklungen herbeiführte und dass damit im nächsten Zusammenhange die Verhältnisse der Stände vom Reichsfürsten herab bis zum Ministerialen und Bürger eine Umgestaltung erfuhren, welche, wie stets in bewegten Zeiten, sich durch Stoss und Gegenstoss entwickelte. Während dieser Periode hatte sich vornehmlich die Territorial-Hoheit der grössern Reichsstände, im Gegensatz nach Oben und Unten, auszubilden und zu befestigen begonnen. Wie die Nachkommen Heinrich's v. Wida im Voigtlande gegen die Reichsministerialen, so benutzte diese Zeit Heinrich der Erlauchte in Meissen und der Ostmark gegen Grafen, Edeln und »Freie«, um die Territorial-Geschlossenheit zu erlangen und die von jenen geübten unbequemen Landdinge ausser Gebrauch zu bringen. Wir werden aus dem weitern urkundlichen Auftreten der Familie v. Ktz. entnehmen, wie weit dies in beiden Ländern gelang.

Im Voigtlande waren aus den alten Voigten, die ursprünglich durch kaiserliches Machtgebot nur Kriegsführer und Dingvorsteher unter Gleichen, den Ministerialen, in den dem Reiche reservirten und direct untergebenen Gebieten waren, mächtige Erbherren geworden, in deren Gefolge und zu deren Hofetagen sich die alten Kameraden drängten und sich für ihre Lehnsverleihungen dazu hergaben, die Hauspolitik dieser Herren zu verfechten. Auf diesem Wege wurden hier aus freien Reichsministerialen des Voigts Leute, während im Innern Deutschlands auf den Reichsgebieten aus gleicher Wurzel die freie Reichsritterschaft erwuchs, die sich bis 1803 politische Selbständigkeit und bis heute einen moralischen Einfluss erhielt und im Interesse der wahren Freiheit geltend macht.

Viel hat zur Zähmung der Sorbenbesieger auch das Wiedererwachen des religiösen Lebens beigetragen, das in der Mitte des 12. Jahrhunderts durch wahrhaft von Gott begabte Priester, wie der Abt Bernhard v. Clairvaux und Norbert Erzbischof von Magdeburg, erweckt wurde. Beide Männer, aus edlen Geschlechtern entsprossen, leuchteten ihren Zeitgenossen in jener Geistesrichtung voran. Sie riefen den verblichenen Schimmer der Heiligkeit des Klosterlebens durch ihre Reformen wieder hervor. Die Klöster galten wieder wie früher als geheiligte Wohnsitze der Frömmigkeit und Andacht, und wie sich damit die Ansicht eines gottgeweihten Opferdienstes vereinigte, den die Kloster-Geistlichen mit gnadenreicher Wirkung für das ganze Volk verrichteten, so erschien die Förderung desselben als Angelegenheit der ganzen Christenheit. So erklärt sich der in jener Zeit überhand nehmende Eifer, in dem der Stamm der Voigte von Plauen voranging, für neue Klosterstiftungen und die Bereicherung der bestehenden, und so ist auch, was durch die Bischöfe von Naumburg im Voigtlande und unter ihrer Einwirkung durch den Adel für Klosterstiftungen geschah, nur als Aeusserung derselben Geistesrichtung anzusehen.

Wie zu Ende des 12. Jahrhunderts bei Weida unter Assistenz von Familiengliedern das Kloster Mildenfurth entstand, so wurde um die Mitte des 13. von Heinrich Voigt von Weida ein Franziskaner-Kloster, Prediger-Orden für Brüder und Schwestern, in dieser Stadt gegründet, das für die unversorgten Töchter und Wittwen des umwohnenden Adels ein gesuchtes und vielfach mit Schenkungen bedachtes Asil wurde. Die ganze Reihe der hier folgenden *Reg.* ergibt, dass die v. Ktze., besonders die Töchter dieses Hauses, der neuen Geistesrichtung folgten. Diese Richtung liess in ihrer Gottergebenheit männliche Thaten nur noch gegen die Feinde der Christenheit zu, und Poppo v. Ktz., der tapfere Führer böhmischer Söldner an der Weichsel, um 1330, den wir seines Collegen Bergow wegen für einen Voigtländer zu nehmen haben, ist der einzige Ktz dieser Gegend, der in dieser Zeit kriegerisch genannt auftritt. Sonst bieten sich nur Kloster-Nachrichten, um den Faden der Geschichtsfolge fortzuspinnen. Wir kommen darauf später zurück.

1287, 18. October. Heinrich der Aeltere, Voigt zu Wida bekennt, dass er nachgenannte Güter dem Altar der heiligen Jungfrau Katharina im Kloster der Schwestern des Prediger-Ordens zu Wida als Eigenthum überwiesen, nämlich: 1. In der Stadt Wida 13 Schilling — 2 Pfd und das Backhaus hinter dem Hofe des Pfarrers bei St. Peter, welches 13 Schilling zinst. Vor der Burgpforte 26 Schilling und and.? Vierdung. In Dote? 6 Schilling. Vor der Geraer Pforte 1 Pfd. und ½ Vierdung. 2. In Schönenberg 30 Schilling weniger 3 Pf.,

5 Mandel Roggen, 2 M. Gerste und 2 M. Hafer. 3. In
Nuendorf 2 Marc 1 Vierdg. und 1 Schillg. 4. In Wolvramsdorf 15 Schillg. 5. In Cungesdorf 1 Pfd. 6. In
Syrwis 15 Schillg. 7. In Bukowe 25 Schillg. 8. In Lederhose 1½ Marc. Zeugen: Friedr. v. Cloderowe, Probst in
Mildenvord, Conrd. v. Krimelin, reg. Kanonikus daselbst,
Luppold Ritter v. Ktz., Heinr. v. Zossau, Offical in
Wida, Heinr. v. Rockendorf. — Orig. Pergmt. mit anhängenden Siegel des Ausstellers. Archiv zu Weimar. Kloster
Wida.

1288, 1. Februar. Adelheidis v. Kokeritz kauft einen
Hof mit Geld- und Getreidezinsen im Dorfe Criswitz. Archiv
zu Weimar.

1288, d. d. Hoff., Mittwoch nach St. Galli — October. —
Heinr. der Aeltere und Heinr. und aber Heinr. die Jüngern, von
Plauen die Voigte, und Heinr. der Aeltere, Voigt von Weida,
vertrugen sich über die Weglosen ihrer Gebiete. Zeugen
dies Dinges und Gesetzes sind: Hr. Heinr. der Aeltere, Voigt
von Gera, und der jüngere, Voigt von Weida, und der
Rath des v. Weida, Hr. Conrad v. Kotzan; Hr. Leupold
v. Greitz; Marklein, Bruder (?), Conrad v. Lübthau; Mars
Heinr., sein Bruder; Otto v. Döhlen; Berthold v. Zetwitz;
Heinr. v. Schönfelden; der Rath des Voigts von Plauen;
Hr. Ekenbrecht v. Voigtsberg; Rheinhold v. Mosen; Leuthold
v. Milan, Eberhard v. Widersberg, Wolfram v. Kotzan, Götz
Möschler; Conrd. v. Mosen; Ulrich Sak; Günter v. Planitz.
*(Menken, Script., T. III; Widmann, Chronicon, p. 657—8. —*
NB. Die Leupolde von 1287—88 sind wohl identisch und beweisen, dass die Reichs-Castellane v. Greitz zu 1225 noch
1288 hier sassen. —

1308, 19. November. Adelh. v. Ktz. in Plauen und
Kathar. v. Kadano in Eger kaufen decimam duorum
manipularum in villa Vischern und konferiren ihn dem D.
Ordens-Hause zu Eger Archiv zu Weimar.

1318. Heinr. v. Wida der Jüngere, genannt
Voigt, bekennt, dass er auf Ansuchen seines Bruders
Heinrich, Bruder des Prediger-Ordens, den Schwestern
dieses Ordens zu Wida, den Hof der verstorbenen v. Damis,

welcher nach dem Tode der Adelh. v. Ktz. (Schwester?) ihnen übergeben werden soll, geschenkt und zugeeignet habe. Dafür sei ihm (dem Voigt) das Haus Jourdans Schönecken mit dem hölz. Hause Gottschalks v. Bernhartisdorf überlassen worden. Orig.-Pergmt. mit anhängendem Siegel des Ausstellers. Archiv Weimar. Kloster Wida

NB. Sind die beiden genannten, feste Häuser oder städtischer Besitz? — Der obige Bruder des Voigts erscheint 1324 als Pfarrer bei St. Peter in Wida.

1320. Heinrich, Voigt v. Wida genannt, des ältesten Voigt Sohn, bekennt, dass Ysengart v. Wolfirsdorf und Benedicta v. Ktz., von H. v. Breitenbach und dessen Gattin, das Gut zu Burkhardisdorf, das sie von ihm zur Lehn hatten, gekauft haben. Halb sollen dies Gut Ysengart und ihre Schwester Alheit (v. Wolfirsdorf) besitzen und halb Benedicta und Jutta ihrer Vettern (v. Ktz.) Töchter. Da die Käuferin Schwestern im Kloster zu Wida sind, so soll ihr Antheil nach ihrem Tode an das Kloster fallen. Heinr. v. Wida bestätigt den Kauf und eignet das Gut, welches 1 Pfund und 1½ Schillg., 2½ Viertel Erbsen, 10 Hühner, 10 Käse und 1½ Kloben Flachs zinst, dem Kloster zu. Zeugen: Heinrch. v. Triptis; Gecze v. Polnicz und Heinr. v. Lome. Orig.-Pergmt. mit anhängendem Siegel. Archiv Weimar. Kloster Wida.

1320, d. d. Wida. »Wir Heinrch. von Wyda voyt genannt des Aeltesten voyten sun« bestätigtigt die Fundation eines Altars in der St. Peterskirche zu Weyda durch Johann Tulpe, Kaufmann daselbst. Zeuge: Bruder Heinrich v. Weyda, Prediger Mönch; unser lieber vetter Heinr. v. Weyda der Junge (Heinr. v. Plauen, Voigt zu Hof) und unsere Mannen; Heinr. v. Triptis; Heinr. v. Breitenbach; (v. Lindenberg, v. Kockritz), und Heinr. v. Lohma, *(Limmer, Voigtland,* Bd. II, p. 477, und bei *Schöttchen & Kreissig, Diplomat. et Scriptoribus,* Thl. II, p. 490—91.) Die eingeklammerte Stelle lautet bei Letztern wohl fälschlich »Lindenbergk von Geckrick.« Ist unsere Lesart die richtige, so wäre Ldbg. nicht Vorname, sondern Eigenname. (Vide *Reg.* 1338.) Die v. Lindenberg kommen gleichzeitig als Zeugen häufig vor.

1323, 24. Juli. Adelheidis v. Kokeriz schenkt dem

Deutsch-Ordens-Hause in Plauen einen Hof in Hermanns-Grün. Archiv zu Weimar? (Vide *Reg.* zu 1308.)

1324, 19. Februar. Heinr. der Alte und Heinr. der Junge, Voigte von Wida, bekennen, dass sie den jährlichen Zins von 1 Pfd. Pfennige Widaer Münze in Berwigisdorf, welche von Benedict., der Tochter Friedr. v. Ktz., und Jutta, der Tochter von Conrad v. Ktz., erworben worden, diesen übertragen haben. — Ebenso an Jutta, der Tochter Nicl. v. Grimmis, 7½ Schillg. in Gera und 5 (?) in Myrkendorf. Nach dem Tode der Genannten soll der Zins an das Kloster und die Frauen vom Orden des heil. Dominikus (Prediger) fallen. Zeugen: Bruder Heinrich, Pfarrer bei St. Peter in Wida; Friedrich v. Ktz.; Heinr. v. Triptis; Heinr. v. Lome; Goczco v. Polnitz; Conrd. v. Elstirberc. — Orig.-Perg. mit anhängd. Siegel der Zeugen. Archiv Weimar. Kloster Wida.

1329, 21. September. Heinrich, Pfarrer bei St. Peter in Wida und Provisor der Schwestern des Prediger-Ordens daselbst, bekennt, dass er mit Zustimmung der Priorei und des ganzen Convents, Walther, dem Sohne Wernhers v. Marchardorf, etliche Güter bei diesem Dorfe, welche dem Kloster und der Pfarrei St. Peter gemeinschaftlich zugeeignet sein, übertragen habe. Zeugen: Elisabet, Subpriorin, Tochter des Ritters Sak; Schwester Jutta v. Ktz.; Schwester Katharin v. Machwitz. Orig.-Perg. mit anhängd. Siegel des Ausstellers. Archiv Weimar. Kloster Wida.

1331. Heinr. v. Wida der Aeltere, Voigt, bekennt, dass der verstorbene Herman Franco, sein getreuer Mann, in Volfisdorf 15 Schillg. Einkünfte, Widaer Münze, zugleich mit seiner Frau Gertrud v. Ktz. und deren Schwester Elisabeth, von ihm bis zu seinem Tode zu Lehn gehabt habe. Nach dem letzten Willen des Verstorbenen eignet er (der Voigt) diese Einkünfte dem Convent der Klosterfrauen vom Prediger-Orden in Wida zu, welcher nach dem Tode oder Verzichte der Schwestern Gertrud und Elisabet v. Ktz. in Besitz derselben kommen sollen. Zeugen: Sein (des Voigts) Bruder Heinr. v. Wida, Bruder des Prediger-Ordens; Heinr. Ritter v. Lohme; Gerhard und Gerhard, (Stief-) Brüder (uterini); v. Bergowe; v. Lindenberg. Orig.-Perg. mit anhängd. Siegel des Ausstellers. Archiv Weimar. Kloster Wida.

1333. Heinrich der Aeltere und Jüngere, Voigte zu Wida, bestätigen als Lehnsherren die Schenkung der Güter Konrad's v. Ktz. in Kredorf und Koffeln an das Nonnenkloster in Wida in der Art, dass Konrad's Tochter Jutta und deren Schwester Kind es in dem Kloster auf Lebenszeit geniessen dürfen. Zeugen: Bruder Heinrich v. Wida vom Prediger-Orden; Bruder Jacof v. Luken desselben Ordens; Bruder Heinr., Pfarrer zu St. Peter. — Gerhard v. Lohme; Luppelin v. Mosin. Orig.-Perg. mit zwei anhängd. Siegeln. Archiv Weimar. Kloster Wida. (Abdruck bei *Schöttchen und Kreissig, Diplomat.*, II, p. 492.) Das Dorf Koffeln liegt ¹/₂ Stunde von Köckritz und ist hier eingepfarrt. Es lässt dies schliessen, dass Köckritz früher auch in den Händen der gleichnamigen Familie war.

1333, 3. October d. d. Wida. Theoderich, Priester und Rector der Kapelle im Dorfe Kockeritz, und mehrere Andere bekennen, dass Conrad, Johann, Otto, die Söhne Petzold's vom Dorfe Koffilen, und Conrad Wize Mylitz daselbst, ihre Güter in Wartenberg, welche sie einst gegen jährlichen Zins von der Priorin und dem Convent des Klosters Wida besassen, dem Pfarrer bei St. Peter und Provisor des Klosters aufgelassen haben. Archiv Weimar. Kloster Wida. Orig.-Perg. mit Siegel der Stadt Wida.

1336. Heinrich der Alte, Voigt v. Wida, bekennt, dass Benedicta und Jutta v. Ktz. von Heinr. Rossnitz das Gut zu Burchardsdorf, welches derselbe vom Voigte zur Lehn hatte, gekauft haben. Sie sollen dasselbe bis zu ihrem Tode besitzen; darnach soll es an Jutta, Benedicta's Schwester und an die Töchter der Schwester Juttens fallen, welche die Töchter des Ritters Kunzin v. Melin und Schwestern des Klosters in Wida sind. Nach deren Tode soll es an die Sammung desselben Klosters fallen. Heinrich gibt dem Kaufe seine Zustimmung und eignet das Gut dem Kloster zu. Die Zinsen desselben sind: ¹/₂ Mark, 1 Viertel Erbsen, 4 Hühner, 12 Eier, 4 Käse und 1 Kloben Flachs. Zeugen: Bruder Heinrich, Pfarrer bei St. Peter; Heinr. v. Lohme, Ritter; Gerhard, dessen Bruder. Orig.-Perg. mit anhängend. Siegel. Archiv Weimar, Kloster Wida.

1338. In dem adeligen Dominikaner-Nonnenkloster zu Wida werden als Nonnen angeführt: Jutta, Benedicta und Jutta v. Ktz. (*Limmer, Gesch. d. Voigtlandes*, Thl. III, p. 874.)

1338. Heinrich der Alte und Junge, Voigte zu Wida, bekennen, dass Niclas, Heinrich's Sohn, genannt Lyndenberg, 18 Schilling Zins an Gertrud v. Ktz., welche Herman Vranken's Hausfrau gewesen ist, und an ihre Schwester Elsbeth um 8 Schock Groschen verkauft habe. Denselben Zins habe Niklas Lindenberg's Sohn mit seinem Vater und seiner Mutter aufgelassen. Er steht im Dorfe Syrwys und wird von Heinr. Fischer, genannt Grundis, und seinen Nachkommen entrichtet. Wann Gertrud und Elsbeth v. Ktz. gestorben sind, sollen die Töchter Lindenberg's, Adelhaid und Margaret, welche in dem Kloster zu Wida sind, von den Zinsen 12 Schillinge empfangen, und Jutta, die Tochter Cunrad's v. Ktz.; Benedicte und Jutta, die Töchter Friedr. v. Ktz.; Adelheid und Catharina, die Töchter Cunrad's v. Mellin, (*Reg.* 1336 — ihre Mutter war eine v. Ktz.) die übrigen 6 Schillinge erhalten. Doch soll der (Zins-) Mann sich mit seinem Gute und Leibe an die Schwestern v. Lindenberg halten. Zeugen: Heinze v. Lom und Gerhard, sein Bruder. Orig.-Perg. mit 2 anhängd. Siegeln. Archiv Weimar. Kloster Wida. (Abdruck bei *Schöttchen & Kreissig, Diplomat.*, Bd. II, p. 493.)

1339, 22. Januar. Adelheid v. Kokeritsch eignet dem Deut. Ordenshause zu Eger 24 Pfund Heller zu einem Seelengeräth. Archiv Weimar. (?)

1340. Heinrich, Cunrat und Cunrat, die Söhne des Ritters Cunrad v. Ktz., bekennen, dass ihr sel. Vater seinem Herrn in Wida seine Lehngüter im Dorfe Rudendorf und Kovelen aufgelassen habe, welche auf seine Bitten dem Kloster Frauen zu Maria-Magdalena zu Wida zugeeignet wurden. Die drei Söhne geben dieser Auflassung und Zueignung ihre Zustimmung. Es siegelt Heinr. v. Ktz. Orig.-Perg. mit anhängd. Siegel. Archiv Weimar. Kloster Wida.

1345. Heinrich der Alte und Junge, Voigte zu

Wida, bekennen, dass Benedicte und Jutta v. Ktz., Schwestern des Pred.-Ordens in Wida und Töchter des verstorbenen Friedrich v. Ktz., einen Zins von 30 Groschen, der ⅓ Mark und 2 Groschen gibt, und welchen sie von ihren Brüdern Friedrich und Heinrich v. Ktz. erworben haben, erheben sollen. Wenn beide Schwestern gestorben sind, sollen ihre Brüder diesen Zins als Lehn erhalten. Den Zins entrichten folgende Bauern: Heinr. Rudolph in Wolvramsdorf 6 Gr.; Heinr. Albus, dessen Sohn, in Schuptitz 24 Gr. Zeugen: Bruder Heinrich, Pfarrer zu St. Peter in Wida; Volwyn v. Polnyz und Betzcold dessen Bruder; Friedrich und Heinr., die Söhne des Johann Tulpin (Kaufmann in Wida). Orig.-Perg. mit anhängd. Siegeln der Aussteller. Archiv Weimar. Kloster Wida.

1345, 1. October. Konrad und Konrad und Poppo, die Söhne des Ritters Konrad v. Ktz. sel., bekennen, dass sie ihrer Schwester Jutta, Klosterfrau in Wida, ½ Vierdung und 6 Hühner jährl. Zins im Dorfe Olsen, von den Gütern, welche sie von dem Voigt von Wida junior zu Lehen haben, zuweisen. Den Zins entrichtet Adelheid Tutchyn und ihre Erben. Nach dem Tode der Jutta sollen die Töchter ihrer Schwester Kunigunde (v. Mylin), Klosterfrauen, diesen Zins empfangen. Wenn auch diese gestorben, soll der Zins an die drei Brüder zurückfallen, und sie wollen, wenn der Hr. v. Wida die Güter dem Kloster zueignen wollte, auf ihre Rechte darauf verzichten. Orig.-Perg. mit 2 anhängd. Siegeln der Aussteller. Archiv Weimar. Kloster Wida.

1349, 3. Januar. Die Priorin Jutta, genannt v. Ktz., und der ganze Convent in Wida bekennen, dass Elisabeth v. Scharzenbergk, Margaret und Kunigunde, die Töchter von deren Schwester Katharin, Schwestern ihres Convents, von den Häusern, welche dem Kloster etc. gehören, auf ihre Lebenszeit 1 Mark Zinsen einnehmen dürfen. Wenn die drei Klosterschwestern gestorben sind, soll die Mark an das Kloster fallen. Es siegeln die Aussteller. Orig.-Perg. Siegel ab. Archiv Weimar. Kloster Wida.

1356. Heinrich der Alte, Voigt v. Wida, bekennt, dass ihm Bruno, Ritter, und Luppold, beide genannt

v. Neumarkt (novo foro) gebeten, den Zins, welchen sie in Schuptitz haben, den Klosterfrauen in Wida zuzueignen. Nachdem Genannte diesen Zins aufgelassen, eignet er (der Voigt) ihn den Klosterfrauen und verfügt, dass ihn Jutta, Tochter des Ritters Cunrad v. Ktz.; Katharin, Adelheidis und Elyzabet, die Töchter des Cunrad v. Ktz., Töchter Kunigunde's (v. Neumarkt), welche sämmtlich in dem Kloster sind, auf ihre Lebenszeit einnehmen sollen. Zeugen: Heinrich Lindenborgk der Alte; Johann, Frinzelin, dessen Söhne; Friedr. und Heinr., die Söhne des Friedrich v. Ktz. Orig.-Perg. mit anhängd. Siegel. Archiv Weimar. Kloster Wida.

1362, d. d. Wyda. Heinrich v. Plauen senior und junior, Voigte zu Weyda, bestätigen die Schenkung Conrad's v. Ktz., seiner Lehngüter zu Rudensdorf und Koffeln, für Schuhwerk der armen Nonnen des Klosters zu Weyda. — Jutta, des Conrad v. Ktz. Tochter, und Cathar., Adelhd. und Elisabeth v. Mylin, ihrer Schwester Kinder, Klosterfrauen zu Wida, sollen bei Lebenszeit die Zinsen einnehmen, nach ihrem Tode die nächsten Muhmen, und wenn kein Verwandtes mehr im Kloster, die jeweilige Küsterin zur Vertheilung, und zwar sollen die Schulkinder ebenso viel erhalten wie die Klosterfrauen. Orig.-Perg. mit anhängd. Siegel des Ausstellers. (Vide die Register des Klosters Wyda, 1362, 29. März, bei *Schöttchen et Kreissig, Diplom. et Script.*, Bd. II, p. 496.)

1374, 30. August. Heinrich, Voigt zu Wida, bekennt, dass er 30 schmal Groschen Zinsen zu Schuptitz und Wolframsdorf von dem Forste Hamus den Klosterfrauen in Wida zugeeignet habe. Diese Zinsen soll die Klosterfrau Jutta v. Ktz. einnehmen und nach ihrem Tode die Sammung des Klosters. Orig.-Perg. mit anhängd. Siegel. Archiv Weimar. Kloster Wida. (Bei *Schöttchen et Kreissig, Diplom. et Script.*, Bd. II, p. 498.)

1378, 14. November. Kathar. v. Mylin (deren Mutter, eine v. Ktz.), Priorin des Klosters zu Wida, und der Convent bekennen, dass ihre Unter-Priorin Jutta v. Ktz. für sich und ihre Schwester Benedicte begehrt habe, dass der

Convent jährlich ihr Gedächtniss feiern soll, wogegen sie ihm nach ihrem Tode folgende Zinsen überlassen wollen: 5 Vierdung schmal Geldes, nämlich 3 Vierdung zu Kungysdorf, die sie von Lucas v. d. Nvenstadt gekauft, und $1/_2$ Schock, gelegen zu Schuptitz, die sie von ihren Brüdern Friedr. und Heinr. v. Ktz. gekauft haben. Die Unter-Priorin soll den Zins einnehmen, mit 1 Vierdung dem Convent eine Pitanz (?) reichen und die Mark unter den Convent vertheilen. Es siegelt der Convent. Mehrere Siegel anhängd. Archiv Weimar. Kloster Wida.

1386, 17. Mai. Kune v. Vylichz, Priorin, Elze v. Melyn, Unter-Priorin, und die Sammung der Klosterfrauen zu Wida bekennen, dass sie die Zinsen, $1/_2$ Schock jährlich für 5 Schock gute Meissenische Groschen, verkauft haben. Nach dem Tode der Käufer soll der Zins wieder an das Kloster fallen, das dafür deren Jahresgedächtniss feiern soll. Zeugen: Aleyt v. d. Högeniste, senior; Katr. v. Melyn; Jutta v. Ktz.; Elze. v. Lome, senior; Klosterfrauen. Es siegeln die Aussteller und Bruder Heinrich v. Wolfinsdorf. Orig.-Perg. mit 2 anhängd. Siegeln. Archiv Weimar. Kloster Wida.

1395, 1. Mai. Anna Bel, Priorin des Klosters zu Wida, Marg. v. Milen, Unter-Priorin, und der Convent bekennen, dass Jutta v. Ktz. etliche Zinsen zu Schuptitz, Wolframsdorf und Kunigsdorf gekauft habe, die nach ihrem Tode der Schwester Elze v. Oschicz und nach deren Tode dem KlosterConvent zufallen sollen. Dafür hat das Kloster ein Jahresgedächtniss zu feiern, für Benedicte v. Ktz., selig, Jutta v. Ktz. und Else v. Oschitz, was der Convent gelobt. Orig.-Perg. mit anhängd. Siegeln. Archiv Weimar. Kloster Wida.

Mit dem Schlusse des 14. Jahrhunderts verlassen uns die klösterlichen Nachrichten. Die wenigen auf das Feld einer politischen Thätigkeit während des 13. und 14. Jahrhunderts hinweisenden Regesten, welche wir zu sammeln vermochten, stehen in nächster Beziehung zu den Bestrebungen des Hauses Wettin, sich an beiden Ufern der mittlern Elbe von der Nd.-Lausitz bis nach Thüringen hin eine geschlossene Hausmacht zu gründen. Nur an den Faden der Geschichte dieser Bestrebungen gereiht, erhält das vereinzelte Auftreten von

Mitgliedern der Familie Zusammenhang und Bedeutung. — Schon seit dem Anfange des 11. Jahrhunderts hatte unter den sächsischen Herren die Ansicht gegolten, dass Grafenamt und Beneficium sich im erblichen Besitz einer bestimmten Familie befinde. Die Könige hatten, ohne Anerkennung des Rechts, den Gebrauch gelten lassen, Amt und Lehnbesitz in der Regel den nach Erbrecht zunächst Berufenen zu übertragen. Auf diese Grundlage hatten die sächsischen Fürsten ihre Pläne gestützt, deren Erfolge indessen nur für ein Lebensalter Geltung hatten, da die Sitte das Recht der Erstgeburt noch nicht gelten liess und die Ländertheilung unter Söhne und Erben die Regel war. So zerfiel das Werk Markgrafs Konrad d. Gr. von Meissen — er hatte von 1116 bis 1156 die Länder zwischen der Saale und Spree vereinigt — durch Theilung unter vier Söhne im leztern Jahre. Eine Reihe von Todesfällen in den von Markgraf Konrad gestifteten vier Linien liess den grössten Theil ihrer Länder wieder vereinigt in die Hände des 1208 geb. Markgrafen Heinrich des Erlauchten gelangen. Er regierte unter diesem Beinamen selbstständig von 1230 bis 1288, und es gelang ihm, der keine Gelegenheit versäumte, die Macht und das Ansehen des Hauses Wettin zu vergrössern, dabei durch den immer reichern Ertrag der sächsischen Silbergruben in dieser geldarmen Zeit mächtig unterstützt und getragen durch Verschwägerung mit dem, wenn auch sinkenkenden Hause der Hohenstaufen, nach siebenjährigem (1256 bis 1263) blutigen und wechselnden Kampfe um Thüringen, ein geschlossenes Gebiet zu gewinnen, das von der Oder bis zur Werra, vom Erzgebirge bis zum Harze reichte. Mit unerschütterlicher Treue war Heinrich der Erlauchte, während der heftigen Kämpfe zwischen Reich und Kirche, welche die letzten Lebensjahre Friedrichs II., Rothbart, füllten, der Partei der Gibellinen, trotz Schmeichelns und Drohens des Papstes, ergeben geblieben, dafür hatte ihm der Kaiser gestattet, die Reichsvoigteien und einzelne Reichsbesitzungen innerhalb seines Gebietes als untergeordnet zu behandeln. Das Pleisnerland, die Burggrafschaften, Grafen, Edeln, Herren und Stifter, alle wurden als zum Gebiete gehörig betrachtet, obgleich Reichsunmittelbarkeit ihnen beiwohnte. Nach dem Tode des grossen

Kaisers (1250) fand diese Ansicht auch keine moralische Schranke mehr. Ein Gleiches drohte den Voigten zu Weida, Plauen und Gera; sie suchten Schutz in Lehnsbeziehungen zu Böhmen, und schon 1273 fand König Ottocar die Berechtigung, dem Deutschen Orden das ihm von den HH. v. Plauen überlassene Patronatsrecht zu Plauen, Asche und Reichenbach zu bestätigen. — Alle diese Mühen, Arbeiten und Gewaltschritte waren umsonst geschehen; denn ein Jahrhundert später als Konrad d. Gr., theilte auch Heinrich der Erlauchte (1265) das Zusammengebrachte in drei Loose. Die Lausitz und die Mark Meissen sich vorbehaltend, eignete er Thüringen und die Pfalz Sachsen seinem ältesten Sohn Albrecht, das Oster- (Pleisner-) Land mit der Ostmark westlich der Elbe (Landsberg) seinem zweiten Sohne Dietrich. — Heinrich starb 1288 mit Hinterlassung dreier Erben: Landgraf Albrecht's von Thüringen, des halbbürtigen Friedrich (v. Maltitz), seine Söhne, und 1 Enkel, Friedrich, der Sohn des verstorbenen Dietrich von der Ostmark. Auch Albrecht von Thüringen hatte zwei Söhne, wovon der Eine bei den Streitigkeiten unter den Erben als Markgraf Ticmann bald dadurch in den Vordergrund tritt, dass er sich unberufen unter die Erben drängte und, mit den Waffen in der Hand, gegen seinen Vetter Friedrich von Landsberg den Besitz der Nd.-Lausitz beanspruchte. Aus diesen Verhältnissen, denen später noch Zerwürfnisse zwischen Vater und Sohn, Albrecht's und Ticmann's, und die Einmischungen Ottocar's von Böhmen, Rudolph's von Habsburg, Kaiser Adolph's von Nassau und dessen Besiegers bei Göllheim, Kaiser Albrecht's von Oestreich, vergiftend hinzutraten, entwickelten sich wechselnd Kampf und Zerwürfniss, die bis in das 14. Jahrhundert hinein währten. Im Beginnen ist dasselbe durch den unglücklichen Krieg der Wettiner gegen Waldemar, den letzten Markgrafen Brandenburg Askanischen Stammes, erfüllt. Nach dessen Absterben zieht sich bis nahe dem Schlusse, der nachbarliche Streit des Hauses Wettin-Askanien gegen die Brandenburgischen Markgrafen aus dem Bayerischen Kaiserhause, um zuletzt (1367) in den Umarmungen der welschen Politik Kaiser Karl's IV. zu ersticken. Tief eingreifend in diese Kämpfe tritt ein Heinrich v. Ktz. neben dem echten und noch gegenüber dem falschen Waldemar und seinem Prometheus, Kaiser Karl IV., auf. — Es reihen sich hier folgende *Reg.* an, wo auch neben jenem Heinr. v. Ktz. ein Otto erscheint.

1239, 14. Juni. Dietrich, Graf v. Brene (Wettin) schenkt der Stadt Herzberg einen Wald an der Elster. Zeugen: Otto v. Ktz., als der Erste unter den Knappen aufgeführt. — Diese *Reg.* ist im weitern Umfange (Abschnitte: »Die Ktze. in der Nd.-Lausitz«) nachzusehen.

1239 und 1241, d. d. am St. Niclas-Abend und am 9. Dec. ausgestellt. Auch diese beiden *Reg.* sind *in extenso* (Abschnitt: »v. Ktz., Nd.-Lausitz«) beigebracht. In der ersten Urkunde ertheilt Graf v. Brene dem Kloster Dobrieluch ein Privilegium an der Elbe, und in der andern verleihen Markgraf Heinrich d. Erlauchte und Graf v. Brene, der bis dahin als Erbe Heinrich's angesehen wurde, gemeinschaftlich dem Orte Kirchhein die Verlegung eines Marktes. Unter den Zeugen, als letzter der Herren, auch in einer alten deutschen Uebersetzung Herr genannt, hat Domino Otto de Ktz. unterschrieben. Ihm folgen noch mehrere Adlige ohne Rang. — Otto ist also zwischen 1239 und 1241 im Gefolge der Wettiner Ritter geworden, was auf sein Alter schliessen lässt und ihn als Sohn des Otto v. Ktz. zu 1197, zu bezeichnen gestattet.

1263. Heinr. d. Erlauchte, Markgraf v. Meissen etc., genehmigt der Comthurei des Dt. Ordens zu Altenburg (1213 von Kaiser Friedrich II. gestiftet) ihre Privilegien von Neuem. Zeugen: »die Edeln Burggraffe v. Veytin (Wettin?) Alberich v. Leysenig, Heinr. v. Waldow, Heinr. Kämmerer v. Gnanstein, Thimo v. Colditz, Günter v. Slotheim, Otto v. Kokeritz, frd. Cunradt Buche unser Caplan.« (*Mittheilg. d. Gescht. u. Alterth. forschd. Gesellschaft des Osterlandes zu Altenburg*, Bd. 2, Heft 2, pag. 170.) Hier ist Otto v. Ktz. im Gefolge des Markgrafen unter die Edeln oder Burggrafen gezählt.

1309, 27. Mai d. d. Wolkenberg (?). Die Gebrüder Vollrat, Otto und Ulrich, Herren v. Colditz und Wolkenberg übereignen der Pfarrei zu Wolkenberg 5 Schillg. jährl. Zinsen. Zeugen: Wilhelm, Pfarrer zu Kemnitz, Hr. Heinr. v. Tyrbach, Hr. Volkwin v. Kauffungen, Ritter; Theodor Johann v. Tyrbach,

Herbort v. Kauffungen, Otto v. Kokeritz, Boslau und Conrad v. Burxdorf et alii f. d. (NB. Otto war wohl der Sohn des Otto zu 1263, und 1309 noch nicht Ritter.) — (*Menken, Script. Rer. German.*, III, p. 935 und 36.) — *Menken* bemerkt dabei in einer Note, »dass die v. Ktz. zu jener Zeit die Güter Wehlen und Lohmen besassen und mehrere Mitglieder derselben **gleichzeitig unter dem D. Orden in Preussen Dienst thaten.**« — (Ferner: *Unschuldige Nachrichten v. 1718*, p. 17.)

Nach dem Jahre 1265, der Ländertheilung Heinr. d. Erlaucht., genehmigt sein Sohn Albrecht, Landgraf v. Thüringen, eine Schenkung an die Kirche St. Nicolai zu Eisenach durch Eberhard Olearius. Zeugen: Friedrich senior v. Drifurd; Günter Dapifer; Hetwic Marschal; Heinr. (villicus civitatis), Stadt-Präfect, Burgvoigt, genannt lakericie; Heinr. Cellarius de Buchstethe. (*Wilke Tiemann, Urkundenbuch*, p. 40—41.) *Wilke* sagt, dass ihm der Name *lakeritz* in seinen Sammlungen noch nicht vorgekommen und schwer zu deuten sei. Nach unserer Ansicht hat der Abschreiber der Urkunde ein undeutliches, häufig eckiges **grosses** *C* für ein ähnliches *L* gelesen und damit diesen ungewöhnlichen Namen zu Stande gebracht, wie das noch um 1600 bei der Kanonisirung des Heiligen Benno, Bisch. v. Meissen, vorkommt, wo ein Johann v. Lackericz »ex nobili genere natus, Lusatiae inferioris, 62 agens annum, ex pedum contractione 4 menses decubuerant, cum voto facto, illico sanatur.« (*Menken etc.*, T. III, p. 1898.)

Ohne Zweifel haben wir hier (1309) einen Cakericz aus dem Gefolge Heinr. d. Erlauchten vor uns, den der Markgraf nach der Eroberung der renitenten Stadt Eisenach zum Burgvoigt der 1262 zum Trutz der feindlichen Bürger erbauten Stadtburg — Klemme -  einsetzte. Es spricht für diese Ansicht das Vorkommen eines Heinrich Lakkericz, als Zeuge in einer Urkunde, die Heinr. d. Erlaucht für die Stadt Guben ausgestellt. Wir kommen später darauf zurück.

1266. Friedr. v. Ktz., Zeuge nach *Reg.* des Dresdner Staats-Archivs (?). (*Gersdorf, Codex Saxon.* ?)

1292. Friedr. v. Ktz., Zeuge wie vorstehend. — Wir haben diese beiden *Reg.*, die sich wahrscheinlich auf eine Person beziehen, ihrer Unbestimmtheit wegen neben einander gestellt, und weisen, bis sich weiteres Licht darüber verbreiten wird, auf den Friedr. v. Ktz. hin, der in einer auf das Kloster Weyda bezüglichen *Reg.* zu 1324 und später als Vater und Zeuge der Nonne Benedicte v. Ktz. auftritt. Derselbe stirbt vor 1345.

1274. Marie v. Ktz., verheirathet an Richard v. Eisenbergh, aus einer Osterländischen Reichsministerialen-Familie. (*Mittheilg. d. Gescht. u. Alterth. forschd. Gesellschaft d. Osterlandes*, 6. Bd., 3. u. 4. Heft, pag. 329.) — Dieser Richard v. Eisbg. ist wahrscheinlich ein Bruder der Kunigunde v. Eisbg., der Gemahlin Herzogs Albrecht v. Thüringen, der mit ihr 1374 eine unberechtigte Ehe schloss, welche den Streit mit seinen Söhnen Friedrich und Ticmann noch steigerte. Daselbst, pag. 373, finden sich Nachrichten über die Osterländische Familie Lydelow, die durch die Ehe eines ihrer Söhne mit einer v. Ktz.-schen Tochter Veranlassung zur Verpflanzung der Ktze. nach Schlesien wurde *).

Wir haben auf der nebenstehenden Seite versucht, in Stammbaumform, mit Weglassung der Frauen, das zusammenzustellen, was im 13. und 14. Jahrhundert aus dem Voigtlande über die v. Ktz. annäherd sicher festzustellen war.

---

*) Hier, wo die Geschichte der v. Ktz. den Boden des Voigtlandes verlässt, fühlen wir uns verpflichtet, dankend die sorgsame Pflege anzuerkennen, welche der jetzige Besitzer des Rittergutes Ktz., Herr Wagner, den historischen Erinnerungen unseres Stammsitzes schenkt. Dieser Herr verfolgt und sammelt nicht nur jede sich darbietende geschichtliche Spur, seine Bemühungen sind auch dahin gerichtet, dem alten Thurme äusserlich seine Erinnerungen zu bewahren. Der Gesammt-Familie gegenüber beziehen wir uns auf dieses Beispiel.

## Die Köckritze im Voigtlande, Meissen und Sachsen.

**Um 1150 N. N. ☉ v. Ktz.**
Reichsministerialis, homo liber imperii auf Thurm Köckeritz bei Weida.

**1195, 12⁰⁹/₂₅ Poppo ☉ v. Ktz.**
Marschallus u. Rathgeber, Castellan der Reichsburg Greitz.

| 1170 Otto ☉ v. Ktz. | 1197 Siegfrd. ☉ v. Ktz. | 1239/68 Otto ☉ v. Ktz. | 1309 Otto ☉ v. Ktz. | 12⁰⁹/₂₅ Heinrich ☉ v. Ktz. | 12⁶⁵/₉₂ Friedrich ☉ v. Ktz. | 1225 Hermann ☉ v. Ktz. | 12⁸⁷/₈₈ Leopold ☉ v. Ktz. | 1225 Siegbard ☉ v. Ktz. |
|---|---|---|---|---|---|---|---|---|
| als Zeuge im Lande Meissen. | Dsgl. | Zeuge bei Heinr. d. Lande Pleissen. | daselbst. | Rathgeber. | Zeuge. | Alle drei Castellane vom Greitz. | Ritter u. Zeuge bei Henr. d. Aelt., Voigt zu Wida, für Kloster Wida u. 1298 Rathgeber desselben als Leppold v. Greiz beim Gastris über die Wegelosen d. d. Hof. | |

Friedrich ☉ u. Heinrich ☉ v. Ktz. 1348/58 gemeinschaftl. Zeugen für Kloster Wida.

| 1340 Heinrich ☉ v. Ktz. | 13¹⁰/₄₅ Conrad ☉ v. Ktz. | 13⁴⁰/₄₅ Conrad ☉ v. Ktz. | 1333 Conrad ☉ v. Ktz., Ritter, schenkt an Klost. Wida u. stirbt 1340. | 1345 Poppo ☉ v. Ktz. |
|---|---|---|---|---|
| Zeuge mit beiden Conrads für Klost. Wida. | auf Koffeln. | Geistlicher. | ? ☉ ? | verkauft mit beiden Conrads an seine Schwester Juria in's Kloster Wida. |

NB. Von den vier Söhnen des Ritter Conrad v. Ktz. war 1340 Poppo v. Ktz. wahrscheinlich mit dem Hrn. v. Bergowe, als Dux u. Söldnerführer seit 1330/31 bei dem Hülfsheere, welches König Johann v. Böhmen vom deutschen Boden gegen Polen sandte. Bei dem Verkaufe von 1345 ist er heimisch, dagegen Heinrich v. Ktz. ausländisch. Dieser Heinrich v. Ktz. ist bis 1308 der Jugend- und Kampfgefährte des Markgrafen Waldemar v. Brandenburg. Nach dessen Tode mit v. Barby und v. Strehla, 1312, Söldnerführer des Markgrafen Waldemar v. Sachsen, dem Bruder Ticmann's, in Fehde gestanden hatte, wie die Conrad v. Ktz. gegen den Markgrafen Friedrich v. Sachsen, dem Bruder Ticmann's, in Fehde gestanden hatte, wie die Pacifications-Urkunde von 1317 deutlich ausspricht, tritt er 1326 als Herr mehrerer Schlösser, darunter Senftenberg, urkundlich auf. 1350 zeugt Heinrich v. Ktz. im hohen Alter noch gegen den falschen Waldemar und dessen Gönner Kaiser Karl IV. auf den Tagen zu Spremberg u. Bautzen. Der Zorn des Kaisers traf später die Familie durch Güterentziehungen, die in Form erzwungener kirchlicher Schenkungen auftraten.

Mit diesen kriegerischen Brüdern scheint sich die Ueber-siedlung der Voigtländischen Ktze. nach dem rechten Elbufer vollzogen zu haben. Ihr ferneres Auftreten in der Stammheimath bietet nichts Bemerkenswerthes und verschwindet bald. Wir fanden nur noch:

1405, unter den adligen Vasallen der Voigtei Weida die v. Ktz. auf Clodra angeführt. (*Limmer, Gescht. d. Voigtlandes*, P. III, p. 840.)

1534/39 besitzen nach zwei Lehnbriefen die v. Lohma das Dorf Kockritz, später (im 18. Jahrhundert) die v. Seckendorf.

1547 ist in dem Uebergabe-Verzeichnisse von Gera, Schleiz und Lobenstein an Heinrich, Burggraf v. Meissen, unter 29 adligen Besitzern in den drei Herrschaften kein Ktz. angeführt. (*Kasp. Zopf, Reuss-Gera. Stadt- u. Landes-Chronik.*)

1609, Michaelis d. d. Greitz. Peter Quirin v. Maltitz zu Pernsgrün und Hans Adam v. Ktz. zu Cosengrün sind Bürgen einer Schuld für Heinr. d. Aelt., Reuss v. Plauen etc., an Casp. v. Rödern auf Lüschwitz, über 1000 fl. Casp. v. Reitzenstein auf Lueba wird der Bürgschaft entbunden. (Mitgetheilt durch v. Reitzenstein.)

Als Beamter der Sächsischen Regierung findet sich wieder:

1648/52, ein Unter-Steuereinnehmer Hans Adam im Voigtländischen Kreise (Art.: *Bestallungen*, Vol. II, Loc. 4520?), und 1652 auf Ob.-Lassa daselbst mit der Variante Hans Adrein. (*Collect. Mühlverstädt*, p. 13.)

1704 kauft der Sächs. Poln. Rittmeister Hans Hyron. v. Ktz. auf Lindchen das Gut Ob.-Tossfelde für 14,900 Mark v. d. Gebrüder v. Schönfeld. Aus dieser Linie würde der alte Hr. v. Ktz. stammen, der sich um 1810 im Besitz des Gutes Pohlitz bei Greitz befunden haben soll. Ausser dem Briefe eines Vetters, im vorigen Jahrhundert aus Politz an meinen Grossvater, findet sich hier weiter keine Beziehung.

Wir können beim Schlusse der Nachrichten über den Ursprung der Ktze. im Voigtlande die Bemerkung nicht übergehen, dass es Bedenken hat, den Otto v. Ktz., 1239 im Gefolge der Grafen v. Brene, östlich der Elbe mehrfach und zu 1263 bei Heinrich dem Erlauchten, sowie 1309 als Zeuge in dem Briefe des Burggrafen v. Leiznick vorkommend, mit dem gleichzeitigen Auftreten der Familie im Voigtlande in genealogische Verbindung zu bringen. Der Vorname Otto ist den Ktzn. im Voigtlande fremd, auch liegen aus der ersten Hälfte des 13. Jahrhunderts keine Beziehungen der Wettiner zu den Voigten, Söhne Heinrich v. Wida, vor, welche den Uebertritt eines der Reichs-Ministerialen des Voigtlandes in das Gefolge der Meisner politisch erklären könnten.

Erst 1248, mit dem beginnenden Kampfe um Thüringen, nahm Heinr. d. Erlauchte den Titel eines Burggrafen von Thüringen und Pfalzgrafen v. Sachsen an und machte gegen die Voigte v. Wida, Gera und Plauen Rechte als Reichsprocurator und Vicarius der Krone geltend, in Folge dessen diese mit ihm am 1. Sept. 1254 eine Einigung schlossen. Den Otto v. Ktz. zu 1239 etc. müssten wir daher entweder als Zeitgenossen der vier Ktze., Castellane zu Greitz von 1225, ansehen, der, um sein Glück zu machen, den heimischen Herdt verlies, und dem glänzenden Hofe des Markgrafen Heinrich folgte, oder wir sind gezwungen, für ihn ein anderes, gleichzeitiges Stammhaus unter der Herrschaft der Wettiner an der Elbe zu suchen, das mit Hülfe des Schutzes und des Einflusses der Bischöfe von Nürnberg gegründet wurde. Diesem Stifte waren schon seit 1013 und 1133 die Gebiete und Schlösser Tieffenau, Saathain etc. zugeeignet, die wir bald nach 1300 im Lehnsbesitz der Kökritze finden. — Allein die nähere Kenntniss der in *Tittmann's Geschichte Heinr. d. Erlauchten* hyroglifisch verkürzt beigebrachten Urkunden könnten hier Licht bringen. Dieses gründliche Werk über das Leben des erlauchten Fürsten lässt ein Urkunden-Buch nur zu sehr vermissen. — (Vide das zu 1197 über Otto v. Kaciz und dessen Sohn Gesagte.) — *Hasche* in seinen *Beiträgen zur Geschichte von Hohenstein von Götzinger* sagt (*Magazin zur sächsischen Geschichte*, Jahrgang 1787 pag. 84): Das Geschlecht der von Ktz. ist fast so alt, als die Birka v. d. Duba, von denen ein Birka schon 1154 Wichmann's, Bischof zu Naumburg, Schenkungsbrief an das Nonnenkloster zu Zeiz unterschrieb. (*Schöttchen*, *Conrad d. Gr.* pag. 322.) — *Hasche* verwahrt sich jedoch dabei, dass die Ktze. eben so früh in Besitz von

Wehlen gewesen, aber früher als es Götzinger in seinem Buche angiebt, besassen sie es wirklich.

Wir kommen später auf den Besitz von Wehlen zurück und geben hier aus *Wilke's Geschichte des Markgrafen Ticmann's* in chronologischer Reihe die *Reg.*, welche sich auf das Regiment dieses Markgrafen und den Antheil seines Kampfgenossen, Heinr. v. Ktz., beziehen.

Ticmann war einer der streitenden Besitznachfolger Heinrich des Erlauchten, der seit 1288 sich bald als Führer seiner Lehnsleute, bald ohne Land als Bandenchef, bald als fahr. Ritter neben seinem Bruder, Friedrich d. Gebiss., nur mit dem Schwert in der Hand ein Erbe sichern konnte. Ihm steht bis zu seinem Siege bei Luka und seinem Tode durch Mörderhand, 1307, dieser Jugendgefährte Heinr. v. Ktz. treu zur Seite, von dem *Wilke* sagt: gentis hujus, quae et hodie floret, frequentissima in scripto meo sit mentio — und weiter: Porro inter milites Ticmanno dilectissimos mihi referunt: H. de Ktz. ex gente prisca, hodie inter Lusatos florente, olim, ditissima, ortus, qui vignit Anno 1289—1307.

1289, 26. März, d. d. Torgau. Brief Markgraf Ticmann's, womit er dem Kloster in der Stadt Mühlberg 12 Hufen Land im Orte Blumberg zueignet. Zeugen: Albert de Pac, Heinr. de Rydeburg, Jenich de Geilnow, Walth. de Schakow, Milites; Heinr. de Ktz., Fritcko de Wessenic. Otto de Beynewitz. — Hr. v. Ktz. war hier jung und noch nicht Ritter. — (*Wilke Ticmann, Urkunden-Buch,* pag. 79—80.)

1293, 16. Januar, d. d. Torgau. Markgraf Ticmann schenkte dem Kloster der Stadt Mühlberg 2 Hufen und die Mühle im Dorfe Luberaz (vulgo Libersec) bei Belgern. Zeugen: Herm. v. Landsberg, Joh. v. Spremberg, Friedr. v. Strele, Bodo und Otto Gebrd. v. Yleburg, Albert Dapifer junior de Borna, Joh. de Senftenberg etc., viri nobiles et fidel. nostri. (*Wilke Ticmann, Urkdb.-Buch,* pag. 100.) — Das sporadische Auftreten des Joh. v. Senftenberg in den Urkunden, dem gleichzeitig ein Joh. v. Ktz. zur Seite geht, lässt vermuthen, dass jenes nur der Besitzname für den Ktz. ist. (Vide pag. 24.)

1295, 20. März, d. d. Guben. Markgraf Ticmann verleiht

der Kapelle des Hospitals daselbst gewisse Zinsen. Zeugen: Conrad de Amera unser Secretär, unser Getreuer Fr. de Cottbus, Hr. Jenkin de Geilnow, **unser Voigt Heinr. ligniricium**, heyso unser Wirth, Pilgrim et Ulrich Münzmeister, und ferner unsere Bürger. (*Wilke Ticmann, Urkdb.-Buch,* p. 116 und in der Einleitung p. 64.) *Wilke* müht sich auch hier vergeblich ab, einen Sinn für das Wort liguiricium, das *Reg.* zu 1302 auch als liquricia auftritt, und eine erklärende Beziehung zu den Namen lakericz des Stadtvoigts von Eisenach (1265) etc. zu finden. Aus dem Vergleiche der verschiedenen nachfolgenden Urkundenreg., welche dieses zweifelhafte Wort geben, und namentlich aus der Zeugenreihe, in welcher dem Zeugen de Geilnow in der Regel Heinr. v. Ktz. folgt, geht unzweifelhaft hervor, dass hier immer der Letztere gemeint ist, allerdings in der korrumpirtesten Form, die jedoch nicht befremdend erscheint, wenn man die Varianten des Namens aus polnischen Federn kennt. (Vide die v. Ktz. im Deutsch-Orden.) Dass hier nicht von einer lateinischen Amtsbenennung der Geilnow's die Rede sein kann, bezeugt der beistehende Vorname Heinrich.

1298. Heinr. v. Ktz., angeführt nach *Zedler, Univers.- Lexicon* bei *Ludwig* (*Reliqui. Msct.*, T. I, p. 211 und 221?).

1299, 2. Januar, d. d. Leipzig. Dietrich, Landgraf in Thüringen, vollzieht den Kaufbrief des Bischofs Heinrich zu Merseburg über den Gerichtsstuhl zu Rötha (Leipzig). Zeugen: Heinr. Graf zu Stollberg, Albrecht Knuth, **Heinr. v. Ktz.**, Heiso v. Schapow, Ulr. v. Zehmen, Joh. und Rüdiger Gebrd. v. Haugwitz, Tammo v. Haldecke. — (Abschrift der Urkunde im *Copiar Berbisdorf*, III, p. 237, im Domcapitular-Archiv zu Merseburg. Auch *Ludwig, Reliqui. Msct.*) — *NB.* Heinrich v. Ktz. kommt in diesem Jahre als Miles Ticmann's, Landgraf in Thüringen, in den *Reg.* des Dresduer Staats-Archivs vor (?).

1299, 2. Januar, d. d. Leipzig. Albr. v. Knuth, **Heinr. v. Ktz.**, Joh. und Rüdiger Gebrd. v. Haugwitz, Tammo v. Haldecke, Dietr. v. Schonz, Dietr. v. Libenhain verbürgen sich für Dietrich, Burggraf zu Thüringen, gegen Heinr., Bischof zu Merseburg, wegen des dem Bischof für 300 Mark verkauften Gerichtsstuhls zu Rötha. — (Orig.-Urkunde im Domcapitular-Archiv zu Merseburg. Copie im *Copiar Berbisdorf*, III, pag. 236).

1299, mense April., d. d. Luckau. Land- (Mark-) Graf Dietrich jun. v. Thüringen (Ticmann) übereignet 1 Hof und 4 Hufen im Dorfe Scholin (Schollen) mit allem Zubehör, welche die Mönche von Dobrilug von Werner List (List v. Ktz.?) gekauft haben, dem Kloster. Zeugen: die Gebrd. Rüdiger und Jenkin v. Geilnow, **Heinr. v. Ktz.**, Joh. v. Amera, Ritter, etc. Orig.-Perg. im Archiv zu Weimar. Nr. 3992. (*Reg.* 00, pag. 711.) Nr. 88. (*Ludwig, Reliqui.* — *Wilke Ticmann, Urkd.-Buch,* pag. 138.)

1299, infra dies Pascha, d. d. Luckau, mense April. Theodorich jun., Landgraf zu Thüringen, bekennt, dass Otto jun. v. Yleborc das Dorf Scholin, welches Otto von dem Landgrafen zur Lehn hatte, dem Altar zu St. Maria zu Dobrilug unter Auflassung des Lehns und mit Bestätigung des Landgrafen geschenkt habe, der zugleich bekennt, dass Werner List (vide oben) mit seiner Zustimmung ein Allod mit 5 Hufen und Zubehör in diesem Dorfe dem Kloster verkauft habe. Zeugen: Rüdiger und Jekins genannt v. Geilnow, Heinr. v. Ktz., Joh. de Amera, Milites et fideles nostri, Gebhard Notarius. Orig.-Perg. mit dem Siegel des Landgrafen. Archiv zu Weimar. (*Reg.* 00, pag. 701, Nr. 82. — *Wilke Ticmann, Urkd.-Buch,* pag. 139.) Heinr. v. Ktz. hatte sich demnach zwischen 1289 und 99 den Rittergürtel erworben.

1299, 26. Juli, d. d. Leipzig. Landgraf Dietrich jun. bestätigt die Schenkung des Dorfes Frankendorf (bei Luckau) mit allen Rechten und Zubehör durch den Ritter Otto jun. v. Yleborc, Bodo's Sohn, an den Abt Joh. und das Cisterc. Kloster zu Dobrilug, welcher Ort des Landgrafen Lehn und dieses von Otto aufgelassen worden war, und übereignet dasselbe gedachtem Kloster. Zeugen: Joh. v. Amera, Jekin v. Geilnow, **Heinr. v. Ktz.**, Ritter; des Abtes Johann v. Dobrilug, des Säckelmeisters Hermann daselbst, Heinr. v. Rechberg und Andere mehr. Orig.-Perg. Archiv Weimar, Nr. 3993. (*Reg.* 00, pag. 712, Nr. 91 sub Nr. 92, dieselbe Urkunde. — *Wilke Ticmann, Urkd.-Buch,* pag. 140.) — Frankendorf ist 1871 im Besitze der Familie v. Ktz.

1300, 9. August, d. d. Guben. Markgraf Ticmann verleiht d. Gebr. de Strele Güter im Dorfe (Schlosse) Schiedlow. Zeugen: Gemlino (Jenkin) et Gobulino de Geilnow, H. ligniricio advocato et Heyso (Hospes) et Godino et aliis fid. dign. (*Wilke Ticmann, Urkd.-Buch,* p. 149 und Einleitung, p. 64 und 65.)

1300, 14. August, d. d. Am Ufer der Neisse zwischen den Dörfern Strege und Sacrow bei der dortigen Mühle, wo der gewöhnlich Ueberfahrt genannte Aquaduct ist (östlich v. Cottbus). — Markgraf Otto v. Brandbg. verspricht dem Erzstift Magdeburg auf Bitten des Landgrafen Theodor jun. v. Thüringen die HH. v. Strele in die ihnen entzogenen Erzstiftschen Lehnsgüter bei Müncheberg, Sternberg und Fürstenberg wieder einzusetzen. — Zeugen: Bodo und Otto Gebr. v. Yleborch, Heinr. v. Dahme, Reinsch v. Gutzk, Reinhard v. Strele, Fried. v. Snevdicz, Rabe noster dapifer, Junge v. Lossow, Albert v. Brandenberg, Joh. v. Geilnow, Heinr. v. Ktz. et alii fid. digni. — Orig.-Urk. im Prov.-Archiv zu Magdeburg. (*Riedel, Nov. Codex Brdburg..* I, Bd. XX, pag. 196.) — Nach *Scheltz, Geschichte d. Nd.-Lausitz* (pag. 202) soll bei dieser Zusammenkunft der Verkauf dieser Mark an Magdeburg eingeleitet worden sein.

1300, 29. August, d. d. Torgau. Ticmann, Landgraf zu Thüringen, eignet dem Kloster Buch die Gärten bei der Stadt Belgern, nachdem Genzko v. Welschwitz das Lehn daran aufgegeben. Zeugen: Alb. v. Pach, Otto v. Bennewitz, Heinr. v. Kokeritz, milites nostri, Martin Gyr, Tymo Sculctet et alii. (*Wilke Ticmann, Urkd.-Buch,* p. 149. — *Schöttchen et Kreissig, Dipl. Script.,* II, p. 219.)

1301, 13. April, d. d. Guben. — Heinr. d. Erlauchte, Markgraf v. Meissen etc., ertheilt d. d. Leipzig, Juni 1235, der Stadt Guben Privilegien. — 1301 erneut Markgraf Ticmann diese wörtlich wiedergegebene Urkunde seines Aeltervaters. Zeugen: Graf Heinr. v. Stalburg, die HH. v. Brandenberg, Jench v. Geilnow, Günter v. Geilnow, Heinr. v. Kokericz, Heinr. Lakkericz etc. — 1367, 20. April, d. d. Lukau, konfirmirt Herzog Bolko v. Schweidnitz dies wörtlich wiedergegebene Document. Zeugen: nur Schlesische Edelleute.

(*Wilke Ticmann, Urkd.-Buch*, p. 151—55.) Durch diese Konfirmation ist die Urkunde von 1301 erhalten, aus welcher folgert, dass entweder gleichzeitig ein Kokericz und ein Lakkericz hier auftreten oder der polnische Schreiber des Piastenherzogs es für gut fand, den auch ihm undeutlichen Namen als Variante zu geben.

1302, 28. April, d. d. (?). Ticmann etc. bestätigt, dass der Ritter Siegfried, genannt List, seine Leute und Bauern im Dorfe Vezicz von aller und jeder Verpflichtung frei gelassen hat. Testes fideles nostri: Albt. Knut, Joh. de Geilnow, Heinr de Kockericz, Tammo de Haldecke, Heinr. de Hopfgarte et alii. (*Wilke Ticmann, Urkd.-Buch*, p. 162.) Eine alte Handschrift sagt dazu: Gr. u. Kl. Uktritz hinter Eutritz liegend. Auch der Zeuge Hopfgarten spricht für eine westliche Lage und gegen Vetschow.

1302, d. d. Leipzig. Landgraf Ticmann bestätigt den Brüdern des Klosters Pforta alle ihre Besitzungen und Einkünfte etc. Zeugen: M. Johann, Protonotar; Tammo de Haldecke, Heinr. de Ktz.; Siegfried, genannt Wilden, seine Ritter; Rudolph de Bünau und Otto de Cottwitz, seine Getreuen. (*Wilke Ticmann, Urkd.-Buch*, p. 166.)

1302, 29. November, d. d. Guben. Landgraf Ticmann ertheilt der Stadt Luberoze einen, ihre Rechte und Privilegien bestätigenden Brief. Zeugen: Joh. u. Günter Gebrd. »de Geilnow liquiricia nostri Milites Heinricus de Vockenrode,« Johann, Protonotar, etc. (*Wilke Ticmann, Urkd.-Buch*, p. 166. Einleitung p. 64.)

1304, 8. Septbr., d. d. Leipzig. Ticmann bestätigt die Widmung eines Hofes mit Hufen Heinr's. v. Grimis an die Kirche St. Thomas daselbst. Zeugen: nostr. fidel. Albt. Knut, Rudig. und Joh. Gebrd. de Geylnow, Tammo de Haldecke, Heinr. de Kokerizt, M. Johann nostr. Curiae Pronotar. (*Wilke Ticmann, Urkd.-Buch*, p. 178.)

1304, 25. Decbr., d. d. Leipzig. Ticmann bestätigt die Schenkung von 40 Hufen Wald, welche Friedr., genannt v. Hoenstet, Cellarius bei St. Thomas in Leipzig, dieser Kirche macht. Zeugen: Karl Knut et Albert Knut, Rüdig. et Jenkin de Geilnow, Heinr. de Kale, Heinr. de Techwitz, Heinr. de

**Kokeritz**, Theod. de Zybliuyben, Heidenr. de Burch, unser Küchenmeister, unsere Ritter etc. (*Wilke Ticmann, Urkd.-Buch*, p. 180.)

1305, 1. Mai, d. d. Leipzig. Landgraf Ticmann bestätigt eine Urkunde, worin eine Fischereigerechtigkeit der Kirche St. Thomas in Leipzig geschenkt wird. Zeugen: Otto jun., Herzog von Braunschweig, unser Vetter; Heinr. jun., Graf von Schwarzburg etc.; unsere Getreuen: Rudolf pincerna de Dornburg, Hans de Liebenow, Albert Knut, Joh. de Geilnow, Tammo de Haldecke, Heinr. de Kokericz, Heinr. de Techwitz, Ritter; M. Johann, nost. Curiae Procurator. (*Wilke Ticmann, Urkd.-Buch*, pag. 184.)

1305, 4. Juni, d. d. Leipzig. Ticmann's Brief für Magistratui urbis Torgau. de praestationibus civium et incolarum. Testes fideles nostri: Friedr. de Strele, Albert Knut, Heinr. de Kokeriz, Joh. Geilnow, Tammo de Haldecke, etc. Dieser Brief wird 1343 von Friedr. Severi zu Dresden bestätigt. (*Wilke Ticmann, Urkd.-Buch*, pag. 185.)

1306, 10. April, d. d. Weissenvels. Ticmann. litterae, quibus castrum *Belgern Walter. de Kokericz* pro certa argenti summa oppigneratur. Testes: Otto, Burggraf v. Kirchberg; Joh. v. Geylnow, Tammo v. Haldecke, Albert Knuth, Heinr. Hake, notarius noster et alii f. d. (*Wilke Ticmann, Urkd.-Buch*, p. 194.) — Mit dieser Urkunde, die wir ihrer Wichtigkeit wegen vollständig wiedergeben, vollzieht sich die Uebersiedlung der Ktze. aus der Nd.-Lausitz nach der Markgrafschaft Meissen. *)

*) 1306, quarto Idus Aprilis, d. d. Weissenfels. Nos Theodor. d. g. Thuring. Landgrf. junior, *Orient. Marchio* et Domin. in Grochz. (Groitsch): Recognoscimus publice profitentes, quod munitionem nostram *Belgern* cum omnibus pertinentiis suis, obligavimus *Walthero de Kockericz*, pro *centum et quinquaginta markis* usualis argenti, tali conditione adjecta, quod si dictam *munitionem Belgern* non redimeremus in Festo Michaelis proxime nunc futuro, ex tunc praedictus Walth. (de Ktz.), fratres ani et eorum heredes, sepedictam *munitionem Belgern* cum omnibus junibus, fructibus, obventionibus et pertinentiis quibuscunque quemadmodum nos possedimus, a nobis jure feodali, sine omni dolo et occasione, contradictione qualibet cessante, jugiter possidebunt. — In cujus rei testimonium et evidentiam pleniorem praesens scriptum nostri sigilli *munimine* fecimus communiri. Testes hujus sunt: (wie oben).

Nach einer dem *Zedler'schen Universal-Lexicon* entnommenen, im Abschnitt *N.-Lausitz* angeführten *Reg.* zu 1304 war Poppo v. Ktz. auf Altdöbern ein tapferer und erfahrener Kriegsmann. Gleichzeitig werden zwei seiner Söhne, Walter und Friedrich v. Ktz., genannt. Die *v. Schmidtsche Chronik von Kalau* führt ihn, wie folgt, an: »Die v. Ktze., wendische Proceres in der Nd.-Lausitz, darunter Poppo v. Ktz., der hier 30 Städte und Dörfer besass.« — Poppo's v. Ktz. Bezeichnung als erfahrener Krieger und die namentliche Anführung seiner Söhne lassen diese in einem Alter erscheinen, welches nicht widerspricht, den Walter v. Ktz. als Käufer der Feste Belgern mit Zubehör 1306 anzunehmen. Die betreffende Urkunde gibt dem Walther v. Ktz. Brüder und diesen Erben, auf welche Walther's Anrechte übergehen sollen. Spätere Urkunden, die für den Besitz der Familie in der Umgegend von Belgern zeugen, lassen erkennen, dass eine solche Vererbung stattfand. Wenn das *Universal-Lexicon* dem Walther v. Ktz. nur einen Bruder, die Urkunde ihm aber mehrere gibt, so ist das kein hinreichender Grund, um die von *Zedler* angeführte Nachricht, dass ein Walther v. Ktz. aus dem Hause Altdöbern die Familie nach Meissen verpflanzt habe, mit der Urkunde von 1306 ausser Verbindung zu finden. Das sehr unsichere *Universal-Lexicon* führt fälschlich als Quellen seiner Angaben über die Linie Altdöbern *Petri Albini Genealogia, Comit. Lisnick,* apud *Menken* (T. III, p. 935), wo lediglich ein Otto v. Ktz. als Zeuge auftritt, sowie *Peckenstein, Theatr. Sax.* (P. I, cap. 10, p. 127) an. — Wir finden später die Nachkommen Walther's v. Ktz. wieder und dabei Gelegenheit, die Angaben *Zedler's* zu prüfen.

1306, 11. Juli. Heinr. de Koch(k)eritz. Urkunde, in *Rein's Thüringia Sacra* (I, p. 118) abgedruckt?

1306, 15. Juli. Markgraf Ticmann bestätigt dem Kloster Ichtershausen dieses Dorf und Dachebecke mit allen Rechten. Zeugen: Albert Knut, Joh. de Gelnow, Tammo de Haldecke, Heinr. de Kokeritz, Herm. de Spangenberg, Albert de Herbisleben, Herm. de Hellingen, unsere Ritter (*Wilke Ticmann, Urkunden-Buch,* p. 196.)

1307, 11. März, d. d. Leipzig. Ticmann's Urkunde, welche

der Kirche St. Thomas daselbst casa, *Suchus*, unum quotannis talentum solvens, adsignatur. Testes: nostris fidelibus strenuis viris Rudl. et Jenkin de Geilnowe fratres, H. de Kokeritz etc. (*Wilke Ticmann, Urkunden-Buch*, p. 199.)

1307, 6. Sept., d. d. Leipzig. Ticmann's Urkunde, welche das ihm zustehende jus patronatus im Dorfe Schönfeld der Kirche St. Thomas überträgt. Zeugen: Joh. et Rüdig. de Geilnow, Albert Knut, Heinr. de Kokeriz, Tammo de Haldecke, Theod. de Dewin, Joh. de Schedelow, Milites, fideles nostri. (*Wilke Ticmann, Urkunden-Buch*, p. 199.)

Mit dieser *Reg.* schliessen die Nachrichten über die Beziehungen Heinr. v. Ktz. zu diesem Fürsten, den wenige Wochen später (am 25. Dez.) eben in der Kirche des von ihm so reich bedachten St. Thomasklosters der Stahl des Mörders beim nächtlichen Gottesdienste erreichte. Ein Unbekannter sprang auf ihn zu und brachte ihm die tödtliche Wunde bei, an der Ticmann nach drei Tagen unter grosser Reue und Bussfertigkeit verschied. Der Thäter gestand unter Martern nichts.

Heinr. v. Ktz. stand dem Landgrafen lange, urkundlich seit 1289, als Domicello und Jugendgenosse nahe und erhielt wohl von ihm den Ritterschlag. Ticmann soll 1265 geboren sein und Heinrich war 1289 noch nicht Ritter. — Wenn wir diesen später sowohl im Felde, wie bei Verhandlungen oft und mit Ehren auftreten sehen, so wird er dies der mit Ticmann in dessen bewegtem Leben durchgemachten Schule verdanken. *Wilke*, der Biograph Ticmann's, fasst dieses Verhältniss (p. 412) in folgenden Worten zusammen: »Nec immerito his sociaueris Henric. Kockeritium, quem per totidem annos inter Ticemanni comites, testes et amicos in plurimis eius tabulis una inuenies.« — Um die Stellung Heinr. v. Ktz. in der Umgebung Ticmann's in's rechte Licht zu stellen, geben wir hier in kurzen Umrissen das politische Leben dieser Brüder, in dem sich das ihrer Getreuen spiegelt. — Die Gebrüder Friedrich und Ticmann, Söhne Albrecht's, Landgraf von Thüringen, wurden nur zu früh durch die gewaltsame Trennung der Ehe ihrer Eltern (1270, Ticmann war damals 1½ Jahr alt) in's fremde Leben geschleudert. Der Oheim, Markgraf Dietrich

v. Landsberg, nahm sich der künftigen Erben des Landes der Wettiner an, und sein ritterlicher Sinn (er kämpfte 1272 für den D. Orden in Preussen) gab den Neffen Richtung und Beispiel. Die ersten Erinnerungen ihrer Jugendjahre sind an die ernsten Streitigkeiten zwischen ihrem Oheim und ihrem Vater und Beider mit ihrem Grossvater, Heinrich d. Erlcht., geknüpft. Die zu Lanze und Schwert Geborenen und Erzogenen jener Zeit reiften früh für politische Geschäfte. Wir sehen unsern Ticmann bereits 1278, den 27. Juli, zu Dresden bei einem Landdinge zur Seite seines Grossvaters, Heinrich d. Erlcht., und 1279 siegelt er schon eine Urkunde des Pleisner Landes als Landgraf junior in Thüringen und Herr dieses Landes. Das ihnen früh gegebene Beispiel der Kämpfe verwandter Fürsten führte bereits 1281 beide Brüder im frühesten Jünglingsalter (Friedrich 17, Ticmann 16 Jahre alt) dahin, ihren Vater, den Landgrafen, zu bekriegen. Der Schauplatz des Streites war Thüringen, dessen Edele getheilt zwischen dem Vater und den Söhnen fochten. Die Veranlassung war ihr durch einen unebenbürtigen Bruder, Apiz v. Eisenberg, bedrohtes Erbe und die Erinnerung an die Misshandlungen ihrer verstorbenen Mutter. Friedrich wurde gefangen, sein Bruder Ticmann führte allein die Fehde und damit verbunden das Regiment in den ihm anhängenden Theilen des Landes fort. Es sind von ihm mehrere desshalb ausgestellte Urkunden bis 1288 aus dem Pleisner Lande erhalten. Friedrich's Gefangenschaft währte ein Jahr. Er entkam ihr durch die Flucht, doch zu spät, um der Einladung italienischer Städte, in die herrenlose Hinterlassenschaft seines Grossvaters, des Hohenstaufen Friedrich II. Barbarossa, einzutreten, Folge zu geben. — Der Unfriede zwischen Landgraf Albrecht und seinen Söhnen währte bis 1285, wo nach dem Tode Dietrich's v. Landsberg und 1286 durch neue politische Combinationen die Wettiner, verstärkt durch Bundesgenossen, hart auf einander stiessen. Landgraf Albrecht und seine Söhne, Friedrich und Ticmann, im Bunde mit den Bischöfen von Merseburg und Naumburg, bekriegten Friedrich v. Landsberg; später folgten neue Befehdungen zwischen Albrecht und seinen Söhnen. — Albrecht wurde 1288 gefangen und musste sich des Haftes durch Landesabtretungen lösen. Freiberg kam durch Vertrag in Friedrich's Hände und in Torgau nahm Ticmann 1289 Regierungshandlungen vor, bei denen Heinr. v. Ktz. als Domicello zuerst urkundlich als Zeuge auftritt. Ticmann war damals etwa 24 Jahre, also wohl wenig älter als Heinr. v. Ktz. — In jenem Vertrage und in den Folgen des Todes Heinrich d. Erlcht. am 8. Februar 1288, wodurch die Markgrafschaften Meissen und Nd.-Lausitz in Erbfall kamen, lagen reiche Keime zu weiteren Verwicklungen unter den Erben, denen jedoch für einige Zeit das Eingreifen des Königs Rudolph's v. Habsburg ein Ziel setzte. Sein Verhältniss zu den Wettinern gestaltete sich, wie folgt. — Schon lange nahm dieses Fürstenhaus, gestützt auf die reichen Erträge des Bergbau's, zu Kaiser und Reich eine Stellung ein, wie König Ottocar v. Böhmen, ihr Verwandter und Bundesgenosse, sie gegenüber dem König Rudolph durchzuführen versuchte. Sie erschienen nicht auf den Reichstagen, um ihre Lehen zu empfangen und Huld zu schwören. Beim Herannahen des Entscheidungskampfes in der Schlacht auf dem Marchfelde (26. August 1278) liessen die Wettiner Fürsten den König Rudolph ohne Unterstützung; Meissner und Thüringer fochten im Böhmischen Heere; ja sie bildeten selbst einen besonderen Schlachthaufen. — Hatte nun auch der Untergang Ottocar's und seiner Macht für die Wettiner vorläufig keine nachtheiligen Folgen, so war doch die Politik des Königs Rudolph zu sehr an die Bedingung geknüpft, die seiner Stellung zum Reiche als armer Graf von Habsburg zum Grunde lag. Diese Bedingung war, die Kaisermacht zur Erwerbung einer Hausmacht zu benutzen, ohne die eine Kaiserkrone nur ein eitles Spielwerk blieb. Das Alter Heinrich d. Erlcht. und die gegenseitige Feindschaft seiner Erben liess den staatsklugen Kaiser wohl berechnen, wie reif die sächsischen Länder waren, seinen Plänen ein Ziel zu bieten. Vorläufig trat der König in den Wettiner Streitigkeiten nur vermittelnd auf; in seinem Auftrage kam der Erzbischof von Mainz 1287 nach Erfurt, und am 25. Febr. beschworen Landgraf Albrecht und seine Söhne einen bis zum 1. März 1293 aufgerichteten Landfrieden für Thüringen, dem sich der für die Markgrafschaft Meissen anschloss. Am 29. März

ernannte der Kaiser seinen Schwiegersohn, König Wenzel von
Böhmen, zu seinem Vicar, auch in den Meissener Landen,
also auch d. Nd.-Lausitz. Der so befestigte Frieden währte
nicht ein Jahr. Zu den nach Heinrich d. Erlcht. Tode entstandenen neuen Kämpfen um Meissen und die Lausitz nahm
der Kaiser vorläufig nur zuwartende Stellung und versuchte
durch Tausch-Verhandlungen mit dem unebenbürtigen Sohne
Heinrich's, Friedrich v. Maltitz, bei dem des Kaisers Schwiegersohn, König Wenzel, vorgeschoben wurde, sich in den Besitz
der Abfindung des Maltitz, vielleicht auch des ganzen Erbes
Heinrichs d. Erlcht. zu setzen. Dem Maltitz wurde in einer
zu Prag, 6. Febr. 1289, ausgestellten Urkunde der Titel »Mis-
niensis et Orientalis Marchio, princeps et heres terrae Lusaciae«,
beigelegt, und er überlässt darin seine Markgrafschaften und
sein Fürstenthum, das Land Lausitz und das Land Meissen,
wie er solche von seinem Vater, mit ausdrücklicher Genehmigung seiner Brüder, übergeben erhalten habe, tauschweise
an König Wenzel von Böhmen. Gegen Abtretung dieses Gebietes, das weit sein väterliches Abfindungs-Erbe überreichte,
sollte v. Maltitz die confiscirten Güter des Zavis v. Rosen-
berg, gestürzten Günstling von Wenzel's Mutter, erhalten.
Am 12. März 1289 bekundete und genehmigte auf einem
Tage zu Eger König Rudolph auf Bitte des v. Maltitz
diesen offenkundig fraudulensen Tauschvertrag, dessen Ausführung an der durch diese grobe Falle wieder erweckten
Einigkeit der Wettiner und der Entschlossenheit scheiterte,
mit welcher sich Ticmann in den Besitz der Lausitz setzte.
Jetzt vertagte der Kaiser die directen Erwerbungsversuche und
bemühte sich, den Lehnsverband, welcher die Wettiner Lande
dem Reiche verpflichtete und der seit 40 Jahren unbeachtet
geblieben und grundsätzlich negirt worden war, wieder zur
Geltung zu bringen. Unter dem Vorwande, den zerrütteten
Landen dauernden Frieden zu verschaffen, waren seine Bemühungen dahin gerichtet, an die Stelle der Erbfolge wieder
die Lehnsfolge zu bringen, die, wenn sie nicht zur gesammten Hand erfolgte, dem Kaiser bald Gelegenheit zur Vergebung
oder Einziehung heimfallender Lehen geben musste. Des
Kaisers Entwürfe glückten; mit der Ausstellung von Friedens-

urkunden vom 6. Mai und 5. August 1289 ergaben sich die Wettiner Fürsten. Sie liessen Thüringen, Meissen, Landsberg und die Lausitz dem Kaiser auf, und empfingen sie in Erfurt als Lehn zurück, doch nicht zur gesammten Hand. Geld, Uneinigkeit und Macht liessen den Plan des Kaisers gelingen. Der neue Friede war aber von kurzer Dauer. — Kaiser Rudolph starb Mitte d. J. 1291; ihm folgte im Tode vier Wochen später Markgraf Friedrich von Landsberg, der Besitzer der Mark Meissen. Nach Wahl der Herren und Städte des Landes kam in alleinigen Besitz desselben Landgraf Friedrich, der Bruder Ticmann's. Ticmann behielt die Nd.-Lausitz, das wichtige Bergwerk zu Freiberg blieb gemeinschaftlich. Im Osterlande, an der Pleisse und Elster, theilten die Brüder. Ueber den Rechtstitel dieser Besitzergreifungen, dem Reiche und den Verwandten gegenüber, gaben die Brüder keine urkundliche Erklärung; auch würde sich schwerlich eine solche auffinden lassen. Beide ergriffen Besitz, um die Länder sich und ihrem Hause zu erhalten. Sie hatten die Erinnerungen der Geschlechter Budzicz (Billung) und Hohenstaufen zu vertreten und fühlten sich Mannes, der feilgebotenen Kaisermacht die Spitze zu bieten. — Der nächste Gegner, welcher sich ihnen erhob, war ihr Vater Albrecht von Thüringen; doch setzte 1292 ein Vergleich den Feindseligkeiten vorläufig ein Ziel. — Eine grössere Gefahr entstand den beiden Brüdern durch die auf den Habsburger folgenden Kaiser, Adolph von Nassau und Albrecht von Oestreich, welche unter fast gleichen politischen Kombinationen den Plan verfolgten, das Wettiner Erbe ihrer Hausmacht zu erwerben. — Der von König Adolph mahnend zur Uebergabe zu ihnen entsandte Vertraute, der Edele Gerlach v. Bruberg, bringt 1294, wie *Ottocar v. Horneck* dichtet:

»Der mit schellichleich zu Margraf Fridereich,
»Wer mich davon shaiden will, der mus arbait haben vil.«

zur Antwort.

Von der kaiserlichen Uebermacht erdrückt, verschwindet Markgraf Friedrich mit einigen Getreuen im Auslande. Er war 1296 in der Lombardei, 1297 mit Ticmann in Prag bei der Krönung Wenzel's, 1298 zu Liegnitz als Zeuge in einer

Urkunde Herzogs Bolko, seines Schwagers. — Ticmann, gegen den auch des Königs Kriegszug galt, hielt sich in der Nd.-Lausitz, halbvergessen in Guben, durch die Anhänglichkeit der Bürger. Erschienen die Brüder in den Meissener Landen, so waren sie unstät und flüchtig. Obgleich ohne Erbe und Stütze, vermochten sie doch durch eigene Kraft zum Umschwung mitzuwirken. Unter den vielen bei der Hochzeit Wenzel's in Prag versammelten Fürsten und Herren nahm die Verschwörung gegen Adolph von Nassau, deren Mittelpunkt Herzog Albrecht von Oestreich, der Sohn Rudolph's von Habsburg war, ihren Anfang. Die mit den Zuständen im Reiche Unzufriedenen vereinigten sich dort zu gemeinsamen Berathungen. Den beiden in Prag anwesenden Wettinern mag wohl Albrecht von Oestreich Versprechungen für den Fall der Erlangung der Kaiserkrone gemacht haben. Die Verschwörung gegen den König nahm ihren geschichtlich bekannten Verlauf. Adolph von Nassau verlor in der Schlacht am Hasenbühl, 2. Juli 1298, Krone und Leben. An seine Stelle trat sofort am 27. Febr. durch Wahl sein Besieger Albrecht von Oestreich, der durch die eilige Ernennung König Wenzel's von Böhmen zu seinem Stellvertreter in dem Erbe Heinrich des Erlaucht, bald zu erkennen gab, wie wenig er geneigt war, den Ansprüchen der beiden Brüder Folge zu geben. Doch unter den Augen des Reichsvicars belebte der Sturz der Nassauischen Gewaltherrschaft die Anhänglichkeit, besonders der Städte, für die Wettiner von Neuem; während König Wenzel noch in Meissen war, stellte Friedrich schon am 8. Septbr. eine Urkunde in Grossenhain aus. Auch fanden sich die Brüder im Novbr. d. J. auf dem Reichstage zu Nürnberg ein, wohl um erhaltene Versprechungen zu verwirklichen; Ticmann noch besonders, um den König zur Anerkennung seiner Ansprüche auf Thüringen zu bewegen. Am 27. November verpflichtete er sich dort zugleich mit einem Grafen v. Henneberg zur Zahlung von 1000 Mark Silber an den Erzbischof in Mainz, wenn dieser innerhalb Frist den König vermöge, den Anspruch auf die Herrschaft des Thüringer Landes fallen zu lassen. Doch Albrecht hielt seine Beute fest. Auch trat er dem langjährigen Bestreben des Königs von Böhmen, seine Grenzen durch Erwerbung der

Markgrafschaft Meissen zu erweitern, nicht entgegen. Wenzel brauchte hier seine Stellung als Generalvicar, um bei jeder sich darbietenden Gelegenheit Erwerbungen an Land und Leuten zu machen, denen die Genehmigung Albrecht's so lange nicht fehlte, bis die ganze Markgrafschaft (1300) als Pfand in Wenzel's Hände gelangte. Die Stimmung des Landes war gegen die Fremden, und die fürstlichen Brüder hatten unter den Bürgern der Städte zahlreiche Anhänger. Friedrich hielt sich im Grossenhain und dessen Gebiete, und Ticmann war bald nach den erfolglosen Verhandlungen zu Nürnberg (Anfang Januar 1299) in Leipzig, mit ihm Heinr. v. Ktz., und diese Stadt wurde während der Stürme der folgenden Jahre der feste Stützpunkt für Ticmann und seinen Bruder. — Wenzel und die beiden Wettiner, beide Parteien zu schwach, den Besitz der bestrittenen Länder festzuhalten, blieben so in der Schwebe und benutzten diese Zeit zu politischen Schachzügen. Tickmann verkaufte (3. August 1301, d. d. Dahme) die Nd.-Lausitz an den Erzbischof von Magdeburg für 6000 Mark und empfing sie als Lehn zurück, um sie (1303, 8. Juli, d. d. Weisenfels) von Neuem an die Markgrafen von Brandenburg zu veräussern. Wenzel versetzte, um sich gegen den Verlust der Pfandsumme zu sichern, das Land Meissen für 50,000 Mark an die Markgrafen Hermann und Otto von Brandenburg und liess sie von dem Pfande Besitz nehmen, so dass das ganze Erbe Heinrich's d. Erlauchten in deren Hände fiel. Doch brachte das Jahr 1303 einen Umschlag. Ernste Zerwürfnisse zwischen Kaiser Albrecht und König Wenzel veranlassten jenen, die Herausgabe des Landes zu fordern, eine Forderung, der Wenzel natürlich weder genügen wollte noch konnte. Erst der Tod Wenzel's II. (21. Juni 1305) löste den Knoten. Sein Nachfolger, Wenzel III., schloss Frieden und versprach den Brandenburgischen Markgrafen, seine Besitzungen in Pommern — Pommerellen — für Räumung der in Meissen überlassenen Pfandgüter zu übergeben. Gegen König Albrecht leistete Wenzel auf das Pfand Meissen Verzicht. In welchem Umfange die Räumung und zu wessen Gunsten sie stattfand, steht nicht fest; jedenfalls geht aus den beigebrachten Urkunden zu 1305 und 6, in der auch Heinr. v. Ktz. auftritt, hervor, dass diese Jahre die Sache der Brüder förderten. Landgraf Albrecht und seine Söhne stellten den 1. März 1806, d. d. Grimma, Urkunden aus, dass sie diese Stadt mit Zubehör vom Stifte Merseburg zur Lehn tragen. Diese und andere Urkunden zeugen für Eintracht und Verständniss zwischen Vater und Söhnen. Ticmann übte Regierungshandlungen in Thüringen. Doch der Landgraf täuschte die Söhne abermals; wie früher mit Adolph von Nassau, hatte er auch **einen Vertrag** mit König Albrecht über den **Anfall Thüringens nach seinem Tode** auf einem Reichstage zu Fulda (9. Juli 1306) abgeschlossen. Albrecht's Söhne, zum Tage nach Fulda eingeladen, wo Markgraf Waldemar von Brandeburg mit der 1304 erworbenen Nd.-Lausitz belehnt wurde, erschienen nicht und setzten sich zur Abwehr in Besitz des grössten Theils von Thüringen. Es wurde in Fulda ein Kriegszug gegen sie beschlossen, und schon zog der König Streitkräfte zusammen, als die Nachricht von der Ermordung Wenzel's III. (4. Aug. 1306) eintraf. Mit ihm erlosch das Geschlecht der Przemisliden; die böhmischen Stände setzten schleunigst einen Tag zur Wahl des neuen Königs an. Um der Kandidatur seines Sohnes Rudolph Eingang zu verschaffen, wandte sich König Albrecht mit dem gegen die Brüder bestimmten Heere nach Böhmen, und nach Gelingen seines Planes gegen die Osterlande, doch hier erfolglos. — Noch vor Ostern 1307 zogen Reichstruppen verwüstend durch Thüringen heran. Angesichts der drohenden Gefahr schlossen die Brüder Friedrich und Ticmann am 25. April einen Bundesvertrag »uf alle die uns zcu unrechte vurterben wollen.« Das Königsheer unter dem Hohenzollern, Burggrafen von Nürnberg, wandte sich von neuem gegen das Osterland, im Einverständniss mit vielen heimischen **Grossen und Herren**, welche Beihülfe, Rath und Begünstigung öffentlich und heimlich gewährten. Bei Lucka, 1½ Meile N. W. von Altenburg, lagerte das besonders durch Schwaben vertretene Reichsheer. Von Leipzig, wo sie ihre Streitkräfte vereinigt hatten, zogen die Wettiner Brüder heran. Friedrich und Ticmann hatten dort am Morgen des Schlachttages (31. Mai 1307) durch eine religiöse Feier ihr Heer geweiht, und schlugen nach 5ständigem wechselndem Kampfe ihre Feinde so entschieden, dass im Volksmunde das Spottwort aufkam: »es wird dir glücken wie den Schwaben bei Lücken.« Sechzig Schock Schwaben wurden gefangen. — Der Erfolg entschied; die Unsichern im Lande schlossen sich wieder dem Sieger an, und Albrecht, wenn auch im Juli wieder au der Spitze eines neuen Heeres in Thüringen, verstand sich zu Unterhandlungen, die, wenn auch erfolglos, doch den durch neue böhmische Wirren abgeleiteten König hinderten, eine Entscheidung herbeizuführen.

Die Niederlage bei Lucka hatte den Nimbus der Schwaben gebrochen, die sich seit der Hohenstaufen-Zeit als die Vorkämpfer der deutschen Krieger angesehen wissen wollten. r. Schmidt's Chronik führt die Theilnahme der Ktze. an dieser Entscheidungs-Schlacht mit den Worten an: »Heinrich und Walter, tapfere Führer bei Markgraf Ticmann in dieser Schlacht, waren reiche Herren, so dass Walter v. Ktz. dem Markgrafen Gelder für das Pfand Belgern vorschoss.« (Vide 1306.)

Wie berichtet, starb Ticmann im December 1307. Auf einer berufenen Versammlung vieler Herren und Edeln Thüringens und des Osterlandes, auf dem Petersberge zu Erfurt im Februar 1308, gewann Friedrich durch Versprechungen die Leute und Festen seines Bruders. Eine Gegenversammlung, welche König Albrecht auf die Nachricht von Ticmann's Tode nach dem den Wettinern feindlich gesinnten Eisenach berief, verfehlte ihren Zweck. Unter guten Versprechungen für die bedrohte Stadt, wendete der König sich wieder nach dem Rhein. Am 5. März war er in Frankfurt; am 1. Mai wurde er ermordet. Sein Tod entwaffnete die Gegner Friedrich's, und nach Herstellung der alten Herrschaft in Thüringen zog der Markgraf gegen Meissen. Am 18. August unterwarf sich der dortige Burggraf, Freiberg schon früher, und jetzt kamen bald die übrigen Städte in seine Hände. Der so materiel und moralisch gehobenen Macht des Markgrafen wurde es leicht, die neuen Ansprüche des Königs Heinrich im Sinne seiner Vorgänger, zu paralysiren. Noch vor Aufbruch zum Römerzuge (Schluss des Jahres 1310) kam zwischen Markgraf Friedrich und dem Reiche eine Einigung zu Stande, die dem Markgrafen und seinen Erben die Landgrafschaft Thüringen und die Markgrafschaft Meissen, wie sie genanntem Friedrich, als dem wahren Erben und gesetzlich berufenen Nachfolger, angefallen sind, übertrug und damit belehnte, wie es im Reiche Sitte sei. So hatten die Brüder, Friedrich voranstehend, und deren Getreuen in fast 16jährigem Kampf die schweren Verluste, welche dem Hause Wettin durch den Vertrag von 1289 mit Kaiser Rudolph zu erwachsen drohten, glücklich abgewandt.

Dass Heinr. v. Ktz. in diesem Ringen gegen die Macht dreier gewaltiger Kaiser, wenigstens bis zum Tode Ticmann's, den Brüdern treu zur Seite stand, ist urkundlich und zweifellos. — Welche Verhältnisse oder Verpflichtungen ihn später dem Markgrafen Friedrich gegenüber und auf die Seite der Brandenburgischen Fürsten führten, lässt sich aus den wenigen auf uns gelangten Urkunden, deren *Reg.* hier folgen, nur ahnen. — Wahrscheinlich, und wenn man Nr. 3 des Tangermünder Vertrages vom 14. April 1312 in's Auge fasst, gewiss, waren es erhebliche Geld-Verpflichtungen, die Ticmann gegen Heinr. v. Ktz. eingegangen und die dessen Erbe Friedrich nur zögernd erfüllte, vielleicht durch Versprechungen hinzuhalten suchte (die Abrechnung von 1309, 10. Mai, weist Heinrichen auf Ranzions-Forderungen gefangener rheinischer Grafen als Zahlung an), die Heinr. v. Ktz. und seine beiden Collegen dem Markgrafen Waldemar zuführten und 1312 den Meissnern feindlich gegenüberstellten. Da in Geldangelegenheiten bekanntlich die Gemüthlichkeit aufhört, suchte Heinrich v. Ktz. durch Anschluss an Brandenburg zu seinem Schaden zu kommen. 1309 war er noch auf Friedrichs Seite. 1312 pacifizirt der gegen Friedrich v. Sachsen siegreiche Waldemar zu Gunsten der Geldansprüche Heinrichs. In der Zwischenzeit kommt dieser in den Urkunden Waldemars nicht vor. Nach der Summe, um welche es sich handelt, war Heinrich v. Ktz. ein Söldnerführer an der Spitze einer mächtigen Schaar, die er, wie er sie bis 1207 als Jugendgenosse Ticmann's geführt, jetzt 1212 gegen den unsicheren Bruder in die Waagschale warf. Friedrichs edler Charakter machte sich eben nicht zu Gunsten der alten Gefährten Ticmann's geltend. So verlor einer der mächtigen und treuen Knuthe, losser Redensarten wegen, den Kopf und den andern liess Friedrich, der Chronik nach, auf der Wartburg verhungern. — Allerdings trug sich das erst 1316 nach Heinrichs v. Ktz. Uebertritt für Brandenburg zu, doch mögen ihm leise Ahnungen vor gleichem Geschick aufgestiegen sein, vor einem Geschick, das stark an die nahe gleichzeitigen Lehren des Florentiners mahnt.

1309, 10. Mai, d. d. Gotha. Bekenntniss Heinr. v. Ktz., dass ihm der Markgraf Friedrich an der ihm für seinen Bruder, Landgraf Ticmann, zu zahlenden Schuld 1500 Marc beweiset hat an dem Hause zu Croszuk (Krossig bei Halle), welches ihm Herzog Rudolph v. Sachsen dahier versetzt hat, dergestalt: dass wenn selbiger (Rudolph) ihm die Summe zahle, er es ihm einantworten solle; dass er ferner ihm 1500 Marc an Herz. Rudolph beschieden (angewiesen) habe, nach deren ihm geschehener Vergewisserung er (Heinr. v. Ktz.) Turgowe dem Markgraf wieder geben soll; dass er ferner ihm (Heinr. v. Ktz.) 1500 Marc an den v. Wilnowe, an einen bei Lucka gefangenen Rheinischen Grafen, beweisset hat und dass endlich was noch übrig bleibt von der Schuld über vorgenanntes Geld (4500 Marc!) und über das, was er (Heinr. v. Ktz.) an Bede und andern Dingen von seinet- (des Markgrafs) wegen eingenommen hat, nächsten Jakobi Tage übers Jahr (also 1210) ihm gezahlt werden soll. Das Original im Archiv zu Dresden *(Friedrich der Freudige, Wengele,* pag. 305. Anmerkung 5.)

1309. 13. Juli, d. d. Mühlberg a. d. Elbe. — Die Streitigkeiten zwischen Markgraf Friedr. v. Meissen und Waldemar Markgraf v. Brdbg. und beider Lausitzen, welche Letzterer noch vom König Wenzel II. für Pfandstücke in Meissen besitzt, sollen auf diesem Tage ausgetragen werden. Schiedsrichter für Brandenburg sind: Apeck v. Barby, Bodo v. Ileborg, Conrad v. Redern, Lüedecke, v. Wedell, Bernhard v. Plötze; für Meissen: Albert Kunth, Hartmund v. Beulwitz, Jenke v. Gelnow, Tammo v. Haldeke, Heinr. v. Köckritz, sämmtlich Ritter. Nimmt Markgraf Waldemar diesen Spruch nicht an, so soll er mit 10 genannten Herrn zum Einlager in Berlin einreiten. — Archiv zu Weimar 3 *(Klöden, Waldemar, Schelz d. Nieder-Lautitz)* pag. 226. Es kam hier weder zur Einigung noch zum Einreiten und der Termin wurde wieder vergeblich auf den 11. November d. J. verlegt. Im Frühjahr 1312 kam es dann zum Kriege in dem wir Heinr. v. Ktz., auf der Seite Waldemars, als voranstehenden Söldnerführer mit den Herren- und Rittergenossen Barby und Strehle finden. Die drei Genannten waren Kriegshauptleute, mit deren Mannschaft Markgraf Waldemar den Sieg errang. Seinen Verpflichtungen musste jetzt der Markgraf v. Meissen gerecht werden. Solche Schulden der Lehns- oder Sold-Herren entstanden entweder dadurch, dass die Mannen längere Zeit ausser Landes dienen mussten, oder, wie hier wahrscheinlich, in Folge abgeschlossener Kontrakte über die Stellung von so :und so viel Gleven, Helmen oder reissigen Pferden. Das 14. Jahrhundert war solchen Söldnerführern günstig: Castruttio, ein italienischer Condottieri, brachte es zum Herzog und deutschen Reichsfürsten und ein deutscher Graf, Günther v. Schwarzburg, griff als solcher nach der Kaiser-Krone. — Der nach Friedrichs v. Meissen Gefangennehmung, am 24. März 1312 bei Grossenhain, den Krieg beendigende Tractat, d. d. Tangermünde den 14. April a. c., stipulirte: 1) der Besiegte begiebt sich aller Ansprüche an die Nieder-Lausitz, die Mark Landsberg und das Land zwischen Elbe und Elster, tritt 2) Stadt und Schloss Grossenhain und Torgau ab, und zahlt 3) als Kostenersatz, und Schadloshaltung für den Krieg — von 24 Tagen — sowie für die Schulden (Schäden) des Heinr. v. Ktz., des v. Barby und des Hl. Fritzen v. Strehle etc. die Summe von 32,000 Marc Brandbg. Groschen.

Dass mit diesem Schlusse das Verhältniss zwischen Markgraf Waldemar und Heinr. v. Ktz. nicht gelöst war, beweist seine urkundliche Verwendung bei der raschen Ausführung der Friedensbedingungen. So:

1312, 25. April, d. d. Leipzig. Friedrich der Lahme, Sohn des Markgrafen Friedrich v. Meissen, weist den Magistrat von Leipzig an, den edlen Herren: Friedrich v. Strehle, den Rittern Heinr. v. Rochow und Heinr. v. Ktz., für die Markgrafen v. Brandenburg zu huldigen. Ferner drei Briefe desselben Jahres 1312; Markgraf Friedr. v. Meissen übergibt das Eigenthum von Torgau an Waldemar und Jan Markgraf v. Brandenburg. Zeuge: Heinrich v. Ktz. etc. (*Görcken, Codex Brdbg.*, pag. 185, *ibid. Riedel?* Tom. I. und II., Nr. CVI.)

1312. Die Stadt Leipzig bekennt, dass sie auf Befehl

des Markgrafen Friedr. v. Meissen dem Markgraf Waldemar v. Brandenburg gehuldigt. Zeuge: Heinrich v. Ktz. (*Görcken, Codex Brdbg.*, pag 188, *ibid. Riedel?* etc. Nr. CX.)

1312. Die Markgrafen v. Meissen reversiren sich gegen Markgraf Waldemar v. Brdbg. auf den Fall, wenn sie zu gesetzter Frist Torgau, Rochlitz etc. nicht tradiren würden, dass Waldemar alsdann Meissen, Scharfenberg und Bramenstein dafür behalten soll. Zeuge: Heinr. v. Ktz (*Görcken, Codex Brdbg. Riedel*, Nr. CXIII., *ibid.?*) — Auch in den nächstfolgenden Jahren bis 1317 blieb Heinr. v. Ktz., wahrscheinlich gestützt auf den Besitz von Senftenberg, als Lehn eines Schlesischen Piasten, das ihm eine politische Doppelstellung gab, auf der Seite v. Brandenburg. Wir finden ihn zur Seite Waldemar's in dem grossen mörderischen Kriege, den dieser Markgraf mit sicherem politischem Tacte zum Schutz der Hansestadt Stralsund gegen den König Erich v. Dänemark führte. Der König strebte nach dem Besitz der Südküste der Ostsee, um Brandenburg zu isoliren. Markgraf Friedrich v. Meissen und Mecklenburg standen auf Seite der Dänen. Diese alliirten Land- und Seemächte hatten sich im Sommer 1316 ein Rendez-vous vor der Stadt Stralsund gegeben, der märkische und rügische Ritterschaft zu Hülfe gezogen war. — Für einen Ritter wurden damals 20, für einen Knappen 12 Marc Silber gezahlt. — Die Stadt wartete die drohende Vereinigung nicht ab und fiel vor Ankunft der Dänischen Flotte am 21. Juni 1316 mit voller Kraft auf die Einschliessenden, ein stattliches glänzendes Heer von Fürsten, Herren und Rittern, 5000 Mann stark, unter dem Banner Herzog Carls v. Sachsen-Lauenburg. Der plötzliche Angriff war überraschend und dem Ueberfalle folgte eine gänzliche Niederlage. Der Feldherr und viele Ritter und Knappen des Feindes wurden gefangen in die Stadt geführt. Dieser Sieg war nur das Vorspiel des Streites der nunmehr um Stralsund entbrannte. Nicht lange dauerte es, so kamen zu Lande und zur See alle Verbündete an, welche sich zur Unterwerfung der stolzen Stadt vereinigt hatten. Den ganzen Sommer und einen Theil des Herbstes vertheidigte sich, angefeuert durch den ersten Erfolg, die Stadt. Um Martini zogen die Belagerer heim, die Stadt war wieder frei. — Inzwischen hatte ihr

Verbündeter, Markgraf Waldemar, nicht mit gleichem Erfolge gekämpft; von den Polen in der Neu-Mark bedroht, hielt ihn der Herzog v. Mecklenburg den ganzen Sommer im Schach und als er zuletzt, Ende August, bei Gransee ein Haupttreffen wagte, wurden die Brandenburger nach erbittertem Kampfe mit grossem Verluste geschlagen, Waldemar selbst war in Gefahr, aus der ihn ein Graf von Mannsfeld befreite, der dabei gefangen wurde. Der Sieger hatte so gelitten, dass der weitere Krieg sich nur hinschleppte, die grosse dänische Coalition war geschwächt und ergab Zeichen der Auflösung. So näherte sich der Schluss des Jahres 1316, wo schon Unterhandlungen zwischen den Hauptparthien Dänemark, Brandenburg und Mecklenburg eingeleitet wurden. Den Präliminarien vom 21. Mai zu Sülz in Mecklenburg folgte der Friedensschluss am 23. und 24. Mai 1317 daselbst. König Erich war nach Warnemünde gekommen, Markgraf Waldemar war in Sülz; beide kamen vom 21. bis 29. Mai zu verschiedenen Malen östlich von Rostok in Brodersdorf zusammen. Die Fürsten von Mecklenburg und Rügen, die Herzöge von Stettin und Lüneburg, wohl auch Herzog Rudolph v. Sachsen, zwei Grafen v. Holstein und v i e l e andere Deutsche und Dänische Herren und Ritter waren gegenwärtig. Man gelobte sich Frieden und Freundschaft, Schiedsrichter wurden ernannt, als Obmann Herzog Rudolph v. Sachsen, um streitige Punkte friedlich zu schlichten. — Bei den Verhandlungen am 21. Mai zu Brodersdorf vereinigte man sich, gegenseitig bis zum definitiven Abschluss Bürgschaften zu stellen. Markgraf Waldemar's Bürgen waren: Herzog Otto v. Stettin, die Grafen v. Kefernberg, v. Lindow, die Ritter Droiseke, v. Blankenburg, v. Steglitz, v. Radeke, v. Alvensleben, v. Wedell, v. Eickstädt, v. Renz, Heinr. v. Ktz., v. Klepzigk, v. Wulkow, v. Wolferdorfs, v. Schenkendorf, v. Holzendorf, v. Modell *(Riedel, Codex Brdbg.* II. 1., pag. 402—5.) Die wechselnden Erfolge des Kampfes, die östlichen Gefahren, wohl auch der Tod des letzten mannhaften Erben der Askanier — Markgraf Johann starb 15.Jahr alt plötzlich am 24. März d. J. — bestimmten Waldemar zum Frieden auch mit dem Markgraf Friedr. v. Meissen, der am 10. Juny 1317 zu Templin zum Abschluss gelangte. —

Sämmtliche pacifizierende Fürsten nehmen in ihre Sühne eine Anzahl Ritter auf, welche, ihnen lehnsverpflichtet, Anhänger des Gegners gewesen waren. Die bedeutendsten von diesen werden in dem Friedens-Instrumente genannt *(Riedel, Codex* II. 1. pag. 408—410). Das angeführte Friedens-Instrument liegt uns nicht vor, doch lässt der Datum des hier folgenden Sühnebriefes zwischen Markgraf Friedrich v. Meissen und Ritter Heinrich v. Ktz. unzweifelhaft erkennen, dass die genannten Ktze. zu der im Templiner Friedensschlusse gesühnten Ritterschaft gehörten.

1317. 19. November, d. d. Eckstadt (?) Poppo, Kunze (Conrad), Heinrich, 3 Gebrüder v. Ktz. — *vide Stammbaum des Voigtlandes.* — Letzterer, »der mit Markgraf Friedrich v. Meissen in Fehde gewesen, sich aber mit ihm wieder gesühnt hatte«, gelobt eidlich für sich, seinen Bruder Conrad, seine Vettern und Freunde, auf Lebelang gedachten Fürsten mit Leib, Gut und Blut zu dienen; auch will Heinr. v. Ktz. seinen Bruder Poppo (Altdöbern, Wehlen?) zum Markgrafen bringen, damit auch dieser dessen Gnade theilhaftig, diesem Fürsten lebenslang getreu diene. (Weimar, *Archiv* Nr. 130, Orig.-Urkunde auf Pergament mit angehangenen unversehrten Siegel. — W. A., Schrank III., Kasten 5 Nr. 184. Regal S. S., pag. 351 lit. K. Nr. 2). Wenn Heinrich v. Ktz. nach dieser Aussöhnung noch immer in Urkunden des Markgrafen Waldem v. Brandenburg erscheint, so documentirt das nur die doppelte, vielleicht dreifache Angehörigkeit seiner Schlösser, die ihm für Brdbrg., Meissen und Jauer verpflichteten.

1318. 12. Juli, d. d. vor Kamenz. Zwei gleichzeitige Urkunden, worin die Gebrüder Heinr. und Wedigo v. Kamenz, beide überwundene Vasallen der Ober-Lausitz, dem Markgrafen Waldemar, jeder Bruder eine Hälfte der Stadt überlassen. Zeugen: I. Urkunde: Hr. Droske, Hr. Redeke, Hr. Richard v. Torgau, Hr. Heinr. v. Schenkendorf, Hr. Heinr. v. Kocheritz. II. Urkunde: dieselben, Heinr. Kokeritz, Hr. Rochow, Cröcher etc. *(Codex Lusati. dipl.* T. I. pag. 159, mitgetheilt im *Neu-Lausitz. Magazin,* Band 28. Heft 2—3. 1852.

Mitten in seinen Verhandlungen, die Verhältnisse der Neu-Mark zu den Schlessischen Herzögen zu regeln, ereilte der Tod den noch nicht 30 Jahre alten Markgrafen Waldemar am 14./15. August 1319. Sein unerwartetes Hinscheiden liess den Ausgang des mächtigen Hauses der Askanier voraussehen und gab das Zeichen für die benachbarten Fürsten, nach den Trümmern des strandenden Schiffes auszuschauen. Vasallen und Städte der Mark-Brandenburg gaben sich schon fünf Tage nach Waldemars Tode unter den Schutz der Mecklenburgischen und Pommerschen Fürsten; die Schlesischen Herzöge und König Johann erhoben Ansprüche auf die Neu-Mark und beide Lausitzen; Herzog Rudolph v. Sachsen hielt als Askanier einer andern Linie und Vormund der Wittwe Waldemars sein Schwerdt über das westliche Brandenburg und die Nd.-Lausitz und übte hier mit Zustimmung des Landes, später als Pfandherr, Regierungshandlungen.

1320. 13. August, d. d. Spandau. — Herzog Rudolph v. Sachsen bestätigt Spandau seine Rechte. Zeugen: Nicol. Präpositus Bernauensis, Fridr. et Alberto de Alvensleben, Heinric de Ktz. etc. — (Nov. *Codex Brdbg.* I, Bd. XI., p. 27.) — Nach diesen Vorgängen sehen wir den Ritter Heinrich v. Ktz. zum vollen Anschluss an die Sächsischen Fürsten zurückkehren und als Rathgeber in der Umgebung des Herzogs Rudolph dessen Regierungsacte sanctioniren. Als die Nd.-Lausitz näher angehend, ist diese Thätigkeit Heinrichs in den betreffenden Abschnitt weiter angeführt. Sie reichte in der Nd.-Lausitz bis zum Jahre 1325, ging jedoch schon früher in der Marc Brandenburg durch die am Johannistage 1324 erfolgte Belehnung des Hauses Bayern zu Ende.

Zu seinem alten Herrn, wenn auch in dessen Nachfolger Markgraf Friedrich II. v. Meissen, tritt Heinrich v. Ktz. erst 1 Jahr später in ein bündiges Dienstverhältniss.

1326. 18. Februar, d. d.? Ritter Heinrich v. Ktz. gelobt dem Markgrafen Friederich v. Meissen **mit allen seinen Festen gegen Jedermann zu dienen, ausgenommen mit Senftenberg gegen Herzog Heinrich v. Jauer** und entsagt allen Ansprüchen auf 45 Marc in dem Zolle zu Gr.-Hain. Archiv zu Weimar? — Die vorstehende Urkunde gibt zu mehreren Fragen Veranlassung; welches waren die Festen Heinrichs? wie gelangte derselbe zum Besitz von

Senftenberg? und woher datirt der Anspruch an dem Zoll zu Grossenhain. Die letzte derselben ist am einfachsten dahin zu beantworten, dass Heinrich die Erhebung der 45 Marc zu Grossenhain als Dotation von Markgraf Waldemar erhielt, der bis zu seinem Tode im Besitz dieser Stadt war. — Die Frage, wie gelangten die Ktz. in den Besitz von Senftenberg, haben wir nachstehend versucht, ins rechte Licht zu stellen. Urkundlich reicht dieser Besitz bis ins Jahr 1326 zurück und verliert sich hier in unklaren Abhängigkeits-Verhältnissen zu einem Herzog Heinrich v. Jauer, dem Schwager des Königs Wenzel III. v. Böhmen und Sohn der Herzogin Beadrix v. Breslau, einer mit Besitz von Städten in der Nd.-Lausitz ausgestatteten Brandenburgischen Prinzessin. Zur Geschichte der Stadt ergab sich nach *Wegele, Scheltz* und *Liebusch*, Chronik bei *Büttner* 1831 etc., folgendes:

1301. Die Verkaufsurkunde der Nd. - Lausitz an das Erzstift Magdeburg zählt Senftenberg nicht mit auf. *Schelz.*

1301. 8. Juni, d. d. Gr.-Hain. Markgraf Friedrich Schied zwischen Tammo Strisin und dem Kloster Seuslitz. Zeugen: Donin, Kamenz, Johann v. Senftenberg, Lossow, Frankenberg, Quaz, Schassow etc. (Original, Archiv Dresden. Dr. *Wegele.*)

1308. Senftenberg verkauft durch Gumbert v. Alsleben und Anna v. Sydow an Waldemar und Joh. v. Brandenburg. (*Limmer*, Meissen p. 290.)

1311. Drei Bodos v. Ileborg verkaufen um 250 Marc Silber das halbe Schloss Senftenberg an Markgraf Johann und Waldemar v. Brandenburg. Sie leisten vor 3 Rittern v. Strehle und Joh. v. Cottbuss schriftliche Gewähr und bekennen, dass sie mit Joh. und Conrad v. Senftenberg — Köckritz — nicht eher Friede oder Bündniss machen wollen, ehe diese nicht des Markgrafen Gnade wieder gewonnen haben oder dieser sie bewilligt. (*Klöden, Waldemar*, Bd. II., p. 83.) Die beiden Hrn. v. Senftenberg, wahrscheinlich des Geschlechtes Köckritz, waren Mitbesitzer des Schlosses. *vide Reg.* zu 1319 und das in der Einleitung über die Benennung nach dem Besitz Angeführte.

1316. Markgraf Waldemar und Joh. erwerben Schloss Senftenberg und v. Alsleven gelobt: nach dem Tode von 3 Hrn. v. Strehle und wenn der Markgraf ihm die den Strehlen versprochenen 2500 Marc Brdbg. Silber gezahlt, dem Markgrafen das Schloss zu übergeben. (*Riedel* II., I., p. 389.) — Der Kaufpreis scheint hier um ein 0 zu hoch angesetzt zu sein, wenn das Schloss nicht mit anderem Besitz als Pfand für die Bedingungen des Tangermünder Friedens zu Gunsten der 3 Söldnerführer diente. Wahrscheinlich gelangte auf diese Weise, unbeschadet der Anrechte des Herzogs v..Jauer, auch Heinrich v. Ktz. in Besitz, wenn die folgende *Reg.* zu 1319, wo ein Johann (Hans) v. Ktz. in Beziehungen zum Herzog v. Jauer auftritt, nicht auf einen früheren Theil-Besitz dieses unbekannten Hans v. Ktz. hinweisst (?).

1319. d. d. Baruth i. d. Ob.-Lausitz. Herzog Heinrich v. Jauer belehnt die 3 Gebrüder v. Baruth mit diesem Gute und allen Gütern, welche sie und ihre Vasallen in den Landen Görlitz und Bautzen inne haben. Zeuge: Domi. Gebhard de Querfurth, D. Otto de Kamenzck, D. Christina von Gerhardsdorf — Gersdorf — D. Johanno de Ktz. etc. (*Codex, Lusatia supperior dipl.*, T. I., p. 233—34. In 2. Auflage von 1856, steht nach dem Orignal: — *domino Johanne de Köckeriz.*)

Um 1320 besitzt Herzog Heinr. v. Jauer in der Nd.-Lausitz die Städte: Lübben, Sorau, Tribel, Fürstenberg, Friedland, Pribus und Senftenberg. (*Schelz*, p. 264 und 266.)

1326. Heinr. v. Ktz., Ritter, verpflichtet sich zu Diensten Friedr. II., Markgraf v. Meissen, mit allen seinen Schlössern, ausgenommen Senftenberg, gegen Herz. Heinr. v. Jauer. *vide Reg.*

1336. Im Lehnsbriefe des Erzbischofs v. Magdeburg zählt Haus u. Weichsbild Senftenberg zur Nd.-Lausitz. (*Schelz*, p. 300.)

1337. Herz. Heinr. v. Jauer vertauscht seine Städte in der Nd.-Lausitz an König Joh. v. Böhmen für Glogau. (*Limmer*, p. 101.)

1361. Nic. v. Ktz. auf Saatan und Heinr. v. Ktz. auf Senftenberg, Brüder. *Reg.* zu diesem Jahre.

1371. Heinr. v. Ktz. auf Senftenberg ist Vormund. *Reg.* zu diesem Jahre.

1386. Herzogin Agnes v. Schweidnitz gibt Heinr. v. Ktz. und Hans, seinem Sohne, Zusicherung wegen Verwandlung Senftenbergs in ein Kunkellehn. *Reg.* zu diesem Jahre.

1390. Um diese Zeit geht Senftenberg an die v. Penzig, wahrscheinlich durch Heirath mit einer v. Kökritz'schen Erbtochter, über. — (*Liebusch* bei Büttner.)

1413. Die Sechs Städte ziehen mit Genehmigung König Wenzel IV. gegen die Landesbeschädiger in der Nd.-Lausitz und erobern Senftenberg. — (*Limmer*, p. 139.) — Die v. Polenz kaufen um diese Zeit Senftenberg. (*Liebusch.*)

1423. Hans v. Polenz verpfändet Senftenberg an Brandenburg für 950 Schock böhm. Groschen. (*Limmer*, p. 290.)

1442. Nicol. v. Polenz verkauft? Senftenberg an Meissen für 1400 Schock böhm. Groschen. (*Limmer*, p. 290.)

1446. Der Landvoigt der Nd.-Lausitz Nicol. v. Polenz, Ritter zu Senftenberg gesessen, stiftet eine Kapelle vor der Stadt. (*Patrunky*, p. 25.) Diese Stiftung erfolgte wohl auf dem Todtenbette. (Vide die folgende *Reg.*)

1446. d. d. Lüblen. Die Jacobe v. Polenz verkaufen Senftenberg dem Kurfürsten Friedrich, dem Sanftmüthigen. Dem Briefe hängen ihre Siegel an die Edeln festen Herren Burggrafen v. Donin, ferner: Alsche v. Ktz. zu Mügkenberg, unser — der Polenze — Ohm, Hans v. Ktz. zu Elsterwerda und Heinrich v. Torgau, unsere Schwäger. (*Liebusch*, Chronik.)

1448. Kurfürst Friedrich der Sanftmüthige bestätigt die Gerechtsame der Stadt Senftenberg. (*Liebusch*, Chronik.)

1450. Kurfürst Friedr. II. v. Brandenburg überlässt die Herrlichkeit der Städte Senftenberg und Hoyerswerda dem Kurfürst Friedrich II. v. Sachsen zur Ausgleichung der Polenz'schen Verträge von 1423 und 1442. — *Kottelmann*.

1459. Der Vertrag zu Eger zwischen Böhmen u. Sachsen macht mit vielen Meissener Schlössern auch Senftenberg zum böhmischen Lehne.

1564 bestätigt Bischof Johann VI. v. Meissen die Schenkung des Ritters v. Polenz — 1446? — an die Kreuz-Kapelle zu Senftenberg, darunter eine Seelen-Bad-Stiftung des Nic. v. Ktz. — Kokeritz — zu Czazlow bei Wittchenau. — (*Liebusch*, Chronik.)

Vorstehende *Reg.* ergeben, dass Ktze. als Vasallen Schlessischer Fürsten fast bis zum Schlusse des 14. Jahrhunderts auf Senftenberg sassen. — Dieses Schloss wurde, als Grenzfeste und Pass der die beiden Lausitze scheidenden schwierigen Elsterniederung, bald zu einer, bald zur andern Lausitz gerechnet, auch zeitweise von Meissen beansprucht. Das Lehnsverhältniss zu den Piasten gab dem Orte und dessen Besitzer eine intermediäre und desshalb weniger abhängige Stellung, die dem Ritter Heinr. v. Ktz. bei seiner einflussreichen Thätigkeit selbst in den Regionen der höheren Politik begünstigend zur Seite stand.

Das alte von den Ileborgs, Ktz., Penzig und Polenz in der Reihenfolge bewohnte Herrschaftsschloss Senftenberg wurde nach dem Verkaufe von 1446 von den sächsischen Fürsten 1543 durch einen bastionirten Neubau ersetzt und als Sperrpunkt des Elsterpasses angesehen. — Die alte Feste stand noch mit einem östlich daran gelegenen wendischen Rund- und Sumpfwalle, der Colza, durch einen unter den Wasserspiegel gelegten Pfahlweg in Verbindung. Von der Colza führte die Reuberstrasse östlich nach einer Waldspitze und weiter zur alten Strasse, die zwischen Koschen und Sorno die beiden Elster-Niedrungen überschreitet, mit Umgehung von Senftenberg. Dieser Pfahlweg und die Colza gaben dem Schlosse einen geheimen, schwer zu sperrenden Ausgang in ein unzugängliches Terrain nach der Richtung von Hoyerswerda. *(Liebusch, Chronik v. Senftenberg bei Büttner. 1831.)*

13??. Ein Ktz. zur Dober soll Dorf Dollenchen dem Kloter Dobrilag und das halbe Dorf Rutzke dem Pfarrer daselbst (?) geschenkt haben. — Auch soll, der Sage nach, eine Maria Magdalena (v. Ktz.), nachdem ihr Gemahl oder Bruder, Walther v. Ktz., dem Pfarrer v. Senftenberg das Dorf Woschko geschenkt hatte, dem Pfarrer zu Alt-Döbern (Dober) das Dorf Kl.-Jauer mit dem Bemerken übertragen haben: dass, wenn einer der beiden Pfarrer in ihrer Herrschaft ein ganzes Dorf mit herrlichen Rechten erhalten habe, es billig sei, dass auch der Andere ein ganzes Dorf erhalte. *(Liebusch, wie oben.)*

Diese dunkele Mittheilung deutet auf einen ursprünglich gemeinsamen Besitz von Senftenberg und Alt-Döbern. (Siehe das zur *Reg.* 1377, *Abschnitt Nd.-Lausitz*, gesagte über die Zeit, in welcher die Vorfahren Walters v. Ktz. zur Dober diese Besitzung als böhmisches Lehn empfingen.)

Nach dieser Erörterung wäre nur noch der Schlossbesitz des Ritters Heinrich um 1326 einer näheren Untersuchung zu unterziehen. — Da der Ausdruck der Urkunde: mit allen seinen Festen, auf eine Mehrzahl derselben hinweisst, so glauben wir annehmen zu dürfen, dass Heinrich darunter auch die Köckritz'schen Schlösser verstand, in welchen ihm Besetzungsrechte und Miteigenthum zustand und über welche er als mächtiger Söldnerführer soviel Macht und Ansehen besass, um solches Versprechen abzugeben. Direct beweisende Urkunden fehlen, es können desshalb nur aus der Zusammenstellung gleichzeitiger Verwandtschafts- und Besitz-Verhältnisse Schlüsse gezogen werden. Es ist dies in der später folgenden Stammtafel versucht worden, wobei selbstverständlich ein geschichtliches Vor- und Zurückgreifen stattfinden musste. Wir entnehmen daraus, dass Heinrich und seine Brüder die Schlösser Wehlen — Lohmen — Zabeltitz, Frauenhain, Senftenberg, Elsterwerda, Saatan, Tieffenau und vielleicht auch Seeze mit Schönfeld besassen. Alt-Döbern war urkundlich schon seit 1304 im Besitz der Familie.

Nicht durch ihre Zahl allein, auch durch ihre politische und militärische Gruppirung gaben diese Schlösser dem Söldnerführer Heinrich v. Ktz., der jedenfalls über ein zahlreiches Klientel gebot, eine Bedeutung, welche die Vormünder des Markgrafen Friedrich II. v. Meissen, die Voigte v. Plauen, nicht unterschätzen durften. — Wehlen und Lohmen mit dem Zolle zu Pirna gaben die böhmischen Elbpässe und die freie Verbindung mit dem Lehnsherren König Johann; Tieffenau, Zabeltitz und Frauenhain den Besitz der Röderlinie zwischen Elbe und Elster; Senftenberg, Elsterwerda und Saatan die anschliessenden Elsterübergänge in die Hände. Von den beiden letzten Gruppen aus, den sich später noch ergänzend Wartenbrück anschloss, beherrschten die Ktze. die beiden östlich paralelllaufenden Handels- und Kriegsstrassen durch die Gebiete der Lausitz und der 6 Städte. Alt-Döbern gab einen festen Stützpunkt im Innern des Landes. — Denkt man sich dazu den Heinrich v. Ktz. als einen politischen Mann der Zeit und den genannten Krieger Poppo v. Ktz., beide durch Lehnsverbindungen mit den benachbarten Fürsten gestützt, an der Spitze ihrer Söldnerschaaren in diesem Schachbrett von Terrain-Abschnitten und festen Uebergangspunkten, so formt sich daraus das Bild ihrer Bedeutung im Lande. —

Markgraf Friedrich II. v. Meissen ergriff, 1329 volljährig, die Regierung mit fester Hand und benutzte als Schwiegersohn des siegreichen Kaiser Ludwig von Bayern die Zeit, um seine Macht gegenüber den unabhängigen Herren im Lande zu befestigen und zu vergrössern. Die Dynasten von der Elbe bis zur Saale suchten im engeren Anschliessen unter sich und an Böhmen, wo ihnen König Johann und später Kaiser Karl IV. bereitwillig die Hand bot, Schutz gegen diese ungewohnten Zügel. Der Ronneburger Vertrag von 1327—28 unter den Voigten von Plauen, die Markgraf Friedrich II. unter Vorwandt unvollkommener vormundschaftlicher Rechnungsablegung ernstlich bedrohte, war unter Voraussicht dieser Tendenzen geschlossen. Unter den Vasallen der Voigte steht mitunterschrieben Friedrich v. Ktz. — Jm Jahre 1330 kam dieser Zwiespalt zum Ausbruch, mehrfache Vermittelungen des Kaisers Ludwig führten kein sicheres Einverständniss herbei und die 1342 erneute Fehde, die Orlamünder genannt, der verbundenen Dynasten, die 1344 der Kaiser durch den Würzburger Frieden nur beruhigte, überdauerte das Leben des Markgrafen Friedrich II., der 1349 starb. Dieses Jahr ist durch den Ausbruch der furchtbaren Pest, der schwarze Tod genannt, und durch den begangenen Giftmord Günthers v. Schwarzburg, Gegen-Kaiser Karls IV., dunkel in der Geschichte Deutschlands verzeichnet.

Die Söhne Friedrich III, Balthasar und Wilhelm der Einäugige, regirten Meissen, Pleissenland und Thüringen 30 Jahre bis 1379 gemeinsam und im politischen Sinne ihres Vaters, doch stand ihnen dabei die wohlwollende Unterstützung Kaiser Ludwigs nicht mehr zur Seite, er starb 1347. Karl IV. von Böhmen, seit 1349 Kaiser von Deutschland, war vielmehr bereit, während er der landesherrlichen Macht mit Zugeständnissen entgegen kam, die dadurch bedrohten Dynasten und Herren des Gebietes der Wettiner unter den Schutz der Krone Böhmens zu locken. Bei den Zusammenkünften 1350 in der Lausitz, wo das Schicksal der falschen Waldemars entschieden wurde, kam ein Verständniss des Kaisers mit Friedrich III. v. Meissen gegen die Voigte von Plauen zu Stande; die oben angedeuteten Ansprüche Friedrich II. an seinen Vormund dienten als Vorwand; ein Heer aus Meissen und Böhmen übernahm die Ausführung, die, der Voigtländische Krieg genannt, den Reussen v. Plauen einen grossen Theil ihrer Besitzungen und die Reichsfreiheit kostete. Im Frieden von Eisenberg 1355 gaben sie alle Pfandgüter zurück, entsagten den im Kriege verlorenen Schlössern und Gebieten und behielten den Rest unter Böhmischer und Meissener Lehnsoberhoheit, worüber sich diese Lehnsherren zu verständigen hatten. Durch den Vertrag mit Meissen von 1360 wurde diese Lehnabhängigkeit perfect, mitunterschrieb der Reussische Vasall Heinr. v. Ktz.

Diese fortgesetzte Bestrebung des Landesherrn nach der Geschlossenheit des Gebiets kam den Plänen der Krone Böhmens folgerecht entgegen. Die Dynasten längs der Grenze suchten ganz oder mit Theilen ihrer Besitzungen böhmischen Lehnschutz. Im Innern von Meissen ergänzten Ankäufe von Schlössern und Städten, die dann wieder an die Verkäufer als böhmische Lehen verliehen wurden, den klug angelegten, von der kaiserlichen Macht getragenen Plan der Ueberwältigung, dem die sächsischen Fürsten fast wehrlos gegenüberstanden. Ein Erbvertrag zwischen dem Wettiner Hause und der Krone Böhmens, 1372 zu Pirna abgeschlossen, legalisirt dieses Vorgehen und sprach aus, dass Kaiser Karl IV. 1370 ausser der Nd.-Lausitz noch viele genannte Orte in Meissen an sich gebracht hätte, die künftig bei sächsischer Herrschaft bleiben, aber unter böhmischer Lehnsherrlichkeit stehen sollten. Köckritz'sche Besitzungen sind darin folgende genannt: Senftenberg, Pirna, Gottleube, Frauenhain, Saatan, Elsterwerda, Tieffenau, Zabeltitz, Wehlen. Da gleichzeitig auch die Nd.-Lausitz in den Händen des Kaisers war, so sehen wir die gesammte Familie im Bereiche seines Willens. Dass dieser ihr nicht günstig war, dafür sprechen Heinrich v. Ktz. zu 1350 und Walther v. Ktz. 1377.

War das bis dahin vereint geführte Regiment der drei Meissener Markgrafen nicht stark genug, sich den väterlichen Umgarnungen Karls IV. zu entziehen, so liess die jetzt zur Sprache kommende brüderliche Theilung ihrer Länder das Aergste fürchten. Der Tod des Kaisers am Schlusse des Jahres 1778 brachte Hülfe. Sein ihm nicht ebenbürtiger Sohn und Nachfolger in der Krone Böhmens und auf den deutschen Kaiserthron, Wenzel, war den Wettinern nicht mehr gefährlich und so kam 1379 die Theilung zu Stande, in der Landgraf Balthasar Thüringen, Friedrich III. das Oster- und Pleisnerland, die Mark Meissen aber Markgraf Wilhelm Coclides erhielt. Mit ihm werden wir es hier nur allein noch zu thun haben. — Freiberg, Münze und Bergwerke bleiben gemeinsam, ihre Wichtigkeit bezeugt der Jahresertrag von 300,000 Schock Böhm. Gr., nach heutigem Werthe 6 Millionen Thaler. Markgraf Wilhelm war ein guter Haushalter und suchte im Sinne seiner Vorfahren die Geschlossenheit der Mark durch Pfandrückkäufe Pirna, Strehlen etc., von der Krone Böhmen, zu vermehren; im gleichen Sinne, doch weniger ehrenhaft, handelte er bei der Einziehung der Burggrafschaft Dohna. Durch Benutzung von Intriguen und Uebermacht gelang ihm dies, nachdem in 17jährigem Kampfe für ihr Recht die Dohnas bis auf Wenige gefallen waren, noch am Abend seines Lebens (1402). Die Ktze. können bei diesen Ereignissen nicht unberührt geblieben sein; doch ist keiner als Helfer in dieser trüben, noch heute nicht gesühnten Geschichte genannt; die nur in der spolirung der Promnitze ein späteres Seitenstück hat. Markgraf Wilhelm starb kinderlos, 1407 ward eine neue Theilung des Landes herbeigeführt. Wir benutzen diesen Abschnitt in der Geschichte des Meissener Landes, der mit der gleichzeitigen Stiftung der Linie Drebkan, 1408, zusammenfällt, um die das 14. Jahrhundert betreffenden Regesten der Familie, soweit sie sich auf jene Mark beziehen, hier beizubringen. Zu vermeiden war dabei nicht, Urkunden anzuziehen, welche auch die Geschichte der Familie in der Nd.-Lausitz berühren.

1327, d. d. Ronneburg. Heinrich Reuss von Plauen, der

Kleine, schloss den gleichnamigen Vertrag zwischen sich und seinem Sohne, mit denen v. Plauen zu Weyda und Gera, v. Plauen älterer Linie, denen v. Elsterberg, als Familien-Einigung aller Voigt'schen Häuser zum Schutz und Trutz, mit Ausnahme des Reichs und des Markgrafen von Meissen. Verbunden wurde damit ein Landfrieden gegen die Räuber und Landesschädiger, zu dessen Aufrechthaltung 44 gepanzerte Ritter mit Gefolge aufgestellt wurden. Die Urkunde zeichneten mit, die anwesenden Vasallen: die Ritter Götz v. Ende, Thime v. Hermansgrün, Conrad v. Myllin und die erbbaren Mannen Friedr. v. Ktz., Burg. v. Kosbot, Heinr. der Lange, Heinr. v. Triptis, Heinze und Gerhard v. Lohma. (*Beckler und Löber, Stemmata ruthenia*, Schleitz 1684 p. 57.)

1328, 10. Februar, d. d. Klost. Mühlberg? Heinrich v. Ktz. verkauft dem Kloster das von demselben zur Lehn besessene halbe Dorf Treptitz für 50 Schock Gr. Archiv zu Weimar? (*Kreissig Dipl. Annalen des Klosters Mühlberg.*) — Nach Hasche (*Magazin* 1789 p. 85—86) ging dies Dorf im Schmalkaldischen Kriege ein. Es lag unterhalb Belgern und begrenzte die Mark Weissig. Oberhalb, 2 Meilen davon, liegt das noch bestehende gleichnamige Dorf.

1329, 7. August, d. d. Rochlitz. Markgraf Friedr. II. v. Meissen stiftet für Ludwig v. Schenkenberg eine neue Domherrn-Pfründe, übereignet derselben den kl. Zoll zu Grossenhain und trifft Bestimmungen über die Vertheilung der Einkünfte, sowie über die Weiterverleihung der Pfründe. Zeugen sind: ausser den edlen Mannen, unsere theuere Vettern den Reussen N. N., Berthold Vicedom v. Eckstädt, Heinr. de Kockericz, Joh. Magnus v. Sywitschin, Joh. v. Utenhofen, Otto v. Kottwitz, unser Marschal und Andere genug. (Urkd.-Orig. beim Hochstift Meissen. *Gersdorf, Codex Saxoniae Regiae* T. I. Nr. 401 p. 331.)

1335, 2. Septbr. d. d.? Poppo v. Ktz. kauft vom (König Johann v. Böhmen?) die Hälfte des grossen Zolles zu Pirna. Dieser wichtige Punkt, als Heirathsgut der böhmischen Agnes, 1249 an Markgraf Heinrich gekommen, dann seit 1292 im Besitz des Hochstifts Meissen, war von diesen, wegen Streitigkeiten mit Heinrich d. Erlcht., 1298 an König Wenzel

v. Böhmen abgetreten worden. 1325 wurde das Stapelrecht daselbst von der Krone Böhmens bestätigt. Kein böhmischer Schiffer durfte Fracht, ausser Getraide und Lebensmittel, über diese Stadt hinaus befördern. Unter König Johann war es 1336 an Herzog Rudolph v. Sachsen verpfändet und im gleichen Jahre bekennt der König, Stadt und Schloss Pirna als feudum honorabile per petuum vom Stifte Meissen erhalten zu haben, mit allen zum Schlosse Dohna gehörigen Güter. (Archiv zu Weimar, *Märker* p. 154.)

1335. Poppo, genannt v. Ktz., beurkundet, dass er dem Kloster Osseck (Böhmen), in dem Besitz der Pfarrkirche zu Pirna, kein Hinderniss erregen wolle — Abschrift im Dresdener Copiar.

1335. tertia kal Augusti d. d. Belina (Wellin). Poppo, genannt v. Köckritz, bekennt, dass er mit Willen seiner Erben, die ihm vom König Johann v. Böhmen zugestandene Verleihung der Pfarrkirche zu Pirna dem Abt Conrad und dem Convent des Klosters Osseck abgetreten habe. (III. Abtheilung *Pirna § aedificia* Nr. 1 Bl. 4.?) Wir glauben mit Recht aus den drei Reg. zu 1385 entnehmen zu dürfen, dass Poppo v. Ktz., der rennomirte Söldnerführer König Johanns v. Böhmen zu 1331/2 für seine Züge mit den Edeln v. Bergow nach der Weichsel, hier mit dem König abrechnete und dafür nebst Pirna die böhmischen verfallenen Lehne der Hrn. v. Clomen auf beiden Elbufern, Lohmen, Wehlen bis gegen Dipoldwalde hin,' (nach *Knauth, Prod. Mim.* p. 212), empfing. Da er nur von seinen Erben und nicht von seinen Söhnen spricht, so scheint er zur Zeit noch ehe- und kinderlos gewesen zu sein. Vide Reg. zu 1369.

1343, 21. Decbr., d. d. Elsterwerda. Otto's selig Söhne Hartwig, Otto, Niclas genannt v. Dere, vertragen sich mit dem Kloster Alt-Celle dahin, dass sie gegen 12 Schock kl. Gr. ihren Antheil an den Gütern in Koze. abtreten. Zeugen: Conrad v. Ktz., Johann Pfarrer in Elsterwerda, Heinr. v. Aldindorf, Conrad u. Poppo v. Ktz., Gebrüder, Heinr. von Rederau, Heinr. u. Fritzco v. Lezzowe. (Orig. im Staats-Archiv zu Dresden. Reg. bei *E. Beyer, Alt Celle*, p. 598 Nr. 335.)

Diese Urkunde, in Verbindung mit der bereits beigebrachten vom 1. Octbr. 1345, ist die erste sichre Spur der Uebersiedlung der voigtländischen Ktze. nach der neuen Heimath rechts der Elbe. Die isolirte, dem Pfarrer von Elsterwerda vorangehende Stellung des ersten Conrad v. Ktz., lässt ihn als Vertreter des Klosters in dem Geschäft mit dem H. v. Dere und damit seinen geistlichen Stand erkennen. Ueber die Lebensstellung der vier Söhne des Ritters Conrad v. Ktz. auf Koffeln etc. würde demnach ein Zweifel nicht obwalten.

1348/49. Walterus de Kokeritz et sui fratres (Friedrich) habent a domino Vrowenhain castrum cum suis alimentiis. Item XIV markas redituum ibidem et in Lutendorf. Item nemus in Frowenhain. Dresd. Copiar. 24. Blt. 8b. — Wir glauben aus dieser *Reg.* mit Recht den Beweis für die Anführung des *Zedler*'schen *Univer.-Lexic.* bei 1377 zu entnehmen, dass die Nachkommen des Poppo v. Ktz. (1304) auf Altdöbern das Geschlecht in Meissen fortpflanzten; nur geht aus der Jahreszahl hervor, dass sich nicht, wie *Zedler* meint, mit Walther dem Enkel, sondern bereits mit Walther dem Sohne Poppo's v. Ktz. in der Mitte des 14. Jahrhunderts diese Ueberführung vollzog. Die in der Urkunde ungenannten Brüder Walthers waren: Friedr. Poppo's zweiter Sohn und N. N.?

1353, 7. März, d. d. ? Nycol. v. Ktz. Lehnsrevers über das Haus zu Saatan. — Wir finden in den drei letzten *Reg.* Köckritze fast gleichzeitig im Besitz der Schlösser Elsterwerda, Frauenhein, Saatan und wohl auch Tieffenau, obgleich die Familie in Letzterem erst urkundlich zu 1367 vorkommt. In den Bemerkungen zu *Reg.* 1326 wurde nachgewiesen, welche geographische und militärische Bedeutung diese Gruppe fester Punkte für die Geschichte des Landes an der Elbe haben musste. Ueber ihre weit hinauf reichende ursprüngliche Zusammengehörigkeit lassen die gesammelten hier folgenden *Reg.* keinen Zweifel. Wir sehen in ihnen das überelbische Gebiet der Burgwarten Strehle und Boriz (Borus), deren gleichnamige Centralburgen diese beiden wichtigen Elbeübergänge wahrten. (Vide die Blätter Nr. 128—29 der Reimann'schen Karte.)

1013. Kaiser Heinrich II. schenkt dem Stifte Meissen, Tieffenowocedlo, Glubatz, Tchänitz, Mirotinocedlo (pag. 32).

1065. Kaiser Heinrich IV. schenkt dem Stift Naumburg die Burgwarten Strehle und Borutz. Wahrscheinlich entzog er dabei seinem Erzfeinde, dem Bischof Benno von Meissen, die Schenkung von 1013, die wir später in den Händen des Stifts Naumburg finden.

1133. Der Bischof von Naumburg übergab bei einem Vergleiche über die Stiftseinkünfte dem Voigte des Bisthums, Markgrafen Conrad d. Gr., das Schloss Saatan mit dem am Röderfluss umliegenden Gebiete.

1259 verträgt sich der Bischof von Naumburg mit Heinr. d. Erlauchten wegen der Befestigung des Schlosses Tieffenau. Das alte Schloss soll dort für immer bleiben, von dem neuen Bau soll der Bischof niederreissen, was der Markgraf persönlich für gut finden wird; das Stehenbleibende soll nur für die Lebenszeit des Bischofs zu Recht bestehen.

1274. Heinr. d. Erlcht. empfing, sowie 1276 auch sein Sohn, Friedr. v. Maltitz, das Schloss Saatan vom Bischof von Naumburg zum Lehn auf Lebenszeit. Ein Antheil der rechtmässigen Söhne ist ausgeschlossen, und nach Friedr. v. Maltitz Tode fiel das Schloss an das Stift zurück.

1282. Das Castrum Tieffenau ist vom Naumburger Kapitel an das Kloster Riesa verpfändet. Gleichzeitig wird als Advocatus (Voigt) auf Tieffenau Dietrich, Milites, genannt. (*Lepsius*, p. 314.)

1284. Der Bischof von Naumburg verkauft an Heinr. d. Erlcht. um 1000 Mark die stiftischen Besitzungen, Castrum Tieffenau mit den zugehörigen Waldungen, Lezene und Merica; Frauenhain hat 19$^1$/$_2$ Hufe; Sibotimdorf? 17 Hufen; Raden 9 Hufen; (Treuge) Bela 23 Hufen; Lichtensee 11 Hufen; Neuwalde 18 Hufen; Spansberg 19 Hufen; Nyska 17 Hufen; das Allodium bei Tieffenau, mit dem Patronat über die Kirchen der verkauften Orte etc., als stiftisches Lehn, ohne jedoch den Markgrafen in der freien Disposition zu beschränken. (*Lepsius*.) — Die bei Lezene und Merica fehlende Angabe der Hufen lässt sie als Waldnamen erkennen.

1285. Markgraf Heinr. d. Erlcht., als Patron von Dobrilug, bestätigt die Grenzen des Klostergebiets unter Zuziehung des Bodo, genannt Voigt v. Ileburg, des Albert Truchses v. Burnis, sowie der Förster Hermann (v. Promnitz und Schiban), Ritter, in Saathain gesessen. Nach einer Urkunde v. 1300, 8. Juni, d. d. Gr.-Hain, Markgraf Friedr. d. Gebissene (Original im Archiv zu Dresden), muss es hier heissen: Schiban v. Promnitz.

1289. In der bestrittenen Urkunde des Ländertausches Friedrich's v. Maltitz mit König Wenzel v. Böhmen sind die Schlösser Tieffenau und Saathain genannt. Die Abtretung der Gebiete soll sofort erfolgen, ausgenommen Pirna, Gr.-Hain und Tiefenau, die vertagt ist.

Die Schlösser Tieffenau, Saathain und Frauenhain, von uralter Bedeutung, wie wir aus den vorstehenden *Reg.* entnehmen, waren den beiden Burgwarten und Elbpässen Strehlen und Boritz, am rechten Ufer auf 1½ und 2 Meilen, also einen kleinen Tagemarsch, vorliegend. Tieffenau deckte zugleich den rechten Flügelanschluss des Teufelsgrabens, einer alten Landwehr, die einen festen Abschnitt zwischen dem Sumpfthale der Röder und dem rechten Elbufer unterhalb Strehlen bildete. Diesem Abschnitte lagen die Schlösser Saatan an einem Elster-, und Frauenhain an einem Röderübergang vor. Beide Flüsse sind von schwierigen Sumpflinien begleitet, die an den genannten Punkten von zwei uralten Handels- und Hochstrassen überschritten werden, welche die Verbindung Deutschlands mit dem fernsten Osten vermittelten. Schloss Saatan sperrte die alte Zuckerstrasse und Frauenhain die alte Salzstrasse, die beide parallel mit einander, nördlich und südlich der Elsterniedrung, durch die Lausitzen nach der Oder zogen. — Ein System ist in der geschilderten Gruppirung nicht zu verkennen; sie bildete am rechten Elbufer aus der Verbindung des Teufelsgrabens mit den Sumpflinien der Elster und Röder einen grossartigen Brückenkopf, der die Elbübergänge beschützte. Die ganze Anlage war eine Ergänzung des Centralpunktes Meissen, der seit dem 11. Jahrhundert, wo die Deutschen, unter mannichfachen Kämpfen mit den slavischen Nachbarn, an der Elbe wieder festen Fuss fassten, gegen Süd und Ost, Polen und Böhmen, genau die Stellung einnahmen, welche unter ähnlichen strategischen Verhältnissen Napoleon 1813 dem Punkte Dresden zu geben wusste. Die Bischöfe von Merseburg und Zeiz-Naumburg, sowie die Dynasten des Saalgebietes waren, unter Ablösung, verpflichtet, mit ihren jungen Mannschaften (juvenes) die Vertheidigung der Elblinie und des Platzes Meissen persönlich zu unterstützen, und die kaiserlichen Land-Schenkungen sollten ihnen die Pflicht der Verpflegung erleichtern. Die hier angesiedelte Mannschaft sicherte sich durch Burgbauten den Besitz der Vorlande. Dass diese geistlichen Etablissements mit der Zeit den ihre Landeshoheit überwachenden Markgrafen von Meissen unbequem wurden, ergibt sich aus den Abschlüssen, welche diese zu 1133, 1274 und 84, herbeizuführen wussten. — Die Familie v. Ktz. finden wir seit der Mitte des 14. Jahrhunderts (1348/9, 1353, 1367) urkundlich fast im Gesammtbesitze dieser Vorlande; 1282 und 1285 sind weder zu Tieffenau noch zu Saatan Ktze. genannt. Die Lehnsverleihungen fallen also in die Zwischenzeit, wo wir renommirte Söldnerführer des Geschlechts auf Brandenburg'scher und Böhmischer Seite und gleichzeitig das Markgrafenthum Meissen in vollständiger Abhängigkeit von diesen mächtigen Nachbarn sehen. Wohl wird damals wie in der Neuzeit die Staatsmaxime gegolten haben, Verpflichtungen gegen bedeutende Soldaten durch Verleihung von Dotationen (Lehen) in Gebieten von unsicherem Besitze gerecht zu werden. — Wir fahren nach diesem Excurse mit der Anführung der Familien-Regesten fort.

1353, 16. Mai. Walther und Günter? Gebr. v. Ktz., lassen dem Herzog Rudolph v. Sachsen Güter in Stehla und Leindorf auf. Archiv zu Weimar? — Beide Orte liegen gegenüber von Belgern am rechten Elbeufer und sind ohne Zweifel Parzellen des Gebietes von Belgern (Schloss), welches Walther v. Ktz. 1306 pfandweise von Markgraf Ticmann erwarb. — Der Vorname Günter ist sehr zweifelhaft, da er in der Familienreihe als Unicat dasteht.

1355. Friedrich III., Landgraf von Thüringen und Markgraf zu Meissen (drei Brüder), gestatten dem Heinr. v. Ktz., jährlich 1 Fuder Salz nach Wehlen zu holen. (Gedruckt bei *Fischer, Regale jus salinarum — Schöttchen, Inventar,* p. 265, 5. d.

1360. Heinr. v. Plauen und Sohn, Heinr., Voigt zu Weida, sehen sich aus vorangeführter Gewaltigung, pag. 89, gezwungen, den Lehnsrevers gegenüber dem Landgrafenthum Thüringen zu Gunsten der drei Gebrüder, Markgrf. von Meissen, zu unterschreiben. Mitbürgen, die Weyda'schen Vasallen: Christ. v. Witzleben, Heinr. v. Ktz., Lippold v. d. Neumarkt, Petzold v. Pöllnitz, Hans Kaufmann und Ulrich Wilde, Bürger zu Weyda. (*Limmer, Gescht. d. Voigtlandes,* II Thl., p. 488 und 557—67. — *Longolius,* Thl. VII, p. 134.) — Wir haben hier wohl einen Sohn Friedr. v. Ktz. vor uns, der 1327 den Ronneburger Vertrag mitunterschrieb.

1361, 25. Novbr Schuldverschreibung des Hrn. Nicl. v. Ktz., Ritter auf Saatan, und Heinr., seines Sohnes, als Selbstschuldige; ferner Ritter Kunz (Conrad v. Ktz.), gesessen zu Elsterwerda; Heinrichs, des vorgenannten Nicl's. Bruder, Ritter und Herr zu Senftenberg; Ritter Walther's, gesessen zu Frauenhain, v. Ktz. geheissen, und Heinrich's, Pfarrer zu Saatan, als Bürgen, für den Probst des Klosters zu Mühlberg wegen 35 Schock breiter Groschen. (*Kreissig, dipl. Annalen d. Klosters zu Mühlberg.*)

1363, 23. August, erscheint »Domin. Poppo de Kokerwicz« als Kirchenpatron und Collator der Pfarre zu Gottleube in Sachsen.

1363, 4. Decbr., »Nicolaus de Kokericz« in gleicher Stellung zu Hennersdorf daselbst. (*Nachrichten des Hrn. v. Palatzky aus böhm. Archiven.*)

1363, 28. Octbr., d. d. Tangermünde. Nach Abkommen zwischen Markgraf Ludwig d. Römer v. Brdb. und Markgraf Friedrich III. v. Meissen, alle Irrungen in Geldsachen, die Nd.-Lausitz betreffend, durch Schiedsrichter auszutragen, ernannte:

| Brandenburg drei Räthe: | Meissen drei dessgl. |
|---|---|
| Hasso v. Wedel auf Falkenberg, | Heinr. v. Kottwitz, Ritter, |
| Christ. v. Bössel, Ritter, | Nickel v. Köckritz, Ritter, |
| Hr. Dietrich, Probst zu Bernau. | Hr. Niclas, sein Schreiber. |

Wir sehen hier Hrn. Niclas v. Ktz., Ritter auf Saatan

zu 1361, Heinrichs v. Ktz. auf Senftenberg Bruder, nachdem er urkundlich, wie später zu ersehen, den Markgrafen Ludwig d. Röm. von 1354 bis 1356 als Hofmeister zur Seite gestanden hatte, demselben gegenüber auf der Seite Sachsens. Die Frage nach Zeit und Veranlassung dieses Uebertritts beantwortet sich durch die unterm 31. Jan. 1360, d. d. Prag, erfolgte Erneuerung eines früheren Vertrages zwischen Karl IV. und dem Markgrafen v. Brandenburg, wonach beide Theile weder in des Andern Gebiete Schlösser etc. erwerben, noch Mannen oder Einsassen desselben in seinen Dienst nehmen dürfen. (*Riedel, Codex*, II. II, p. 427, Nr. 1036.) Abgesehen von dieser bestimmten Veranlassung, glauben wir die Beantwortung noch in dem Briefe Markgrf. Ludwig d Röm., d. d. Nürnberg, den 18. März 1363, zu finden, in welchem derselbe seine Zustimmung ausspricht, dass der seit 1350 bestehende Pfandbesitz der Markgrafen v. Meissen über die Nd.-Lausitz auf Kaiser Karl IV., also auf Böhmen übergehen solle. — Das schwindende Recht der Mark Brandenburg auf die Lausitz gab dem Staatsmann Nicls. v. Ktz. alle Veranlassung zu der veränderten Stellung. Der Kaiser verfolgte den erlangten Vortheil rasch; schon im folgenden Jahre, 4. April 1364, wird für Haus und Stadt Spremberg und Alles, was dazu gehört, und am 12. und 14. April für die ganze Nd.-Lausitz auf einem Tage zu Pirna v. d. Markgrf. v. Brdbrg. die Zustimmung gegeben, dass jene Einlösung durch den Kaiser wirklich erfolge und im Falle des Ablebens des Markgrafen der Kaiser nicht verbunden sei, dies Land andern ihrer Erben zurückzugewähren. — Nach der später folgenden *Reg.* zu 1397 war Nickol v. Ktz. auch in der Nd.-Lausitz angesessen. Er hatte nach diesen Vorgängen keine Verpflichtung, durch weitere Beziehungen zu Brdbg. die Ungunst Karl IV. herauszufordern, der ohnehin durch Heinr. v. Ktz. Spruch in der Sache des falschen Waldemar verletzt ward.

1364. 23. Februar, d. d.? Er. Heinrich v. Ktz., Ritter, und Heinr., Friedrich, Walther, seine Söhne, Knechte (Knappen), eignen dem Kloster Mühlberg 6 Schilling Groschen jährl. Geldzinsen in Stehla, welche jedoch Adelhaid, seiner Tochter, und Agnesia, seiner Tochter (Ux. v. Pannewitz)

Kind, Klosterjungfrauen daselbst, so lange sie leben gereicht werden sollen Als Eidam Ritter Heinrichs v. Ktz. ist Ramfeld? v. Pannwitz mitunterschrieben. (*Kreissig dipl.*, *Annal. des Klosters Mühlberg.*) Eodem Anno bestätigt Karl IV. dieses Abkommen.

1364. Im *Codex dipl.* apud *de Ludwig*, T. I, p. 366 und 368, ist nach *Zedler's Universal-Lex.*, Artikel v. Ktz., pag. 366 Heinr. v. Ktz. allein, und pag. 368 Walther, Nicol und Heinr. v. Ktz. zusammen angeführt. Letztere Anführung betrifft die folgende Regeste.

1364. 11. August, d. d. Dresden. Landgraf Friedr. v. Thüringen und Markgraf v. Meissen, Osterland, Landsberg, Graf v. Orlamünde und Hr. vom Pleisner Lande, übergibt und eignet dem Apt des Cisterz. Klosters Dobrilug das Dorf Dresk (Drössig) bei Finsterwalde, welches Bodo v. Yleborg, Hr. in Kalau, diesem Kloster verkauft und seine Lehn darüber bei ihm, seinem Fürsten, aufgelassen hat, mit allen Zubehör etc. als freies Besitzthum, in Gegenwart des Kanzlers Heinr. v. Kottwitz, des Marschallks Ludwig v. Honberg, Nicels, Walthers und Heinr. v. Ktz., Friedr. v. Kottwitz, Hartmanns v. Wolen? (Archiv zu Weimar. Orig. auf Pergament mit anhängendem beschädigtem Reitersiegel Nr. 4065. *Reg.* 00, pag. 716. Nr. 135.) Die Nähe von Altdöbern lässt vermuthen, dass hier Mitglieder dieser Linie auftraten? (Vide *Reg.* 1368—1377.)

1365. den 9. Januar. (Heinrich und Benessius, fratres de Kokorioz) Kirchen-Patrone und Kolator. der Pfarrei in Markersbach (bei Gottleube) *v. Palatzky, Excerpt.* aus den Prager Original-Confirmations-Büchern. Beness v. Ktz. tritt hier als Unicat auf; sollte sein Verschwinden aus den deutschen Familien-Urkunden auf seine Uebersiedelung nach Böhmen, wo ein Ktz. als eifriger Hussit genannt wird, zu beziehen sein?

1366. 29. Septbr. Die Markgrafen v. Meissen etc., Friedr., Balthasar und Wilhelm, beurkunden den Verkauf von Oschatz mit allem Zubehör an den Bischof Johann und die Domkirche zu Meissen. Zeuge: Hr. (her) Nygkel v. Kokoricz. (Urkunden des *Hochstifts Meissen, v. Gersdorf.*)

Die Ritter, her **Nygkel** mit seinem Bruder **Heinrich** und den Vettern **Walther** und **Conrad**, vide 1361 und 64, waren zur Zeit die Schlossgesessenen Senioren des Geschlechts, hochangesehen im Rathe der sächsischen Fürsten. Ihre Ausnahme-Stellung bezeugen die folgenden Regesten:

1369. 6. Januar, d. d. Naumburg? Verkaufbrief Gerhards, Bischof zu Naumburg, darin er mit seines Kapitals Einwilligung, Bolkon, Herzog zu Schweidnitz, Markgraf zu Laussitz, sein Haus Strehle,

„ Hirstein und Alles was von ihm hat: Friedr. v. Polentzk,
„ Glucuczk „ „ Herm. v. Polentzk,
„ Tiefenau „ „ haben: die v. Köckeritz,
„ Elsterwerda „ „ hat: Conrad v. Ktz.,
Stadt Dolen „ „ haben: Walter u. Hans v. Ktz.,
„ Lesenitz „ „ Albert u. Hans v. Lizenik,
„ Grobe „ „ Alb. v. Liznik, H. z. Mutschen.
„ Fridewalde „ „ Friedhelm v. d. Dom, (Dahme?)

und alle Güter, die er östl. der Mulde hat, verkauft, ausgenommen die Schlösser und Güter, die von seiner Kirche zu Lehn haben: die Herzoge zu Sachsen, die Markgrafen zu Meissen und die Burggrafen zu Meissen, und auch ausgenommen **Sathain** und **Frauenhain** sammt dem Kirchlehn daselbst, um 4000 Schock breite Grosch. Brief und Revers des Herzogs Bolko im Original zu Dresden, Hauptstaatsarchv. (*Märker* pag. 286.) Da nach Regeste 1361 die Schlösser Sathain und Frauenhain von den Rittern Nickel und Walther v. Ktz. besessen waren, so spricht erneut diese Ausnahme vom Verkauf, die sie den Fürsten zur Seite stellt, für ihre Bedeutung.

1367. Dienstag vor Johanni, d. d. Freiberg? Die 1349—79 gemeinsam regierenden Markgrafen v. Meissen, Friedr., Balth. u. Wilhelm, bestätigen zu ihrem Seelenheil eine Schenkung der gestrg. Lorenz und Peter, Gebrüder Rulken, an das Dominikaner Kloster daselbst. Zeugen: der Edele Graf Heinr. v. Schwarzburg, Hr. Friedr. v. Schönberg und die gestrengen Hrn. v. Witzleben, **Nigk**. und **Walther v. Ktz.**, v. Honsberg, 3 v. Maltitz, Gevettern, unsere heimliche liebe getreue und viele etc. (*Klotsch und Grundig, Sammlung vermischter Nachrichten zur Sächsischen*

*Geschichte.* Bd. III, p. 62.) Die als »heimliche liebe Getreuen« bezeichneten Zeugen bildeten den Geheim-Rath der 3 Markgrafen. 1368. 14. März, d. d.? Friedr., Balth. und Wilhelm, Gebrüder, Land- und Markgrafen etc. bekennen, dass, nachdem die Grf. Friedr. und Hermann v. Orlamünde dem Gotteshause und den Klosterjungfrauen zu Ob.-Weymar das Dorf Umpferstete zugeeignet haben, sie dieses bestätigen. Zeugen: die Grafen Heinrich v. Schwarzburg, Herr zu Arnstadt, Günter und Hanns v. Schwarzburg, Herren daselbst, Apt Ludwig zu Salfeld, Kirsten v. Witzleben, Nykel v. Ktz., Walther v. Ktz., Friedr. v. Kochewitz? (vide *Reg.* 1364), ihre Getreuen. (*Archiv zu Weimar*, Orignal: Pergament mit 3 anhängenden Reitersiegel der 3 Aussteller.) Wir sehen hier die Ktze. auch ausserhalb Meissen als Räthe im Gefolge der Markgrafen, ihre Stellung zum Regimente des Gesammtlandes ist dadurch festgestellt.

1369. 22. April, d. d. Dresden? Die 3 Markgrafen v. Meissen überlassen für ein Darlehn von 1400 Schock Grosch. dem Bischof v. Meissen 110 Schk. Gr. Jahreszinsen in Dresden, Freiberg, Döbeln. Zeugen: unter Andern »Er. Nykel v. Ktz.« (*Urkunde des Hochstifts Meissen*, *v. Gersdorf.*) Der Bischof nahm hohe % von seinen Landesherren.

1369. Feria Va. ante nativitatis Mariae, d. d. Dresden. Dominus (Markgraf) Wilhelmus contulit honsetae Margaretae legitimae conthorali strenui Popen de Kokericz omnia bona quæ idem Pope possidet in villa Rywin (Ryppin, Südl. Dresden). Et pagis villae cum omnibus juribus utilitatibus et attinentiis nomine dotalicii ad sua vitae tempora possidenta ut ipse praedictus Pope a nostris successoribus et nobis *hactenus* habuit: in cujus tutorem Bernhardum de Stenen patrem ejus. (*Dresdener Copiar*, 30. Bl.? 26.) — Da Margaretens Vater noch lebte, so scheint die Verheirathung gleichzeitig mit der Verleihung erfolgt zu sein. Von Lehnserben und deren Einwilligung ist nicht die Rede. Der Poppe zu 133¹/₂ und 35 scheint spät eine junge Frau genommen zu haben, die ihre Zukunft sicherte. Poppe hatte nächst dem Zolle zu Pirna noch mehrere Besitzungen auf dem linken Elbufer. (Vide *Reg.*)

1370. 1. November, d. d.? Die 3 Gebrüder Markgrafen v. Meissen eignen dem Domkapitel auf Ansuchen Petris v. Schönberg Geldzinsen in Löthain, S. West von Meissen, Zeuge: er Nykol von Kokericz. — (*Urkunde des Hochstifts Meissen, v. Gersdorf.*)

1371. 17. October, d. d.? Heinr. v. Kockericz — auf Senftenberg — ist Vormund bei der Verleibgedingung der Sophie v. Tschanewitz. (*Copiar von Schweidnitz*, S. 3. C., fol. 40.)

1371. 19. Decbr., d. d. Senftenberg. Heinr. v. Ktz., Milit., schenkt sein Gut Repitz (Weichbild Senftenberg) an eine Kapelle, welches die Herzogin Agnes v. Jauer bestätigt. (*Copiar zu Schweidnitz*, S. 3. C., fol. 40.)

1371. 19. Decbr., d. d. Senftenberg? Gleichzeitig leibgedingt obiger Heinr. v. Ktz. seine Frau Ermgard mit den 5 Dörfern Sornow, Saalhausen, Gr.- und Kl.-Röschen und Klettwitz im Weichbild Senftenberg. (*Copiar zu Schweidnitz*, wie oben. — Vide *Reg.* 1386 über den Ausgang dieser Linie.)

1372. Domini (die 3 Markgrafen v. Meissen und Landgraf. v. Thüringen) contulerunt Nicolao de Kokericz et suis heredibus unum allodium dictum Wichmar in districtu Camburg (a. d. Suale) cum curiis sibi anectis et pratis, pyscatoris, vinetis et ommnibus attinentiis sicuti Domina Jutta relicta Alberti pincernae de Kevernberg possidet nomine dotalicii. (*Dresd. Copiar*, 30. Bl. 30 b.)

1372. 26. May, d. d. Eisnach. Die 3 Gebrüder Markgrafen v. Meissen stellen dem Kloster Buch einen Verzichtsbrief über 9 Schock Grosch. Jahres-Bede, die auf den Kloster-Ländereien zu Belgern und Amelgostewitz lastet und die der Abt in dato abgekauft hat; Zeugen: der Edele Friedr. v. Schönburg, Hr. zu Glauchaw, die Streng. Hrn. Crist. v. Witzleben, Hr. Heinr. v. Laucha, Hr. Nykel und Hr. Walther v. Ktz., Hr. Dietr. v. Honsperg, Hr. Friedr. v. Kottwitz, Hr. Dietr. v. Witzleben, Rittern. (*Schöttchen et Kreyssig*, Dipl. et Scr. II., p. 252.)

1372. 6. November, d. d. Meissen? Die 3 Gebrüder Markgrafen v. Meissen nehmen die bei Gründung einer Domherrn-Pfründe (1329) dieser verliehenen Klein-Zoll in Gr.-Hain zurück und verbessern dagegen die Einnahme der Pfründe durch Anweissung von 20 Schock Gr. jährlich auf Gr.-Hain. Zeugen: unter Andern Nyc. und Walther v. Ktz. (*Urkunde des Hochstifts Meissen bei Gersdorf.*)

1374. 16. Octbr. (die St. Galli) d. d.? Die Landgrafen v. Thüringen, 3 Gebrüder, Friedr., Balths. und Wilhelm versetzen dem Ludwig v. Enzenberg und dessen Sohn Schloss, Haus und Stadt??      , wofür Nicl. v. Kockericz, hinsichtlich der Wiederbezahlung der Pfandsumme, ein Bürge wird. (*Abschrift in Hoffmann-Heidenreichs Geschichte?* V. p. 331, Geh. St. Archiv zu Weimar.

Irren wir nicht, so war es der Grf. Enzenberg aus der Umgebung Kais. Karl IV., der in diesem Jahre die Entsagung des baierischen Hauses auf Brdbg. und die Lausitz zum Abschluss brachte und, siehe die folgende *Reg.*, die Spolation der Voigte von Plauen zu Gunsten Meissens thätig unterstützte, also Grund genug für die Markgrafen dem Enzenberg in Form einer Verpfändung im Ausdrucke der Zeit die Faust zu schmieren.

1374, d. d. Gera. Heinrich Vater und Sohn, die Voigte von Plauen, werden gezwungen, ihre freien Reichslehne, Gera, Reichenfels, Schleitz, Saalburg und Lobenstein, von den drei Gebrüdern von Meissen, Balthser, Friedr., Wilh., als landgräfl. thüring. Reichs-After-Lehen zu bekennen. — Dieser belastende Vertrag wurde, wie es einleitend in der Urkunde heisst, zwischen beiden Theilen vermittelt und abgeschlossen durch den Edlen Hans v. Wyttin, Hrn. zu Pulsewitz; die Gestreng. Hr. Christ. v. Witzleben, Hr. Nickel v. Ktz. und Hr. Friedr. v. Kottwitz. — (*Limmer, Geschte. d. Voigtlandes*, T. II, p. 442 u. 472. — *Freysleben*, Beilage A a, Orig. im Gera'sch. Archiv.) — Wir finden hier den Hrn. Nic. v. Ktz. von den drei Markgrafen weiter mit höheren politischen Verhandlungen betraut, die um so schwieriger erscheinen, als sich gleichzeitig bei den Voigten v. Plauen, zur Abwehr gegen Meissen, die Neigung bemerkbar machte, durch Lehensbekenntnisse gegen König Wenzel von Böhmen eine gesichertere Stellung zu erlangen, wobei ihnen die Unterstützung Kaiser Karl IV. zur Seite stand.

1378, 4. Sept., d. d. Stolpen. Landgraf Balthasar leiht vom Bischof Johann II. von Meissen (v. Grenzenstein) auf 26 Tage 200 Schock Gr. und stellt dabei eine grössere Anzahl von Bürgen, welche sich zum Einlager in der Stadt Stolpen verpflichten, wenn am Verfallstage nicht gezahlt wird. Unter den Bürgen: er. Walther v. Ktz. (*Urkunde des Hochstifts Meissen* v. Gersdorf.) Es war dies die Zeit, wo Kaiser Karl IV. für seinen Sohn, den böhmischen König Wenzel, die Mark Brandenburg und die Nd.-Lausitz von den Wittelsbachern annectirte und seinen Gegnern in diesen Gebieten seine schwere Hand fühlen liess. Der Landgraf Balthasar konnte wohl bei diesen nahen Umgriffen der kaiserlichen Macht plötzlich in die Lage kommen, über baares Geld disponiren zu müssen.

1379, 22. März. Die Herren Hans, Friedr. und Heinr. Gebrüder v. Kockericz, auf Elsterwerda gesessen, verkaufen dem Kloster Mühlberg ein Gut im Dorfe Stehla an der Elbe und lassen es dem Herzog Wenzel zu Sachsen auf. (Archiv zu Weimar, *Has'sche Magazin*, 1785, pag. 564—65. *Kreissig. Dipl. Annalen d. Klosters Mühlberg.*)

1379, in die conversion. Pauli, d. d. Dresden? Die Land- und Markgrafen Friedrich, Baltsr und Wilhelm bewilligen: dass Heinrich, Alsche und Jane v. Kockericz, Gebrüd. zu Weblin gesessen, die Geschosse und Bede der vier Dörfer Sd.-Oestl. von Radeberg, Wolframsdorf, Arnoldisdorf, Waldenrode und Ekenbrechtisdorf von dem Erben Nicolo Küchenmeister kaufen, und belehnen sie damit. — (Dresd. Copiar, 30. Bl., 80 b.)

1379, 19. May, d. d. Wolmirstädt. Henschel v. Kunycz reversirt sich gegen Peter, Erzbischof von Magdeburg, das ihm verkaufte Gut und Lehn Könnern nebst Zubehör für die Kaufsumme wieder abzutreten und quittirt seine Ansprüche gegen ihn und das Erzstift Magdeburg wegen seiner Sold- und Schadenforderungen von den Fehden des Erzstifts her mit (gegen) denen v. Mecklenburg, den Prignitzern (Adel), denen v. Köckeritz und v. Seeben (Löben). Orig. im Provz. Archiv zu Magdeburg, Rubro Cönnern, Nr. 1. Henschel v. Kunycz, ein Söldner-Hauptmann, focht mit seinen

Leuten die Fehden des Erzbischofs aus, der zur Zeit Alliirter Kaiser Karls IV. gegen die Wittelsbacher in der Mark war. Dass die Köckritze, Löben, beide Nd.-Lausitzer, und wer sonst noch, bis zum Falle des Hauses Bayern gegen den Kaiser standen, ergiebt sich aus dieser Regeste. In demselben Jahre versetzt Wenzel, röm. König und König von Böhmen, am 28. April, d. d. Prag, mit Zustimmung seiner Landesherren, sein Schloss Pirna, Haus und Stadt, mit den Burglehnen etc., dem Edlen Thimmo v. Colditz, unserm Kammermeister und Hauptmann zu Breslau, für 6800 Schock guter, grosser, prager Pfennige. Nach der Urkunde bei *Haosche Magazin*, Jahrgang 1791, pag. 334, umfasste das Gebiet Pirna auch den Königstein mit dem Städtchen, ferner Gottleube, Welin mit Schloss und Gebiet, den Ylgen-Lilienstein, den Winterstein, sowie die Dörfer Leupoldshain, Nicolsdorf, Struppen, Rheinhardsdorf, Schönau, Giesübel (Berg), Conrads-Cunnersdorf, Krippen, Markersbach, Hellendorf, Erdmers?dorf, Heinrichs-Henners-dorf mit aller Mannschaft und allen Kirchlehnen etc., also ein Gebiet von bedeutendem Umfange auf beiden Ufern der Elbe, westlich von der Gottleube begrenzt. — Eine spätere Urkunde bei *Haosche* daselbst, p. 337, von 1391 u. 29. November, d. d. Pechkären, trifft noch weitere Bestimmungen über diese Verpfändung. — Aus beiden Briefen ergibt sich der Bereich des Gebietes, den Poppo v. Ktz. von der Krone Böhmen nächst dem ¹/₂ Zolle zu Pirna, laut *Reg.* zu 1335, erworben hatte. Wenn darüber Zweifel obwalten könnten, so verweisen wir auf die anderen Regesten des Jahres 1335, denen sich zwei weitere vom Jahre 1363 und desgleichen 1365 als Beweis anschliessen, in welchem Umfange die Ktze. das jus patronatus in verliehenen Kirchlehen übten.

Wir kommen jetzt zu einer Regestenreihe, betreffend den Verkauf des Gutes Gaulis bei Rötha, südlich von Leipzig, durch die v. Kockritz auf Zabeltitz. (Vide Tabelle). Wahrscheinlich gelangte Hans v. Ktz. auf demselben Wege wie Henschel v. Kunycz zu dieser Besitzung, die er wegen Entfernung von der Heimath der Familie, ohngeachtet seiner zahlreichen Nachkommen, bald wieder veräusserte.

1381, 30. Jnny, d. d.? Burggraf Albrecht von Leisnick zu Rochsburg verkauft an Friedrich, Bischof zu Merseburg, die Lehn? über das von dem Bischof dem Hans v. Ktz. abgekaufte Dorf Gaulis für 45 Schock freibg. Gr. (Original im Domkapitel-Archiv zu Merseburg. Copie daselbst im Copiar, Berbisdorf IV, Nr. 218. Diese und die folgenden 3 Urkunden sind abgedruckt bei *Horn, Friedr. der Streitbare*, p. 653. Vergleiche Bemerkungen zum *Cronic. Merseburgensis*, Nr. 4.?)

1381, 15. August, d. d. Weissenfels. Balthsr, Wilhelm, Friedr., auch Wilhelm und George, Landgrafen zu Thüringen, (überlassen) dem Bischof Friedrich von Merseburg das Lehn zu Gaulis in der Pflege Borna, wie es der Ritter Hans v. Ktz. aufgelassen. (Original wie oben.)

1381, 24. Sept., d. d. Pegau. Die Obigen überlassen dem Bischof die Gerichte über das Dorf Gaulis, erkauft von dem gestr. Ritter Er. Hans v. Ktz. auf Zabeltitz. (Original wie oben.)

1381, 1. Octbr., d. d.? Hr. Hans v. Ktz., auf Zabeltitz gesessen, beurkundet nebst seinen Söhnen Hans, Gerhard, Conrad u. Heinr. v. Ktz. ein von Albrecht v. Leisnick zur Lehn getragenes Dorf Gaulis dem Bischof Friedrich von Merseburg verkauft zu haben. Zeugen: Bussow v. Quernfarth, Probst zu Jechaburg; Richard v. Kalkreuth, Probst zu Wippra; Rudolph v. Freckleben und Tammo Pflugk, beide Ritter, Gottschalk Huhn auf Collenbey, Fried. v. Rabiel, Henzel v. Nassa und Pop. v. Ktz. (Original mit 4 Köckritzer Siegeln, Domkapitular-Archiv Merseburg. Copie, Copiar Berbisdorf IV, Nr. 220.)

1382, 19. März, d. d. Alt-Cella. Der Bischof Nickel von Meissen verträgt einen alten Streit zwischen dem genannten Kloster und der Pfarrei in Lubenicz. Zeugen: 1. Pfarrer und Priester; 2. Johann v. Ktz., Ritter, zu Elsterwerda wohnhaft, Friedrich v. Grellenhein, des Bischofs Marschalk, Ludwig v. Kanicz, Tosso v. Schleinicz, Theodor Gossmann, des Bischofs Hofmeister. — (*E. Beyer, das Kloster Alt-Cella*, p. 631, Nr. 466.)

1383, 4. März, d. d.? Bischof Niclas eignet dem Kapitel Geldzinsen zu Kaufbach bei Wilsdruf, die Balthas. v. Maltitz demselben zu einem Jahresgedächtniss, mit Auflassung der Lehn, geschenkt hat. Zeuge: Johanne de Ktz. auf Elsterwerda. — (*Urkunde des Hochstifts Meissen* v. Gersdorf.) — Die beiden vorgehenden Regesten geben die erste Andeutung, welche ein Mitglied der Familie v. Ktz. als Dienstmann des Hochstifts Meissen erscheinen lässt. Auf welchen Lehnsbesitz sich dies Verhältniss gründet, ist unbekannt, wegen Elsterwerda bestand es nicht.

1383, 27. December, d. d.? Alisch v. Kockericz auf Tyfenau vergönnt seinem Pfarrer zu Spansbrück (berg) die Hufe zu Nuenwalde zu verkaufen. (Archiv zu Weymar?) — Beide Orte gehörten also zu Tyfenau.

1384. Feria sexta ante Laetare, d. d.? Dominus (Markgraf Wilhelm von Meissen) contulit honestes Kaczschen strenui Henerici de Kokericz in Welyn milites, legitimae, villas Lamprechtswalde et Quenzsyn cum omnibus suis pertinentiis dotalicii titulo possidendas. — (Dresd. Copiar, 30. Bl., 97 b.) Beide Güter liegen zwischen Gr.-Hain und Ortrand; das letztere heisst jetzt Quersee. — Wenn wir in den Jahren 1384—86 die Acte sich wiederholen sehen, wodurch nachgelassenen Frauen und Töchtern die Zukunft gesichert wird, so können wir dafür keine andere Veranlassung finden, als die durch Einführung der Hand-Feuerwaffen gesteigerte Gefahr des Kampfes. Nach *Palatzky*, Bd. III, 1. Abtheilung, p. 36, steht ihr Gebrauch 1848 urkundlich fest, und wir haben dies Jahr als Wendepunkt der Kriegsführung anzusehen.

1384, feria V<sup>a</sup> ante Misericordias domine, d. d.? Dominus (wie oben) contulit strenuis Popponi, Conrado, Walthero, Fridericio, Johanni de Kokericz in Saathan omnia bona eorum a dominis in feudum procedentia conjunctim et insolidum tenenda justo feudi titulo possidenda. (Dresd. Copiar, 30. Bl. 97 b.)

1384, 17. April, d. d.? Hans u. Gerhard v. Ktz. (Letzterer 1386 Domicello), zu Lamprechtswalde gesessen, versprechen binnen Jahresfrist ein von dem Markgrafen Wilhelm (Coclides) zur Lehn gehendes Gut für 2000? Schock böhm. Groschen anzukaufen und seine Vasallen sein zu wollen, dagegen ihnen der Markgraf 200 Schock Gr. zahlen soll. Heinr. und Nickel v. Ktz., die Brüder der Obigen (auf Wehlen und Zabeltitz?) sind Bürgen für sie. (Archiv zu Weimar?) — Lampertswalde liegt östlich von Gr.-Hain, nur 2 Stunden vom Ufer der Pulsnitz entfernt, die Grenzfluss zwischen der damals böhmischen Ober-Lausitz und Meissen war. Seine Besitzer waren somit Grenzritter, die wegen ihres Vaters Schloss Wehlin in böhmischem Lehnsverband standen, Grund genug für den vorsichtigen Markgrafen Wilhelm I. von Meissen, sie durch ein solches Abkommen zu verpflichten. — Die vier genannten Brüder waren Söhne Heinr. v. Ktz. auf Wehlen und der Honestae Kacschen, die er in diesem Jahre, wahrscheinlich vor seinem Tode, mit Lampertswalde leibgedingt hatte.

1384, 14. July, d. d.? Hans v. Ktz. (Zabeltitz? 1381) verleibgedingt seine Frau Margeritha auf seine Güter Wildenhain, Cyten (Zschaiten), Jonoz?, Rodewitz, das Vorwerk zu Promnitz, das Kirchlehn zu Pericz. — (Copiar des Fürstenthums Schweidnitz. Jauer, III, D, fol. 68.) Diese Orte liegen sämmtlich westlich von Gr.-Hain, zwischen der Röder und Elbe. Sie gehörten ursprünglich zum Burgwart Boruz und gelangten durch den Verkauf vom Jahre 1367 vom Hochstifte Merseburg an den Herzog Bolko von Schweidnitz.

1384, 4. December, d. d.? Pfandrevers Pope's, Ritter, und Conrad's, Gebrüder v. Kökeritz auf Saathan, über das ihnen von den Herz. Wenzel und Albrecht v. Sachsen verpfändete Haus und Städtchen Wartenbrück mit den dazu gehörigen Dörfern. (Weimar Archiv?) — Der Pfand-Schilling betrug 800 Schock Gr. Das Schloss Wartenbrück war ein wichtiger Platz, der den direktesten Uebergangspunkt der Sumpflinie der Elster zwischen Meissen und der Nd.-Lausitz beherrschte. Die sogenannte Zucker-Salz-Strasse war hier mit einem Zolle belegt. — Die Ktze. sassen jetzt, 1384, im Knie der Elsterlinie, an den Uebergängen und Schlössern Seuftenberg, Elsterwerda, Saathan, Wartenbrück: hinter dieser Linie nannten sie mehrere Quadratmeilen Land mit den festen Schlössern Tieffenau, Frauenhain, Zabeltìtz, und gegen Böhmen hin Wehlen mit Lohmen ihr Eigen; der Abt des mächtigen Klosters Dobrilug war ein Vetter. Es hätte nur einer hervorragenden Persönlichkeit bedurft, um hier ein geschlossenes Gebiet im Sinne jener Zeit zu gründen. — Die folgende *Reg.* zu 1386 lässt schon den Rückgang erkennen.

1385, 4. December, d. d.? Pope, Ritter, und Conrad, Gebrüder v. Kokeritz auf Saatan, quittiren dem Herzog Wenzel zu Sachsen über 800 Schock breit, böhm. Groschen für (das Haus) Wartenbrück; ausgenommen ist das gleichnamige Städtchen mit den dazu gehörigen Dörfern (welche also den Brüdern verbleiben). — (Archiv Weymar?) — Stadt Wartenbruck mit Zubehör ist noch 1391 im Pfandbesitz der Familie.

1386, 24. November, d. d.? Herr Heinze v. Kokeritz, Herr auf Senftenberg, wird von der Herzogin Agnes v. Schweidnitz wegen vieler und treuer Dienste begnadigt, dass: wenn er und sein Sohn Hans keine Erben hinterliessen, Haus und Stadt Senftenberg mit allem Zubehör an die Töchter fallen sollen. — (Copiar zu Schweidnitz, und Janer, III, B, fol. 42.)

In einer Reihe von *Reg.* treten jetzt die Beziehungen der Familie v. Ktz. zu dem mächtigen Cisterzienser Kloster Dobrilug in der Nd.-Lausitz hervor. — Um den Zusammenhang nicht zu stören, geben wir, in den Jahren zurück- und vorgreifend, Alles, was über den Zeitraum, in welchem ein Luppold v. Ktz. als Abt dem Kloster vorstand, aufzufinden war. — Das Kloster ist 1165 vom Markgrafen Dietrich der Lausitz zur Förderung deutscher Cultur unter den Wenden gestiftet. 1181 soll es von dem Gesammthause der Wettiner in seinen Grenzen bestätigt sein. Als Fundation diente dem Markgrafen Dietrich dazu eine altslavische Sumpffeste in der Gablung der Dober und des Schakefliesses, an die sich eine durch Teich-, und Sumpfflächen isolirte Feldmark anschloss. In eine deutsche Burgwart umgewandelt, war diese Befestigung schon 1005 im Feldzuge gegen die Polen dem Heere Kaiser Heinrich's II. ein Stützpunkt. — Das Kloster wurde durch Schenkungen und die landwirthschaftliche Thätigkeit seiner Mönche, für den

Begriff der östlichen Verhältnisse, reich. so dass *Albinus* in seiner *Meissner Chronik* 1590 das Sprüchlein aufzeichnete: »Cell et Buch faciunt unum Dobriluhc«. Eine weiter unten beigebrachte *Reg.* zu 1420 lässt glauben, dass auch die Ktze. sich bei der Stiftung betheiligten. — Aus welchem Gesichtspunkte die westlichen Bruderklöster diese wendische Herrlichkeit ansahen, bezeichnet eine Angabe der *Metzer Annalen*, aus welcher hervorgeht, dass die Brüder des herrlich und mild nahe der Mosel gelegenen Klosters Gorcze zur Strafe nach Dobrilug exilirt wurden. Trotzdem bildete das Kloster eine beinahe unabhängige Macht, mit einem Besitze von 2 Städten und 60 Dörfern in und ausser der Lausitz, geschützt von einer zahlreichen Mannschaft. Durch seinen Besitz auf beiden Seiten der Grenze stand es zu den Herren beider Länder in politischen Beziehungen, und es kann desshalb nicht befremden, während die Nd.-Lausitz unter böhmischer Hoheit stand, den Abt Luppold v. Ktz. auch mit den Meissen'schen und Sächsischen Fürsten urkundlich in Verhandlungen zu finden.

1376, Sonntag nach Martini, d. d. Dobrilug. Schied Herzogs Rudolphs v. Sachsen in Kirchensachen zu Liebenwerda. Zeugen: Hr. Franken, Weihbischof zu Meissen, Luppold v. Ktz., Abt zu Dobrilug, d. Edelherr Wend zu Yleborg auf Sonnewalde, die Gestr. Hans Weltewitz, Schile v. Trebissen, Dieter und Heinr. v. Wiltzkewitz, etc. (*Kreissig, dipl. Nachlese*, T. 9, p. 23.)

*NB.* Das Jahr 1376 stimmt weder zu der Regierungszeit Rudolps II., noch Rudolphs III.

Von 1370—1388 regierte Herzog Wenzel. Dagegen war allerdings durch einen Spruch Kaiser Karls IV. (1358, d. 13. August) Herzog Rudolph II. gegen Friedr., Markgrf. v. Meissen, im unbestrittenen Besitz der Feste und Herrschaft Uebigau a. d. Elster mit Zubehör, also auch Liebenwerda's.

1386, 14. April, d. d. Wittenberg. Herzog Wenzel zu Sachsen übereignet dem Luppold v. Ktz., Abt des Klosters Dobrilug den Busch, Elzholz genannt, welchen die Bauern zu Priesen von ihm zur Lehn gehabt etc., und besonders mit dem Wayen- (Fahr-) Wege, der von Alters dazugegangen, als freies Eigenthum mit Vorbehalt der Beschirmung,

die sich der Fürst vorbehält. Jn Beisein des Grf. Gerhard
v. Schaplow, des Fürsten Schwager, dessen Kammermeister Boto
Frauenhorst, Hermann Schaipho und Kunze Vesit's. (Codex
dipl. apud *Ludwig, Reliqui.*, 1. c. T. I, pag. 419, nach dem
Original auf Pergament im Archiv zu Weimar, Nr. 4084,
Regist. O. O., pag. 709, Nr. 159.)

1394, 6. März, d. d. Torgau. Schiedspruch des Markgrf.
Wilhelm v. Meissen über alle »truge, schehlungen, zwietracht,
geschäfte und Brüche, die sich zwischen den Herzögen zu
Sachsen und dem ehrwd. Hrn. Luppold (v. Ktz.), Abt zu
Dobrilug, sammt Convent, zwischen ihnen und ihren Helfern
bis auf diesen Tag verlaufen haben.« Demnach sollen die
Herzöge dem Kloster die alten sächs. Privilegien confirmiren,
es schützen, aber kein Schutzgeld fordern, sondern eine Bede,
Dorf und Lug bei dem Dorfe Jourdan ihm theils schenken,
theils zu Kaufe lassen. (*Ludwig, Reliqui. Msct.*, T. I, p. 426—28.)

Mit diesem Schied endigten diese alten Streitigkeiten nicht.
Sie setzten bis zur Reformation fort, wo dieses mächtige Kloster,
secularisirt, in die Hände des Grf. v. Promnitz (1602—24)
überging, dem es jedoch der Staat bald wieder abkaufte.

1397, den 30. März, d. d. Prag. Der römische und böhmische König Wenzel (II.) bestätigt und genehmigt auf Verlangen der Gebrüder, Walther (v. Ktz.), Chorherr zu Magdeburg (später Bischof v. Merseburg?), Poppo und Conrad v. Ktz.
(zu Saatan), deren Schenkung des Dorfes Lieskau in der
Markgrafschaft Nd.-Lausitz, das ein böhmisches Kron-
lehn war, mit allem Zubehör, an den Abt und das Kloster
zu Dobrilug, und übereignet gedachtes Dorf den Mönchen als
freies Eigenthum. (*Transumpt.*, pag. 719, Nr. 167, Nr. 4091;
*Reg.* Nr. O.O., pag. 719, Nr. 166; Archiv Weimar, Orig. auf
Perg., fleckig mit beschädigter Schrift.)

1397, 1. Novbr., d. d. am Ort? Kaufbrief des Ritters
Conrad v. Ktz., gesess. zu Saatan, an seinen Bruder, den
Abt Luppold des Klosters Dobrilug, über das Dorf Lezk etc.
(Lieskau), wie es der Ritter von seinen Eltern geerbt
hatte, zu sein und seiner Eltern Seelentrost, für 40 Schock
gr. böhm. Gr. Daneben verzichtet Conrad v. Ktz. für sich
und seine Erben auf alle Rechte an dem Gute und überweist

dasselbe **seinem Bruder** und dem Kloster für immer. (Archiv zu Weimar, Orig. auf Pergament, beschädigte Schrift. *Transsumpt. der Urkunde*, pag. 719, Nr. 169, Nr. 4090; *Reg.* O.O.*, pag. 719, Nr. 168.) — Conrad v. Ktz. erscheint hier allein; sein Bruder Poppo war wohl im Laufe des Jahres gestorben und er selbst näherte sich dem Grabe; desshalb diese Seelenbadstiftung dem Kloster.

Wir entnehmen aus diesen Urkunden über die Familien-Verhältnisse der Ktze., dass aus dem, als Uebergangspunkt der schwarzen Elster bereits in der ältesten Zeit wichtigen Schlosse Saatan in Meissen vier Gebrüder Ktz. (Poppo und Conrad, Ritter auf Saathain und Wartenbruck seit 1384, **Luppold**, Abt zu Dobrilug, und **Walther**, Chorherr zu Magdeburg, später Bischof zu Merseburg) stammen, deren Eltern **schon** in der Nd.-Lausitz böhmische Kronlehen besassen, und dass dieser Besitz, bei dem vorgerückten Alter der Brüder, zum Anfange des 14. Jahrhunderts zurückreicht (Poppo v. Ktz. zur Alten Dober 1304). Ferner dass zwei dieser Brüder hohe geistliche Stellen einnahmen, die damals, wenigstens beim Erzstifte Magdeburg, nur für Mitglieder des **hohen Adels** zugänglich waren.

Diesen Urkunden schliessen sich die später im Abschnitt *Nd.-Lausitz* beigebrachten *Reg.* von 1419, 1. und 12. October, und 1420, 24. Januar, über den Verkauf des Dorfes Drochow an. — Wenn in der Letztern ausgesprochen ist: »**Dobrilug, wo ihre (der v. Ktz.) Vorfahren begraben liegen**«, so weist dies schon 1420 auf eine weit zurückliegende Ansässigkeit der Familie in der Nähe des Klosters und auf engere Beziehungen zu demselben hin. Da Drebkau durch spätern Erwerb, 1408, davon ausgeschlossen ist, so kann sich der alte Besitz nur auf **Saatan, Dober** und **Seuftenberg** beziehen, deren Schlossherren die Berechtigung, an heiliger Stätte neben den Gliedern der markgräflichen Familie zu ruhen, durch besondere Pietät, wenn nicht durch Theilnahme an der Stiftung des Klosters, erworben hatten. Es müssen dies wesentliche Verdienste gewesen sein, da die Ordensregel den Cisterziensern das Laienbegräbniss im Kloster streng untersagte.

Wenn in spätern Zeiten diese nahen Beziehungen des

Adels zu Kirche und Klöstern dessen Gedeihen, geistig und materiell, oft Heil und Segen brachten, so hatte doch die Näherung der Grundbesitzer zum Orden der ackerbautreibenden Cisterzienser auch ihre sehr bedenklichen Seiten, und im häufigen Verkaufe der Familiengüter der Ktze. an das Kloster Dobrilug sehen wir die Spuren davon. — Der englische Domherr Walther Mappes, ein Zeitgenosse, sagt darüber warnend: Die grauen Mönche — Cisterz. — beten nicht allein, sie arbeiten auch. Sie treiben mit eigenen Händen Ackerbau, sind Landleute, Schäfer, Handelsleute, machen Unland urbar. Aber darin sind graue und schwarze Mönche — Dominicaner — sich gleich: wie der Sperber die erschrockene Lerche, so erkennen sie sofort ihre Leute, die sie rupfen wollen: die adligen Herren nämlich, die ihr Erbe verschwendend in Schulden stecken. Denen versprechen sie lockend, ihrer Verlegenheit abzuhelfen, machen sie zu Kapitel-Brüdern, versprechen ihnen Theil vom Segen ihrer Gebete. — Wer sie mitleidig auf seine Besitzungen ruft, wird scheinbar ihr Nächster, aber in Nächstenliebe vertreiben sie ihn. Gleich in welcher Weise sie Besitzungen erlangen, sorgen sie nur, dieselben zu behalten.

1401, 11. Nov., d. d. Meissen. Die Aebte Luppold (v. Ktz.) in Dobrilug, Franzisk in Alt-Celle und Michael in Buch vereinigen sich unter Zustimmung ihrer Convente und des Capitels zu Meissen über die Verpflegung, die sie jährlich während der Fasten dem Bischof zu reichen verpflichtet sind. (*E. Beyer, Kloster Alt-Celle*, p. 650, Nr. 548.)

140? Anfang des Jahrhunderts. Ein Schreiben des Abt Luppold zum Dobrilug enthalten: *Fidecins, Beiträge zur Geschichte der Stadt Berlin*, II, 107. — Wir sind mit Abt Luppold dem kirchlichen Leben der Familie an der Grenze des 14. und 15. Jahrhunderts näher getreten, und müssen bedauern, dass die Unzugänglichkeit der *Geschichte des Klosters Dobrilug* in *Kreyssig's Beiträgen* (III, 59) uns verhindert, Weiteres über das Leben dieses bedeutenden Mannes zu geben, das mit der Zeit der aufblühenden Wissenschaften unter Kaiser Karl IV. zu Prag, Paris und in Italien und dem Verfalle der Kaisermacht unter seinem schwachen Sohne Wenzel zusammenfällt. Schweizer-Aufstände, Hussitenkrieg und das Konzil zu Constanz füllen den Zeitabschnitt seines Regiments über Dobrilug. — Da gleichzeitig mehrere andere Familienglieder hohe Stellungen in der Kirche einnahmen, so lassen wir hier zur gegenseitigen Ergänzung Alles folgen, was bis dahin über diese sporadische und unaufgeklärte Richtung in dem Leben der Familie zu unserer Kenntniss gelangte.

1390, 7. Januar, d. d. Magdeburg. Walther v. Ktz., Domherr zu Magdeburg, ist Zeuge in Albrecht's (v. Querfurth), Erzbischofs von Magdeburg, Constitution wegen Verbesserung der Seniorats-Präbende. (Original im Kgl. Provz.-Archiv, S. R. Erzstift Mgdbrg., Tit. XIX, Nr. 40.)

1390, 10. Januar, d. d. Magdeburg. Walther v. Ktz., Domherr zu Magdeburg, Zeuge in Albrecht's, Erzbischofs, Schenkungsbrief und Incorporation des Patronatsrechts über die Kirche in Wettin für diejenige Diaconat-Präbende zu Magdeburg, welche jetzt Conrad Erasmus von Köthen besitzt. (Original wie vorgehend, Nr. 39.)

1391, 11. Juni, d. d. Magdeburg. Albrecht, Erzbischof zu Magdeburg, verleiht dem Domherrn und Cellarius Walther v. Ktz. das Vicedoms-Amt daselbst. (Kgl. Provz.-Archiv Mgdbrg. Original und gleichzeitige Copie im Copiar Nr. XXXIX, f. 196°.)

1394, 1. März, d. d. Magdeburg. Walther v. Ktz., Domherr und Cellar des Erzstifts Magdeburg, ist unter den Dignitarien des Domcapitels genannt, welche in Erzbischofs Albrecht Bestätigung der Widmung von ½ Hufe zu Calbe consentiren, die Conrad Constini (Kanstein), Canonicus zu Magdeburg, zur bessern Feier des Festes Heimsuchung Mariä in der dortigen Domkirche geschenkt hat. (Kgl. Provz.-Archiv zu Magdeburg, V. R. Erzstift Magdeburg, Tit. XVIII, Nr. 26.)

1397. 30. Decbr., d. d. Merseburg. Albrecht, Erzbischof v. Magdbg., stellt dem Domprobst zu Merseburg, Peter v. Spannow? und dessen Bruder Ludwig eine Schuldurkunde aus. Zeuge: unter Andern Walther v. Ktz., Domherr zu Mgdbg. (Latein. Original, Copie im Copiar Nr. XXXIII., fol. 54—55. Provz.-Archiv Mgdbg.)

1398. 13. Decbr., d. d. Mgdbg. Albrecht, Erzbischof

von Magdbg., überträgt auf die Kapelle St. Dyonis auf dem Neumarkte daselbst, in der Curie des Domherrn Walth. v. Ktz., ein Haus zu Diebshorn, bisher Lehngut des Albrecht v. Behlitz. (Latein. Original, Copie im Copiar XXXIII., fol. 76, Prov.-Archiv daselbst.)

1405. 13. Januar, zwei gleichzeitige Urkunden, d. d. Magdbg.:

A. Erzbischof Günter v. Mgdbg. vereignet dem Kloster Hillersleben das Dorf Meseberg. Zustimmend: Heinr. de Werberg, Probst, Joh. de Rodekin, Decan. Zeugen: genannter Hr. Rodekin, Walth. v. Ktz., Canonikus d. Erzstifts, d. gestr. Ludwig de Grutzen, magist. curia, Joh. de Veltheim, Ritter, ausserdem Bartold de Oberg, Knappe und Voigt des erzbischöfl. Schlosses Wanzleben.

B. Walth. v. Ktz., Domherr, ist nebst Andern Zeuge in dem Revers Jacobs, Abt zu Hillersleben, und dessen ganzen Convents gegen den Erzbischof und das Domkapitel zu Magdb. wegen Übereignung des neuangekauften Dorfes Meseberg und des nöthigen Verkaufsrechtes. (Originale im Provinz.-Archiv Mgdbg., sub. Babro, Kloster Hillersleben.)

1405. 16. Decbr., d. d. Meissen. Bischof Thimo v. Meissen belegt mehrere Prälaten des Hochstifts wegen unentschuldigten Ausbleibens von der Diecösan-Synode mit der Exkumunikation. Darunter: Walther v. Ktz., archidiacon Lusatica. (*Urkunden des Erzstifts Meissen bei Gersdorf.*) NB. Dieser Walther war nicht der Bruder des Abt Luppold v. Dobrilug aus dem Hause Saatan. (Vide *Reg.* 1396/7/8?)

1407. Walther v. Ktz. zum 34. Bischof v. Merseburg erwählt. Er war schon 1391 Kellermeister und 1405 Senior des Erzstiftes. Dann gleichzeitig Kanzler perpet. der Universität Leipzig und vor seiner Ernennung Kapitular zu Magdbg., Merseburg und Meissen. (*Dresser Isagoge., Hist.* T. IV., p. 261; *Longius, Chronic. Citiz. apud Pistor Script. Rer. Germanor.* T. I., p. 1228; *Ludwig, Reliq.* T. IV., p. 436 und *Leo, Teritorium etc.*, II. Bd., p. 1050.) Leo nennt ihn Domherr zu Merseburg (wahrscheinl. Sohn des Walth. v. Ktz. auf Zabeltitz?), der ein guter Wirthschafter war und die durch Prachtliebe sowie Kriegseinmischungen seines Vorgängers, eines

Grf. v. Hohenstein, erwachsene Schulden abzahlte und bei seinem Tode 1411 noch 2000 ungar. fl., sowie gefüllte Scheunen und volle Keller als Vorrath hinterliess.

Walther v. Köckritz, Bischof von Merseburg und Kanzler der Universität Leipzig:

1407, 22. July. Verkauft dem Kapitel 3 Hufen-Land (*Baumgart-Cruusius?*)

1407, 25. Novbr. Nimmt Theil an dem Bündnisse der Landgrafen Friedr. und Wilhelm mit den Herzögen Rudolf und Albrecht v. Sachsen und Lüneburg. (*Horn, Friedr. der Streitbare*, p. 736.)

1409, 24. May. Sein Official entscheidet einen Streit. (*Buder, kl. Schriften*, p. 446.)

1409? Eignet dem Kapitel 3 Hufen Land. (*Baumgart. Crusius.*)

1409, 18. Decbr. Pistoja. Pabst Alexander V., unter Bezug auf seine Bestätigungs-Urkunde der Universit. Leipzig vom 9. Sept. d. J., dass ein Bischof von Merseburg, stets Kanzler der Universität sein soll. (*Horn*, p. 309.)

1410, 14. July. Vereinigt sich mit dem Erzbischof v. Magdeburg, den Bischöfen v. Halberstadt, Naumburg, Brandenburg und Havelberg über die Appellationen a. d. päbstlichen Stuhl. Sie erklären bis zum Conzil zu Pisa dem Nachfolger Alexander V. anzuhangen. (*Baumgart. Crusius*, ex inod. 1090?)

1410? Bekennt Fürst Albrecht zu Anhalt, dass er die Stadt Raguhn vom Stift zur Lehn trage. (*Baumgart. Crusius.*)

1411, 30. May. Consecrirt den Bischof Rudolph v. Meissen. (*Ursin, Geschl. d. Domkirche zu Meissen*, p. 95.)

1411, 3. August. Todestag. (*Chronic. Epist. Eccles Merseburg.*) *Reg.*, angefertigt von *Willmanns* und abgedruckt in *Pertz Archiv* (Bd. XI., pag. 201/2/3). Er war der ältere Bruder Poppo's und Conrad's auf Saathan, nicht ein Sohn des Hans v. Ktz. auf Zabeltiz und Gaulis, der 1381 in *Urkunden bei Horn, Friedrich der Streitbare*, pag. 653 vorkommt. Letzteres ist Vermuthung *Willmanns*, pag. 203.

1407, 3. August, d. d. Meissen. Die Mitglieder des Domkapitels bestimmen — wahrscheinlich veranlasst durch die Ernennung Walth. v. Ktz. — die Reihenfolge, in welcher die jüngeren derzeitigen Domherren aus der niederen Präbenden in die höheren aufrücken sollen. Unter den Mitgliedern Walth. v. Ktz. — Archidiacon der Nd.-Lausitz? — Unter Andern heisst es in der Verhandlung: sextus ad majorem est Franziscus Monitarii, qui habit minorem praebendam domini **Waltheri de Ktz. nunc episcopi Merseburgensis** (*Urkunde des Hochstifts Meissen bei Gersdorf.*)

1410, 11. Tausend Jungfrauen-Tag. Heinrich, Burggraf zu Meissen und Graf zum Hartenstein, eignet dem Kloster St. Crucis bei Meisen 55 Grosch., 8 Hühner, 3 Mandel Eier auf Ob.-Lomnitz, welche die Nonne Clara v. Oschatz erkauft hat und nach ihrem Tode zu einer ewigen Lampe bestimmt. Zeugen: die ehrb. Hrn. Casp. v. Schönberg, Domprobst zu Wurzen, **Walth. v. Ktz., Archidiacon der Lausitz**, Meister Dietr. v. Kratzburg, Meister Stephan Moir, Domherren zu Meissen etc. (*Urkunde bei Hasche, Magazin. Jahrg.* 1789, pag. 219. abgedruckt.)

1410, 7. Juny. Walth. v. Ktz., Archidias der Nd.-Lausitz. (*Urkunden des Hochstifts Meissen bei Gersdorf.*)

1411, 8. Januar, d. d. Stolpen? Das Domkapitel in Meissen, in demselben »er Walth. v. Ktz.« übergibt unter gewissen Bedingungen die Feste Stolpen an Hans v. Polenz — Dahin hat auch zu zahlen unter Andern **Luppold v. Ktz. 9 Schock Gr.** (*Urkunden des Hochstifts Meissen bei Gersdorf.*) In der Familienreihe tritt gleichzeitig kein zweiter Luppold auf und wir müssen in den angezogenen dem Abt v. Dobrilug sehen.

1411, 4. May, d. d.? Walth. v. Ktz., Bischof zu Mersebg., bestätigt die Schenkung eines Hofes und ¹/₂ Hufe zur Kirche in Papelus, womit Lutold v. Waren, Rector, z. Zt. Pfarrer und Domherr zu St. Syxt in Mersebg., und der gestr. Peter v. Niczicz sich und ihren Vorfahren eine Seelenmesse stiften. Gesiegelt: der Bischof, sein Probst, Peter Spannow, Decan Joh. v. Gremis, Scholast Otto v. Harstorf und das Kapitel (Nach dem Original, *Neue Mittheilungen des Thürg. Sächs. Vereins.* Bd. 4, Heft 4, p. 54—55.)

1411, 11. August. Walth. v. Ktz. im Kapitel des Hochstifts Meissen. (*Urkunde* Nr. 828 *bei Gersdorf.*)

1412, Markgrf. Friedr. v. Meissen genehmigt, dass der Domherr Walth. v. Ktz. auf Lebenszeit einen Weinberg zu Kötschenbroda gegen einen an zwei Domvicarien zu leistenden Jahreszins zur Bewirthschaftung übernehme. (*Urkunde* Nr. 850 *des Hochstifts Meissen bei Gersdorf.*)

1413, 18. Juny, d. d. Altenburg. 1. Die Kapelle zu St. Georg auf dem Schlosse zu Altenburg wird, nachdem sie vom Pabst Johann XXIII. zur Thumkirche erhoben, durch Wilhelm, Ldgrf. zu Thüring. und Markgf. zu Meissen, mit vielen Gütern und Zinsen bedacht. Zeugen: Er Bischof zu Arron (in partibus), Er Ortwien, Abt zu Kempnitz, Er Heinr., Abt zu Bürgel, Er Herman, Abt zu Bosau, Er Niclaus, Abt zu Goseck, und die Ehrbaren Hrn., Er Niclos zu St. Thomas zu Leipzig, Er Conrad, Probst zu Altenburg, Reguler Ordens, Er Walth. v. Kockeritz, Archidiacon zu Lausitz, Thumherrn zu Meissen und Merseburg, dann einige Pfarrer und dann der edle und gestrenge Er Diettrich, Burggraf zu Kirchberg etc.

2. Unter gleichem Datum in gleicher Sache, d. d. Altenburg, stellt Johann (Niclas), Bischof v. Merseburg, eine latein. Urkunde aus. Zeugen: wie oben »Walth. de Kokeritz Canonikus Missniensis« etc.

3. Dieselbe Sache unter gleichem Datum und Ausstellungsort betrifft eine Urkunde, in welcher Wilhelm, Ld.- und Markgraf, und sein Bruder Friedrich besagtes Domstift mit Gerechtsame begnadigt. Zeugen: wie oben, nur zum Theil anders geschrieben, so: »Er Walth. v. Kokerz, Archidiacon zu Lausitz, Thumherr zu Meissen und Merseburg.

4. Endlich schliessen genannte Fürsten mit gleich datirter Urkunde, worin sie dem gedachten St. Georgen-Stift das Juspatronatus über verschiedene Kirchen ertheilen. Zeugen: dieselben, in Nr. 1, 2, 3 und 4. (*Mittheilungen der Geschts.- und Alterthumsforsch.-Gesellschaft des Osterlandes.*) — In derselben Sache findet sich noch folgende Angabe vor:

1413. Der Bischof Nicolaus v. Merseburg als päbstlicher Komissarius setzt den Erzbischof v. Magdbg., den Bischof v. Naumburg und deren Geistlichkeit von der Errichtung des Collegiatstiftes St. Georg zu Altenburg und von dessen Exemption in Kenntniss. — Zeugen: angeführt eine ganze Reihe hoher Geistlichen aus Sachsen und Thüringen; der 4. Letzte derselben: »**Walthero de Kokericz, Canonicus des Stifts Meissen, als alleiniger Vertreter desselben.**« (Dies scheint auf eine Verstimmung hinzudeuten.) Laien-Zeugen: Donin, Bünau senior und junior, Bossen, Eicheberg, Pflug junior, zwei Stangen, Gablenz, Swencz et alii etc.

1416, 1. Octbr., d. d. Göda? Der Probst zu Budessin, Dr. Joh. v. Schleinitz und der **Archidiac. zu Lausitz, Walther v. Ktz.**, erklären in Folge sorgfältiger Untersuchung und Abhörung von Zeugen, von der Wahrheit der von den Bewohnern v. Göda behaupteten Unschuld an dem jüngst verübten Strassenraube sich überzeugt zu haben, und heben kraft der ihnen ertheilten Vollmacht das gegen den Ort ausgesprochene Interdict auf. (*Urkunden des Hochstifts Meissen* bei *Gersdorf.*)

1418, feria IV. post decolati. Joh. d. Täufers, d. d. Meissen. **Poppo de Ktz.** fuit receptus in canonicum Missniensis. (*Urkd. des Hochstifts* bei *Gersdorf.*)

1419, 14. Mai, d. d.? **Walther v. Ktz.**, Domherr zu Meissen, und Andere stiften einen Vergleich der zwischen den Gebrüd. v. Polenz und dem Kloster Riesa entstandenen Irrungen. (Archiv zu Weimar?) — Diese Polenze, Edelleute der Nd.-Lausitz und den Kockeritzen verwandt, erwarben 1422 den **erblichen Landvoigteibesitz der Nd.-Lausitz** für einen Pfandschilling von 7,859 Schock böhm. Grosch. von Kaiser Sigismund in der Geldnoth des Hussitenkrieges. (*Kottelmann*, pag. 5.)

1421, 27. Septbr., d. d. Meissen. Probst und Kapitel, dabei Walther v. Ktz., bestimmen die Reihenfolge der Expectanten der höheren wie der niederen Präbenden. — Es heisst darin: Primus vero ordinarius minorem Praebendam expectans est Poppo de Kokericz receptus in canonicum (1418). (*Urkd. des Hochstifts Meissen* bei *Gersdorf.*)

1421, 13. December, d. d.? Vergleichen sich vor den bischöflichen Kommissarien: Johann v. Schleinitz, Præpositus der Kirche von Meissen und Bautzen; **Walt. v. Ktz., Archidiacon der Nd.-Lausitz**; Stephan Moir, Custos, und Lampart

v. Zehmen; einerseits Mathias Cruthen, Pleban und Rector der Pfarrkirche zu Luckau, und anderseits zwei Bürgermeister dieser Stadt für sich, Rath und Gemeinde, über einige die Kirche betreffende Streitpunkte. (Original-Pergament mit anhängenden Siegeln. Archiv Luckau, *Nd.-Lausitz. Magazin,* Band 46, pag. 87.)

1423, Sonntag vor Liebfrauentag, d. d. Stolpen? Bischof Rudolph (v. Planiz) v. Meissen bestätigt einen Zins der Mühlen zu Bischofswerda für die Pfarrkirche zu Jokrim (Städtchen unter Stolpen). Zeugen: Joh. v. Goch, Domprobst; N. v. Heinitz, Dechant; Csp. v. Schönberg, Archidiacon zu Nyssen (Gau auf beiden Elbeufern zwischen Milska, Ob.-Lausitz und der Mulde); Walt. v. Kockeritz, Archidiacon zu Lausitz, und das ganze Kapitel zu Meissen. (*Gerken, Hist. v. Stolpen,* pag. 583—85.) — Der Diacon war erster Geistlicher der Lausitz und Vertreter des Bischofs. Bis 1361 domicilirte er in Meissen; in diesem Jahre bewilligte Ludwig d. Römer, Markgraf v. Brandenburg, die Verlegung der Stelle nach Lübben und ihre Dotirung mit der dortigen Pfarrpfründe.

1425. Walther v. Ktz., Archidiacon der Lausitz. (Archiv Dresden, XIV. Abtheil. 50. Bl. 460; 54. Bl. 367.)

1432, 20. Decbr. Primo In vigilia Thome etc. obiit venerab. domine Walth. de Ktz. et parentem suorum, quorum anniversarium peregitur ibidem vel alis die, secundum quod videbitur Dominis expedire, cum longis vigiliis. Et servitur dominis una sexagina (Schock) grossorum nuovum de villa Neder-Meran etc. — Anniversarium monaster. St. Afrae Miss. (Bei *Schüttchen* und *Kreissig, Diplom. et Script.,* II, p. 150. l.) Die Grabschrift des Walther v. Ktz., Domherrn zu Meissen und Archidiacon d. Lausitz, welche seinen † zu 1432 angibt, ist mitgetheilt bei *Ursinus, Gesch. der Domkirche zu Meissen,* 1782, p. 176. (Vergl. *Nd.-Lausitz. Magazin,* Bd. 35, p. 12 – 13.)

1436, 1. May. Bischof Joh. v. Meissen nimmt Akt über den mit päbstlicher Erlaubniss erfolgten Verkauf der Burg Nossin sammt Pertinenze. Das Kapitel des Stiftes Meissen, namentlich: Casp. v. Schönberg, Decan, Walth. v. Ktz. senior, Dietr. v. Kreutzberg, Probst zu Budissin, Joh. v. Maltitz, Scholast., Lampert v. Seehusen, Domh. und Archidiacon v. Nyssen, Heinr. Leubing, Probst zu Gr.-Hain, Nicl. Kaufmann, Kantor, John. Czach, Professor der Theologie, und Joh. v. Dehin, Domherr und Archidiacon der Lausitz, consentiren. (*Reg.* vom Original im Haupt-B., Archiv zu Dresden bei *Beyer*, *Kloster Alt-Cella*, p. 679—80, Nr. 660.)

14? 3. Januar. Octava Johannes Evangelist. Anniversarius (dies) vener. viri domini Walth. de Ktz., Canonici hujus ecclesie. Sepultus in fine scamni, in Loco, quo Præpositus Meissnienses in statione dominicali solet stare. — (Calendarium Eccl. Cathedr. Missni. Abgedruckt bei *Schöttchen* und *Kreysig, Dipl. et Script.*, T. II, p. 98. A.)

Um 1500. Ex nobile Genere natus Johannes de Lockericz, Lusatiæ inferioris.

Mit diesen beiden unsichern *Reg.*, wovon die erstere sich ohne Zweifel auf den Senior v. Ktz. zu 1436 und die andere auf einen der Johanne zu Elsterwerda (vide *Reg.*) bezieht, schliesst der hervorragende kirchliche Abschnitt im Leben der Familie. Wenn die darin auftretenden Kirchenhäupter keine Nachfolger fanden, so lag dies wohl an den Kämpfen, welche die Hussittenunruhen herbeiführten, und an der ursprünglich gegebenen Richtung der Traditionen in der Familie. — Wir nehmen jetzt zurückgreifend den verlassenen Faden der Layengeschichte wieder auf.

1386, 9. December, d. d. Meissen. Bischof Niclas eignet dem Kapitel die von Fried. v. Maltitz erkauften Güter und Renten. Zeugen: Ludw. v. Kanitz, consiliario nostro, Gerhardo de Kokericz domicello. — (*Urkunde des Hochstifts Meissen* zu Gersdorf.) — Gerhard ist der Sohn Hans v. Ktz. auf Zabeltitz, 1391, der Enkel Conrads v. Ktz. auf Elsterwerda, 1368, und der Grossenkel Conrads v. Ktz. auf Koffeln, Filial von Haus Köckritz im Voigtlande, 1383. — Wenn Gerhard hier 1386 mit dem Prädikat als Domicello erscheint, so documentirt sich daraus, dass er und seine Vorfahren zum höhern Adel gezählt wurden. Gestützt auf die Autorität des Hrn. *v. Ledebur* und des Historiographen von Brandenburg, Hrn. *Dr. Riedel*, wird der Beweis für diese Annahme später im Abschnitte *die Köc.*

*in der Nd.-Lausitz* geführt, wohin wir verweisen, so wie auf die Stellung des Walth. v. Ktz. als Kapitular des Erzstifts Magdeburg, das zur Zeit nur dem höhern Adel zugänglich war.

1387, 30. Januar, d. d. Dresden. Markgraf Wilhelm v. Meissen etc. bestätigt dem Kloster Alt-Cella die von der sel. Markgräfin Elisabeth geschenkten Güter zu Prolus. Zeugen: Heinr. v. Torgau, Poppe v. Ktz. (Kokericz) zum Sacke (Saaka, 2 St. westlich von Königsbrück), Conrad v. Brysenitz, Otto v. Birketz. — (*E. Beyer, das Kloster Alt-Cella*, St. 636, Nr. 492.)

1387, 5. May, d. d.? Ramschel (Reimar?) v. Ktz. verbürgt sich nebst Hans und Heinr. v. Zwbau und Heinr. und Hans v. Rodesule für Heinr. v. Seidewitz und Otto v. Lichtenhain in deren Bürgschaftsinstrumente, zu Gunsten ihres respect. Schwagers und Vaters Eduard v. Lichtenhain, gegen einige Juden. — (Original im Domkapitel-Archiv Merseburg. Copie im Copiar, Berbisdorf IV, Nr. 250 daselbst.)

1387, 28. October, d. d. Kloster Buch? — Christ v. Maltitz, zu Kawerticz gesessen, leistet Gewähr für alle Rechtsansprüche an sein Dorf Nysen bei Belgern, das er dem Kloster Buch um 180 Schock Gr. Freibergisch. verkauft hat. »Auch gelobe ich vor Hanus v. Kokericz und seinem Bruder (Gerhard, vide 1384), wenn er? ins Land kommt, innerhalb 2 Monaten, dass er dem Apt und Kloster seinen Brief geben soll, woraus sich sein Recht an dem Dorfe Nysen ergibt, dass er hat oder gehabt hat.« Bürgen: C. v. Maltitz und Dietr. v. Bortewitz. — (*Schöttchen et Kreyssig, Diplo. et Scripto.*, II, p. 262.) — Das Recht der Ktze. an Nysen stammte wohl vom Kaufe Belgerns durch Walther v. Ktz. aus dem Jahre 1306 her.

1389, Dienstag in der Fasten nächst Sonntag Remiscere, 16. März, d. d. Stolpen? Hr. Alisch v. Kokeritz (auf Tieffenau Ritter); er ist unaufgeklärt in der Aufschrift der Urkunde Hr. George v. Ktz. Ritter genannt, stiftete zu Libenwerda eine Messe »vor alle Er alischen altfordere Seelen und vor alle dye, vor derwegen die 4 Schillinge groschen zu der Kirchen kommen und geeygnet seint.« Genehmigt von Niclas, Bischof zu Meissen, der gleichzeitig zwischen dem Gestr. Hrn. Alisch v. Ktz. und dem Pfarrer zu St. Nicol. zu Libenwerda, welcher auf Zahlung der 4 Schillinggr. aus dieser ewigen Messe geklagt hat, dahin entscheidet: dass Hr. Alisch zahlen, der Pfarrer aber auch für alle Vorfahren des Ali. v. Ktz. und alle übrigen Stifter (Georg v. Ktz.?) dieses Seelenbades Messe lesen soll. Zeugen: zwei Priester und d. Gestr. Hr. Heinr. v. Ktz., Ritter, und Hr. Jean v. Ktz., Gebrüder, zu Wehlen gesessen, Fried. v. Gresshaim, der Hofmeister von Stolpen, Hr. Jeschko v. Grischk, Ludw. v. Kanitz, etc. — (*Schüttchen* und *Kreyssig*, *Dipl. Nachlese*, T. IX, p. 24—26, wo die Urkunde abgedruckt). — *Klotsch* und *Grundig* (*Nachricht* etc., Bd. II, p. 46) können den Besitz von Wehlen nur bis 1417 nachweisen. Wir haben die Ktze. hier schon 1355 bis 1379/89 und auch 1363 als Kirchenpatrone des benachbarten Städtchens Gottleube gefunden.

1389, 16. Decbr., d. d.? Gerhard und Nic. v. Kokeritz geloben, sich mit Markgraf Wilh. von Meissen und seinen Bürgern (Einsassen) gütlich zu richten oder ihm Zabeltitz, den Hof, wieder auszuantworten, d. h. dies Lehn aufzugeben. (Archiv zu Weimar?)

1390, 16. März. Domherr Reimfeld v. Polenz und der Rath des Markgrafen von Meissen, Conrad v. Bressenitz, schlichten einen Streit zwischen dem Domvikar Herm. v. Maltitz und dem Ritter Heinr. v. Grosze wegen des Dorfes Semselwitz. Zeuge: der gestr. Ritter Pope v. Ktz. — (*Urkunde des Hochstifts Meissen* bei Gersdorf.)

1390, 7. Juny, d. d.? Gerhard und Nic. v. Ktz. (zu Zabeltitz, 1389) geloben an Eidesstatt, den Landgrafen Wilhelm I. von Thüringen, Markgraf zu Meissen, und dessen Land und Leute niemals befehden etc., ihm auch in Zukunft dienen zu wollen, mit Erbieten: sich vor ihm zu verantworten, dafüre sie von den Seinigen beschuldigt worden wären oder würden. (Archiv zu Weimar, Nr. 131, Original auf Pergament mit zwei Siegeln. W. A. Schrank III, Kasten 5, Nr. 302, *Reg.* 8S, pag. 351, Litt. K, Nr. 3.) — Diese Zabeltitzer Schlossherren waren unruhige Grenzritter gegen die böhmische Ober-Lausitz hin, denen hier ein Zaum angelegt wurde. (Vide *Reg.* 1391.)

1390, 29. Septbr., d. d. Giebichenstein? Albrecht, Erzbischof von Magdeburg, belehnt den Edelen Herren Heinr. v. Ktz, gesessen zu Wehlen, für seine treuen, dem Erzstifte geleisteten Dienste mit 30 Stücken Salz zu Giebichenstein. (Origin.-Registratur im Copiar Nr. XXXIX, fol. 91 v. Kgl. Prvz.-Archiv Magdeburg.) — NB. Heinrich gehört hier der Titulatur nach zum höhern Adel.

1391, 5. Januar, d. d. Dresden? Nycl., Walther, Hans und Hans, vier Gebrüder v. Ktz., werden mit Zabeltitz beliehen. (Archiv zu Weimar?) — Der Lehnsherr war Markgraf Wilhelm von Meissen, Landgraf zu Thüringen, der wahrscheinlich die beiden unruhigen Zabeltitzer Ktze. entfernte und das Gut einer andern Linie des Geschlechts verlieh; welche dies war, ist noch nicht ermittelt, da sich in den vorliegenden *Reg.* vier Brüder mit den angeführten Namen nicht auffinden.

1391, 9. May, d. d. Wartenbrück? Poppes, Ritter, und Conrads v. Ktz., auf Saatan gesessen, Gebrechen mit den Herzogen Rudolph und Albrecht zu (Chur) Sachsen, wegen des Kaufes und (der Rückgabe) der Güter zu Wartenbrück, soll durch Schiedsrichter erledigt werden. — (Archiv zu Weimar? — Vide *Reg.* zu 1384 und 85.)

1391, 13. Mai, d. d. Wartenbrück? Walth. v. Ktz. und Heinrichs, seines Vettern, Pfandrevers über das ihnen von den Herzogen Rudolph und Albrecht v. Sachsen verpfändete Städtchen Wartenbrück mit den Dörfern etc., wie Alles zeither die v. Ktz. (Poppe u. Conrad) zu Saatan pfandweise besessen, und das Städtchen Ubigau. — (Archiv zu Weimar?)

1391, 9. Juny, d. d. Stülpe? Heinr. Meyer und Heinr. und Andres v. Reveld reversiren sich gegen Albrecht, Erzbischof zu Magdeburg, wegen des ihnen und zu getreuer Hand dem Domdechant Ulrich v. Rothenfels und dem gestr. Hrn. Walter v. Ktz., Hrn. Balthas. v. Schlieben und Heinr. v. Byren pfandweise übergebenen Schlosses Stülpe. — (Orig. im Kgl. Prvz.-Archiv zu Magdeburg, 1. R. Stulpe, Nr. 3.) — War das der Walther v. Ktz. auf Altdober zu 1377?

1391, vor St. Margar.-Tag der heilig. Jungfrau, d. d. Roehlitz. Wilhelm, Markgraf zu Meissen etc., eignet dem

Kloster Buch 7 Schock Gr. Gülte im Rheinhartsdorf und im Gericht zu Lysnick. Zeugen: der Edele Hr. Burggraf zu Leisnick, Hr. zu Mutschen, die Gestr. Hr. Heinr. v. Kokericz, gesessen zu Wehlen, Hr. Heinr. v. Witzleben, Hr. Jan. v. Hersfelde, Wernhard v. Groste, Albrecht v. Bottelstädt, Günter v. Konricz, Heinr. v. Honsberg etc. — (*Schöttch u. Kreyssig, Diplo. et Script.*, T. I [Bd. II], p. 267.) — Der Markgraf gibt hier dem Heinr. v. Ktz. nicht das Prädikat Edel, wie der Erzbischof zu 1390. Die Bestrebungen der Markgrafen nach geschlossener Landesherrschaft machen sich auch hier sichtbar.

1391, d. d. Dobrilug. Brief des Bischofs Joh. v. Meissen in Kirchensachen zu Libenwerda, worin Ritter Alsche v. Ktz. der Vater auf Tiefenau genannt ist, einmal als Verkäufer von 4 Schillg. Gr. Rente von Aeckern im Dorfe Stehle bei Belgern, welcher Zins noch 1504 gezahlt wurde, und das anderemal als Stifter der Messe von 1389. Herzog Rudolph v. Sachsen wird hier als selig bezeichnet. — (*Kreyssig, dipl. Nachlese*, T. IX, pag. 27 u. 64. — *Hasche Magazin*, 1785, pag. 565.

1392, 7. May, d. d. bei Ortrand? Poppe v. Ktz. (auf Kmehlen) und Andere bezeugen: dass der Fluss Pulsnitz, der früher Reinung und Grenze zwischen den Ländern Bautzen und Kamenz und der Mark Meissen gewesen, nun Reinung und Grenze zwischen der Krone Böhmen und der Mark Meissen sei. — (Archiv zu Weimar mit anhängendem Siegel.) — Diese feierliche Feststellung war nothwendig, um den unruhigen Grenzrittern einen bestimmten Herrn zu geben.

1392, 14. November, d. d.? Casp. und Balthas. v. Kokericz, Gebrüder, bekennen in einem Briefe, dass sie ihr Schloss Frauenhain nebst Zubehör, »also es unser Vater an uns gebracht hat,« um 63 Schock Gr. den Rittern Hr. Otto und Hr. Nicel Pflug, Gevettern, verkauft haben und auflassen etc. Zeugen und Bürgen des Vertrages: die gestr. Hrn. Hans v. Ktz., Ritter, und Friedr., sein Bruder, gesessen zu Elsterwerda, und Poppe v. Ktz, gesessen zu Kmehlen, die Vettern der Verkäufer. — (Das Orig. der Urkunde durch Schenkung in der Stadtbibliothek zu Gr.-Hain, Copie? Staats-Archiv Dresden XIV, Abthl. 134, Nr. 169 b.) — Nach *Schiffner*, *Lexic. v. Sachsen*, ist die Pfarrei von Frauenhain 1228 vom Bisthum Zeitz-Naumburg abhängig, und 1367 behält sich, nach *Märker* etc., beim Verkauf der überelbischen Güter der Bischof von Naumburg Frauenhain und Saathan vor. — Wir finden nun Frauenhain 1349 als markgräfliches Lehn der v. Ktze., und 1459 als böhm. Lehn, und sehen in diesem Wechsel kein historisches Räthsel, sondern die Folge der häufigen Güter-Ankäufe Kaiser Karls IV. in Meissen, die er dann missbräuchlich als böhmische Lehen an den Verkäufer zurückgab, um so planmässig der Krone Böhmen festen Fuss in diesem Lande zu gewinnen.

1394. Alisch v. Ktz. auf Krapitz oder Kraplitz (Vide *Reg.* zu 1544) Lehnsbesitzer. — (*v. Mühlverstädt, Collect. Mat.*, pag. 0.)

1394, 16. Sept., d. d. Dresd.? Markgraf Wilh. v. Meissen signet seinem Protonotar, dem Dechanten Joh. v. Poczte? und der Domkirche zu Meissen das Dorf Hoendorf. Zeugen: er Heinr. v. Ktz., gesess. zu Wehlen. — (*Urkunde des Hochstifts Meissen* bei Gersdorf.)

1395. Heinrich v. Ktz. auf Wehlen, Zeuge. — (*Joviam, Chron. Schwarzburg.* L. V, c. 32.)

1395, 4. July. Pop. und Conrad Gebrüder v. Ktz. haben vom Herzog Rudolph v. Sachsen 6 Hufen im Dorf Nuenwalde zur Lehn. — (*Weimar. Archiv?* — Vide 1383.)

1396, 21. April, d. d. Mühlberg? Das Kloster Mühlberg, vertreten durch den Probst, Adelh. v. Landsberg, Aebtissin, Jutta v. Ilburg, Priorin, Agnes Rasky, Unt.-Prior., Agnes v. Ktz., Kellerin, Marg. v. Wessinberg, Kustodinn, Jutta v. Ilburg, Kantorin, Uthe. v. Ilburg, Pförtnerin, Hildegunde v. Wettin, Kämmerin, tritt dem Kloster Buch die Lehnswahre über das Dorf Sewenwitz ab, das der zeitherige Vasall des Klosters und Belehnte Christoph v. Miltitz, Ritter, dem Kloster Buch verkaufen will. Notariatsinstrument etc. Zeuge der etc. Mann?, Hr. Otto v. Ilburg, Pleban der Kirche zu Sonnewalde, Hr. Joh. Hartmann, Pleban zu Kavertitz, ausserdem Theod. v. Körbitz, wohnhaft zu Olzk, Alb. v. Berndorf, Poppo v. Ktz., Günter v. Czetteras und

Nicl. Sperling. — (*Kreyssig, dipl. Annalen des Klosters zu Mühlberg.* — *Schöttch. und Kreyssig, Diplom. et Script.* II, p. 268—69.)

1396, 1. May. Christof v. Maltitz, Ritter, gesess. zu Katertitz, bekennt, dem Kloster Mühlberg das Lehn im Dorfe Sereuwitz, desgl. dem Röm. König Wenzel das Lehn am Dorfe Mylewe aufgelassen und beide Dörfer an das Kloster Buch bei Leisnick um 637 Schock Freib. Gr. baar verkauft und den Käufer eingewiesen zu haben. Zeug.: die erb. und gestr. Hr. Nic. v. Mirow, Pfarrer zu Sereuwitz, Joh. und Heinr. Gebrüder v. Ktz. zu Zabeltitz, Dietr. v. Körbitz, gesess. zu Olczk, Alb. v. Berndorf, Pop. v. Ktz., Günt. v. Czetteras, Herm. v. Czehmin, Fränzel, Richter zu Sereuwitz, etc. — *Schöttch. und Kreyssig, Diplo. et Script.* II, p. 269—70.)

1397, 28. October, d. d. Dresden? Markgraf Wilhelm v. Meissen belehnt das Kloster Mühlberg mit dem Vorwerk Peczicz und der wüsten Dorfstelle Kaczicz, so Alisch v. Kokeritz an selbiges verkaufte. — (*Kreyssig, Annalen des Jungfrauen-Klosters zu Mühlberg.* — *Hasche, Magaz.* 1784, p. 509, und 1788, p. 551.) — Nach *Hasche* ist Kaczicz jetzt eine Holzmark bei Bockwitz, und Peczicz der Pietz, Vorwerk bei Dröschkau, beides am linken Elbufer nahe Mühlberg, gegen Belgern hin. Ohne Zweifel ist dieser Besitz noch ein Rest der 1306 erkauften Herrschaft Belgern, und der Name der Wüstung ein weiterer vielfach angezweifelter Beleg für die Existenz der altslavischen Stammsylbe Kac, die Orts- und Stammnamen bilden hilft. —

1397, 24. Sept. Conrad v. Ktz., Ritter, zu Saatan gesessen, gesteht dem Markgrafen Wilhelm zu Meissen und seiner Gemahlin Elisabeth das Oeffnungsrecht an seinem Hause Saatan zu. — (Archiv Weimar.) — Conrad war alt, sein Bruder Poppo wahrscheinlich seit dem 30. Sept. d. J. gestorben, und wir sehen hier die dynastischen Bestrebungen der Wettiner nach geschlossener Landeshoheit einen neuen Vortheil über die Ktze. erlangen.

1398, feria III$^a$ pos. Viti, d. d. Meissen. Dominus (Markgraf Wilhelm) contulit Katharinæ uxori legitimæ Henrici de Kokericz militis residentis in Welin de consensu

Alezkonis et Janonis fratrum suorum villas et bona subscripta, villam **Borsindorf** et **Berenrute** jus patronatus ecclesiæ ibidem cum judicio et piscinis, villam **Dube** et **Dubatitz** (Doberzeit) cum allodio et piscinis, ibidem villam **Krup** et **Lampreczwalde** cum allodio et curio sessionis, ibidem villam **Russewitz** et **Queresin**, nec non unam curiam in **Dresden** et unam vinam in **Koczschebrode** justo dotalicii titulo possidendas. — (Dresdener Copiar, 30. Blt. 118 b.)

1399, 23. Febr., d. d.? **Heinr. v. Ktz. auf Wehlen** — (Urkunde Nr. 747, *Hochstift Meissen* bei Gersdorf??)

1401 circa, sine dato et loco. Markgraf Wilhelm von Sachsen bekennt, dass er Jungfrau **Margarethen**, Heinr. v. Ktz., **zu Welin gesess.**, Tochter, mit Willen seiner Brüder **Alsche** und **Jan v. Kokericz** geliehen habe die Dörfer Wildenhain und Czitan zu ihrer Be- (Aus-) stattung, und zwar so, dass sie, wenn ihr Vater sie nach seinem Ende unbe- (aus-) gestattet hinterlasse, die beiden Dörfer ruhig besitzen und gebrauchen soll, so lange bis Alsche und Jan oder deren Erben dieselben um 400 Schock böhm. Gr. ablösen. — (Drcsd. Copiar, 30. Bl. 143.)

Heinrich v. Ktz., der hier sein Haus bestellt, war der Enkel jenes Heinr. des Voigtländers, des Freundes Markgraf Ticmanns v. Meissen, des Söldnerführers Waldemars v. Brandenburg, des Zeugen vor Kaiser Karl IV., 1350. Seine drei Enkel sitzen im Laufe des 14. Jahrhunderts urkundlich auf den ererbten Schlössern Senftenberg, Wehlen, Lohmen, Tiefenau mit einem Zubehör von mindestens 50 Dörfern. Heinrich hatte diesen Besitz durch sein gutes Schwert erworben; es kann nicht befremden, wenn wir 1326 die Herren v. Meissen sich seines Beistandes versichern sehen.

1401, 12. April, d. d. Gr.-Hain. Markgraf Wilhelm zu Meissen etc. theiligt den Unwillen zwischen den vier Gebrüd. v. **Lüttichau** sammt Anhang einerseits, und den gestreng. Hr. **Conrad v. Ktz.**, Ritter (auf Saatan), Casp. v. Schönberg und dessen Sohn Heinrich andererseits, dahin: dass Erstere die Letztgenannten der Gefangenschaft und Bestrickung ledig zählen und diese versprechen die Sache nicht weiter zu eifern. — (*König's Adelshistorie*, Bd. 1, p. 624—25.)

1401, 13. April, d. d. Gr.-Hain. Markgraf Wilhelm verträgt in gleicher Weise, auf gleiche Bedingungen, die Lüttichau mit dem gestreng. Hrn. Hans v. Ktz., Ritter, zu Elsterwerda gesessen, den jene gefangen halten. Er verspricht ebenfalls für sich, seine Erben, Nachkommen, Vettern und Freunde, die Theitigung zu halten, besiegelt auch den Brief neben dem Markgraf. — (*König*, wie oben.)

Schloss Elsterwerda, wo die Ktze. urkundlich seit 1343/61 sitzen, ist einer von den wichtigen Sumpfpässen der Elsterniederung, die sich, wie schon berührt, in den Händen der Familie gewiss nicht ohne Plan befanden; ihnen reihte sich später noch Mückenberg an. Mit dem durch die Elster-Niederung gebildeten Grenzzuge lief parallel, die Ufer wechselnd, eine Signallinie, bezeichnet durch Wartthürme, die ihre Richtung nach Magdeburg zu nehmen scheint. Sie beginnt mit Hoyerswerda, dann der Koschen- und Ochsenberg bei Senftenberg und Mükenberg, der Thurm bei Kraupe, desgleichen in der Schönborner Heide, Wissoka genannt, Wartenbruck, Wachberg bei Falkenberg, dann Torgau genannt Wittevara. — *Krug* von Nidda, *Vermischte Schriften*, bespricht diese Linie.

140?, Anfang des Jahrhunderts. Friedr. v. Ktz. hat von meinem Hrn. (Markgraf Wilhelm v. Meissen) Dolgau, Kosselow, die Dörfer und 1½ Schock zu Glubatz (Glaubitz). — (Lehnbuch B. 2, fol. 29a. — Archiv zu Weimar.)

1403. Katarina, Joh. v. Ktz. in Elsterwerda Gattin Leibgedinge. — (Dresd. Archiv, Copiar 30, Bl. 151 b.)

1404, Sonntag nach Liebfrauen, d. d. Breslau. König Wenzel v. Böhmen verpfändet für Schuld von 3000 Schock Gr., Pirna Schloss und Stadt nebst der Mannschaft des Schlosses Wehlen, die v. Ktz., an Markgraf Wilhelm v. Meissen. — (*Nachrichten über Hohenstein und Lohmen. v. Götzinger*, 1786, pag. 57.)

1405, 19. Jan. Heinr. v. Ktz. milites in Welyn residente (*Urkunde* Nr. 777 im *Hochstift Meissen* bei Gersdorf.)

1405, 15. April. Hans und Heinrich v. Ktz. (Gebrüder?) hat mein Hr. der Markgraf geliehen Waltersdorf.

und **Nywendorf**, als es Balthasar v. Sliben gehabt hat. — (Archiv Weimar, Lehnbuch B. 2, fol. 41 b.)

140? Adlige Familien der Voigtei Weida angeführt, v. Ktz. auf Clodra. — (*Limmer, Gesch. des Voigtlds.*, T. III, p. 840. — *Mondschützer Reg.* führt an: 1405, v. Ktz. Rittergut Clodra.)

1406, 16. Sept. Hans und Heinr. v. Ktz. ist geliehen (von Rudolph Kurfürst v. Sachsen) das Gesesse zu Falkenberg mit dem ½ Dorfe, mit einem Acker zu Trebersdorf, mit den Zinsen von Rodehofe, mit einem Holz an der Elster, den 3. Theil an der Mühle zu Bomsdorf. — (Archiv Weimar, Lehnbuch B. 2. fol. 41 b.)

1407. Katar., Heinr. v. Kakeritz Gemahlin Leibgedinge. — (*Grundmann, Collect. zur Meisn. Geschichte*, Vol. I, Bl. 175 b.)

1407, 5. May, d. d. Magdeburg. Günter, Erzbischof von Magdeburg, schliesst einen Friedensvertrag mit Albrecht, Fürst zu Anhalt, worin unter Anderm auch bestimmt wird: dass die beiderseitigen Gefangenen, unter denen an erster Stelle auf Magdeburgischer Seite Nycel v. Ktz. genannt ist, losgelassen werden. — (Gleichzeitige Copie des Originals im Copiar Nr. XCV, fol. 21, im Kgl. Provz.-Archiv Magdeburg.)

1408. Heinr., Alsche, Jan v. Ktz. Gesammtlehn. (Dresd. Copiar, 31. Bl. 125.)

1408. Walther v. Ktz. hat bei Kötzenbroda einen Weinberg auf Lebenszeit in Pacht. (Dresd. Copiar, 31. Bl. 132 b.)

140?, Anfang 1408? Conrad v. Ktz. zu Saatan ist belehnt mit Crisdorf?, dem Mitteldorfe zu Krobelin, Zinsen zu Nuvenwalde, Glubatz und der (Elb-) Fähre zu Prettin. — (Archiv Weimar, Lehnbuch B. 2, fol 41 b.)

140(8). Pope und Conrad v. Kokeritz haben im Gesammtlehn: Dolgan (Döllingen), Krymestorf?, Krobelin (Kröbeln) das Mitteldorf, Kasselow (Kosilenzchen), 6 Hüner zu Nuvenwalde, 2½ Zinshüner zu Glubatz (Glaubitz). (Archiv Weimar, Lehnbuch B 2, fol. ? [41 b]). — Brüder waren Genannte nicht.

1408, Dienstag nach Matthäus (24. Februar?), sine loco. Die Gebrüder v. d. Drosele, Pope v. Ktz. zu Glubatz,

Berthold Tzymme zu Arnsnest, Georg Löser zu Pretsch, Rennhard Glubatz zu Sevejjt, Gerhard Falke, Nic. und Heinr. v. Ktz. zu Wildenau etc. schwören dem Markgraf. Jost einen rechten Orfrieden. Etwaige Schuldforderungen sollen in Lukau ausgemacht werden, doch sollen die Forderungen Nic. und Heinr. v. Ktz. an Hans v. Biberstein und die Heinr. v. Krummsdorf an die v. Lukau damit abgethan sein. (Orig. Pergament mit 12 angehängten Siegeln, wovon 11 fehlen. Luckau, Stadt-Archiv, Abtheilung I, Allgemein. Nr. 228.)

 1408, 9. Sept. Sonntag nach Mariae Geburt. **Pope v. Ktz. auf Glaubitz und Nic. v. Ktz. auf Wildenow**, Gebrüder, geloben bei guter Treu und Ehren und bei dem Eide, den sie dem Markgrafen Jost geschworen, dass sie dessen Mannen und Städte in dem Lande zur Lausitz nicht weiter angreifen, sondern sich an dem Rechte genügen lassen würden. Wäre es Sache, dass sie Jemand verunrechten würde, den sollten sie verklagen vor dem Markgrafen oder seinem Voigt zu Lausitz. — Gleichzeitig Bürgen dafür: **Hans v. Ktz., Ritter zu Tieffenau, und Conrad v. Ktz., zu Saatan gesessen**, und Heinr. v. Bünau mit dem Versprechen, auch für allerlei Busse- und Wehrgeld zu stehen, wenn von dem Markgrafen oder seinem Voigte zu Lausitz darauf erkannt würde. (*Worbs Invent., dipl. Lusati. inferior*, aus dem Rathsarchiv zu Luckau, Abthlg. I, Allgemein Nr. 226.) Mit Genehmigung des Königs Wenzel hatten sich die 6 Städte der Oberlausitz und der Landvoigt der Nd.-Lausitz im Anfange Mai 1408 gegen die Landesbeschädiger verbunden und wir sehen hier die Folgen dieser Razia gegen den unruhigen Grenzadel, die auch auf das Gebiet des Markgrafen von Meissen übergriff.

 1408, 18. Sept., d. d. Luckau? Die gefangenen Febder geloben dem Markgrafen Jost v. Mähren, Inhaber der Nd.-Lausitz, zugleich allen zukünftigen Fürsten der Nd.-Lausitz und ihrem Hofgesinde etc., Mannen, Städten, Dörfern, Inwohnern des Landes zu Lausitz einen Urfrieden. Sie versprechen deren Feinde oder Beschädiger bei Tag und Nacht nicht zu werden und fest an den Urfrieden zu halten. Genannt sind: die Brüder Günter, Conrad, Hans v. d. Drossel (Druffel?), **Pope**

v. Ktz. zu Glaubitz, Berthold Tymen zu Arnsneste (bei Herzberg), Georg Löser zu Pretsch, Bernhd. Glubatzk (Glaubitz) zu Zwethau, Gerhard Falke, Nycl. und Heinr. v. Ktz. zu Wildenau (bei Schönwalde), Eile v. Lyptzk und Heinr. v. Krummersdorf. (*Worbs Intent., dipl. Lusatic. inferior*, pag. 217, nach dem Original im Raths-Archiv zu Luckau mit 12 verlorenen Siegeln.

1408, Montag nach St. Galli, 19. Octbr., d. d. Luckau. Lehnbrief des Verwesers von Brandenburg Jobst, Markgraf zu Mähren und Lausitz, an Poppo und Nycel, Gebrüder v. Ktz. (zu Glaubitz und Wildenau?), womit er sie und ihre Vettern Conrad (Saatan), Nykel (der Alte, Söldner des Deutsch-Ordens?), Walther (Alt-Döbern), Hans v. Ktz. (Senftenbg.) mit der Stadt und dem Schlosse Drebkau, allen Rechten, Gerichten und Zubehör als rechtes gesammtes Mannlehn beliehen habe. (Archiv Weimar, Original-Pergament mit abgefallenem Siegel, Nr. 1385, Reg. X., Fol. 6, I, 70.)

Die gleichzeitig dem Markgrafen Jost geschworene Urfede, die, 1407, vorangehende Belagerung und Eroberung der Feste Drebkau durch die sechs Städte mit Zustimmung König Wenzels, die halbjährige vergebliche Belagerung dieses Schlosses durch Jobst v. Mähren, von Brandenburg aus (Wusterwitz), und die obige gnädige Belehnung lassen sich schwer in eine Folgenreihe bringen und geben dem auch gleichzeitig ausgesprochenen Vorwurf Raum, dass Markgraf Jobst es bei seinen vorübergehenden Besuchen der Marken nicht so genau nahm, wenn nur die rechten Hebel in Bewegung gesetzt, d. h. Handsalbe geleistet wurde.

1408, Sommer bis zum 25. November. Engelbach Wusterwitz sagt in dem Berichte über die Ereignisse seiner Zeit in der Mark Brdbg. zu diesem Jahre: »Mittler Zeit (Weile) hat Markgraf Jodocus zu Brdbg. und Mähren das Schloss Drebkow belagert und fast den ganzen Sommer mit merklichen Unkosten und grosser Beschwerung der Städte der Mark dafür gelegen und hat wenig ausgerichtet«; und weiter: »Darnach, um St. Katharinen-Tag (25. Novbr.), ist der Markgraf von der Belagerung dieses Schlosses wieder abgezogen und gen Berlin kommen, durch welche Zurückkunft die gesperrten Thore von Brandenburg wieder geöffnet wurden. (*Riedel*, *Nov. Cod. dipl. Brdbg.* IV. Einziger I. Bd. pag. 32 und 33.)

Mit der Belehnung von 1408 gründet sich eine neue Linie der Familie in der Nd.-Lausitz. Da sie die einzige noch blühende mit Verzweigungen nach Schlesien ist, so erscheint es geboten, ihren Zusammenhang mit dem Stamme im Voigtlande, anknüpfend an die in p. 57 beigebrachte Stammliste, die 1445 mit den vier Söhnen Conrads abschloss, festzustellen. Wir geben hier ihre Fortsetzung bis zur Belehnung mit Drebkau in der Reihe A. B. C. D. der vier Brüder. Der weitere Verlauf ist im Abschnitte: die Ktz. in der Nieder-Lausitz.

A. 1355
Heinrich ⊕ v. Ktz.

*auf Senftenberg, Wehlen, Frauenhain, Saatan, Tieffenau, † bald*

1361 Walter ⊕ v. Ktz.     1361 Nickel ⊕ v. Ktz.     1361 Heinrich ⊕ v. Ktz.

*auf Frauenhain.*     *auf Saatan &c.*     *auf Senftenberg Weiberlehn.*

1392 Casp. ⊕ v. Ktz.   1392 Balthas. ⊕ v. Ktz.   Heinr. ⊕ v. Ktz.    1386 Hans ⊕ v. Ktz.

*verkaufen Frauenhain·*    1334 bis 1395    *† kinderlos vor 1423.*

Walter ⊕ v. Ktz.   Popo ⊕ v. Ktz.   Conrad ⊕ v. Ktz.   Lupold ⊕ v. Ktz.

*Bischof, † 1411.*   *auf Saatan † bald nach 1397.*   *auf Saatan Glaubitz.*   *Abt zu Dobrilug, † um 1400.*

1408 Popo ⊕ v. Ktz.    1408 Nicol. ⊕ v. Ktz.    140? Conrad ⊕ v. Ktz.

*auf Glaubitz &c.*    *auf Wildenau &c.*    *auf Saatan &c.*

*gemeinschaftlich belehnt 1408 mit Schloss Drebkau.*

Als Lehnsvettern sind genannt: Conrad auf Saatan, Nickel auf Zabeltitz, Walter auf Alt-Döbern(?), Hans v. Ktz. auf Senftenberg.

B. 1368           C. 1362
I. Conrad ⊕ v. Ktz.     II. Conrad ⊕ v. Ktz.

*auf Koffeln.*       *Priester.*

140? Friedr. ⊕ v. Ktz.?    1381 Hans ⊕ v. Ktz.    Heinr. ⊕ v. Ktz.?

*auf Zabeltis, Theil Glaubitz u. Gaulitz. Letzteres verkauft 1381.*

Herm. ⊕ v. Ktz.   Gerhard ⊕ v. Ktz.   Conrad ⊕ v. Ktz.   Heinr. ⊕ v. Ktz.

*Domicello.*    *Bischöfl. Rath.*

Nick. ⊕ v. Ktz.   Walt. ⊕ v. Ktz.   Hans ⊕ v. Ktz.   Hans ⊕ v. Ktz.

*1391 belehnt mit Zabeltitz.*

```
                    D. 1369
                   Popo ⚭ v. Ktz.
      auf Wehlen. Lohmen | Gottleuba, Zoll zu Pirna.
      ─────────────────────────────────────────────
       1384              1383              1389
   Heinr. ⚭ v. Ktz.  Alisch ⚭ v. Ktz.   Jan ⚭ v. Ktz.
      auf Wehlen.      auf Tieffenau.     auf Wehlen.
   Leibgedingt 1398.                    Leibgedingt 1384.
    8 Dörfer &c.                        Wildenhain &c.
```

Gleichzeitig mit der Abzweigung der Linie Drebkau keimten beim Beginn des 15. Jahrhunderts eine Reihe von Ereignissen, die eine Wandlung in den geistigen und materiellen Verhältnissen Deutschlands herbeiführten. — Der Verfall der Kirche reifte das Bedürfniss ihrer Reform. Das durch die Universität in Prag gesteigerte geistige Leben in Böhmen rief bereits im Jahre 1407 dort eine Aufregung hervor, an deren Spitze Huss v. Hussinez als Rector der Universität und Beichtvater der Königin stand. Die Kirche schritt dagegen 1410 gewaltthätig ein; die Prager Universität lösste sich in Folge dieser Streitigkeiten auf, die Auswandernden fanden ein Assyl an der 1409 gestifteten Universität Leipzig. Die Mehrzahl der Böhmen folgten Hussens Lehren. In ihrer weltlichen Existenz bedroht, berief die Kirche 1414 das Conzil zu Costnitz und zur Verantwortung vor dasselbe, mit freiem Geleite des Kaisers, den Reformator Huss. Statt der Widerlegung seiner Lehren, sandte Kaiser und Conzil den Huss 1415 auf den Scheiterhaufen. — Das gesammte böhmische Volk empfand diese Gewaltthat tief und rief nach Rache; ein Edelmann, Joh. v. Trossnowa, einäugig, desshalb Zischka geheissen, stellte sich an die Spitze einer entschlossenen Schaar und zog nach Prag, das im Aufruhr losbrach, der sich blutig gegen den Rath wandte, 1418, aber gleichzeitig auch vor Schreck den König Wenzel, den Sohn Kaiser Karl IV., tödtete. Die zwiespältige Kaiserwahl fand damit ihre Lösung und an Siegesmund, als Deutschen Kaiser und König von Ungarn, fielen zugleich das Erbe seines Bruders Wenzel, die Länder der Böhmischen Krone, Mähren, Schlesien und die Lausitz. Seine Bestrebungen, sich die Böhmische Königskrone zu sichern, scheiterten an dem Widerwillen der Hussiten, die dem Kaiser den Wortbruch zu Kostnitz nie verziehen, und führten den

Hussitenkrieg herbei, der durch die Theilnahme Sachsens (Meissens) für den Kaiser, diesem Lande die Einfälle der Böhmischen Heere und die schrecklichsten Verwüstungen zuzog. Kaiser Sigismund versuchte, nachdem 1410 die Schlacht bei Tannenberg die Macht des D. Ordens in Preussen zertrümmert und durch die Einigung Lithauens und Pohlens hier im Osten eine Macht geschaffen hatte, der nichts mehr gegenüberstand, in dem Verkaufe der Kur und Mark Brandenburg, 1415, an seinen Reichsfeldherrn den Burggrafen v. Nürnberg ein Gegengewicht zu schaffen, das die zu befürchtende Gemeinschaft der Pohlen und Böhmen neutralisiren sollte. Auch die Kur Sachsen vergab er zu gleichen Zwecken, gewonnen durch Gesandten, Apel Vitzthum, Friedr. des Streitb., Markgr. v. Meissen, 1423, zu Presburg an diesen Fürsten. Diese Verleihung sollte die im Hussitenkriege durch Meissen bereits geleisteten Dienste vergelten und seine künftige Unterstützung sichern. Geschärft wurde der Gegensatz der Meissner und Hussiten durch die alte Unbestimmtheit ihrer Abgränzung längs des scheidenden Erzgebirges. Jener Bestreben ging auf die Grenzlinie am südlichen Gebirgsfusse bis zu der Eger, wodurch ihnen die Burgen an den aufsteigenden Gebirgspässen und der Garten Böhmens, das Thal der Bila, zufiel. Diese waren bestrebt, den Nordabfall als Grenze zu behaupten und sich zu Herren des Freiberger Bergbaues und der hier gewonnenen Schätze zu machen. Pirna in den Händen des Königs Wenzel und die erlangte Lehnsoberhoheit im Voigtlande durch König Johann waren die Flügelstützen dieses Planes. Zwischen beiden konnte nur die Macht entscheiden.

Doch auch diese hatten sich auf eine neue Grundlage gewandt; der Gebrauch bewaffneter Volksmassen und die vermehrte Einführung der Feuerwaffen, wie sie die Hussitenkriege herbeiführten, hatten über das alte Kriegswesen, das Ritterthum, den Stab gebrochen. — In andern Ländern, Ordens-Preussen, Italien, ging das Söldnerwesen schon längst in Uebung; Gesellschaften von edlen und unedlen Leuten, die sich auf das Kriegshandwerk verdingten, traten dort an die Stelle der Lehnsaufgebote. Bedürfniss und Beispiel riefen bald auch in deutschen Landen dergleichen unstete Schaaren unter die Waffen, die aus dem gedrückten Landvolke, dessen Habe und Hütte das Ziel der Zerstörung der Fehden war, dem losen Volke der Städte, den Abenteurern oder Verarmten von Ritterart immer grösseren Zuwachs erhielten.

Der Krieg wurde durch dies Soldwesen, durch die Wagenburgen, durch Pulver und Geschütz kostspieliger wie früher. Endlose Fehden, deren wesentliche Kunst Verwüstung und Plünderung blieb, schmälerten die Erträge der Lehne und nicht blos Uebermuth und Habgier, oft genug die bittere Noth war es, die Ritter und Knechte zum Wegelagern, zu Raub, Mord, Brand und Name trieben.

Unter diesen politischen und gesellschaftlichen Zuständen traten 1407 in Sachsen drei Fürsten, die beiden Brüder, Söhne Friedrich des Strengen, **Friedrich der Streitbare, Wilhelm II.**, der Reiche, und als Landgraf v. Thüringen, **Friedrich der Friedfertige** die Regierung an. Eine vorläufige friedliche Theilung auf 8 Jahre übergab 1411 Friedrich dem Streitbaren das Markgrafenthum Meissen, Wilhelm dem Reichen das Osterland und allen drei Fürsten den gemeinschaftlichen Bereich der Bergwerke und der Stadt Freiberg. Die Besitzer vom Osterland und Thüringen waren ohne Erben. — Der 42 Jahre alte Friedrich der Streitb. war Markgraf und somit Lehnsherr der Ktze. in Meissen. Er warf zu Gunsten Kaiser Sigismund seine und seiner beiden Mitregenten Kriegsmacht, von 1420 an, gegen die Hussiten in die Wagschale. Der grosse Zug des Kaisers mit 150 M. vor Prag 1420/1 scheiterte. Als Belohnung für die dabei geleistete Hülfe verlieh er dem Markgrafen den Bezirk Leitmeritz mit der Anwartschaft auf die Chur Sachsen und die unversöhnliche Feindschaft der Böhmen. Der Sieg, den der Markgraf bei der Vertheidigung seiner böhmischen Besitzungen am 7. August 1421 bei Brüx über die Taboritten unter Zischka erfocht, sicherten Meissen auf mehrere Jahre. Ein gleichzeitiges Oehlgemälde, Schlachtenbild, auf dem Rathhause zu Brüx, dient zur Erinnerung dieses Sieges. Wir glauben das Jahr 1420 als den Zeitpunkt bezeichnen zu können, in welchem ein Nycel. v. Ktz. dem Markgrafen Friedrich als Kanzler näher trat und sehen in ihm den N. v. Ktz. auf Zabeltitz, der sich nebst seinem

Vater Gerhard 1390 mit Landgraf Wilhelm I. v. Thüringen wegen Befehdung verträgt. (Vide die *Reg.*)

Die erste urkundliche Nachricht von der Stellung eines N. v. Ktz. als Landvoigt gibt *Grosser, Lausitz'sche Merkwürdigkeiten* T. III., pag. 86., mit der *Reg.*: »gestallt, denn Hr. Nicl. v. Ktz., Landvoigt der Nd.-Lausitz, sich Anno 1422 Herr auf Lüberas geschrieben hat«. Diese Nachricht hat *Grosser* und nach ihm alle Folgende falsch aufgefasst. Von 1421—31 war Schloss und Stadt Lüberass in den Händen der Burggrafen v. Dohna, auch erscheint in der ersten Hälfte des 15. Jahrhunderts kein Ktz. als Landvoigt der Nd.-Lausitz, wohl aber der Obige als Kanzler in Meissen. — *Grosser* hat dies übersehen und sich durch den Ortsnamen Luberas verleiten lassen, den Nic. v. Ktz. in der Lausitz zu finden, während die ihm vorliegende Urkunde sich auf das Dorf Luberas vulgo Libersee bei Belgern in der Markgrafschaft Meissen bezog, das unter diesem Namen schon 1293 bei *Wilke Ticmann*, Diplo. pag. 100, vorkommt. — Zunächst erscheint urkundlich der Kanzler Nic. v. Ktz. erst in Meissen wieder zu 1426 als Triebfeder und Leiter des verhängnissvollen Zuges zum Entsatz von Aussig. Die Hussiten gingen in diesem Jahre zu Offensive über und suchten die Meissner aus den festen Städten südlich des Gebirges zu verdrängen. Das von ihnen belagerte Aussig war aufs Aeusserste gebracht. Churfürst Friedrich lag mit König Sigismund in Ungarn gegen die Türken zu Felde und konnte nicht helfen. Der Kanzler Nycel v. Ktz. sammelte desshalb unter den Auspizien der Churfürstin, (vide *Spangenberg, Manfelder Chronik*), einer heldenmüthigen Frau, ein Heer, dem der gesammte Sächsische, Thüringer und Lausitzer Adel zuzog. Letzterer als Hülfstruppe für König Sigismund. Freiberg war der Versammlungsort. — Die Heerschau auf den Boblitzer Feldern und die Rede der Fürstin dabei wurden durch den Ausgang der folgenden Schlacht bei Aussig zu einer Todten-Weihe.

Im *Chronikon Cellensis*, *Menken* T. II, pag. 418, erzählt ein Zeitgenosse: Im Jahre 1426 geschah ein grosser Streit vor Aussig von den Meissenern, Sachsen und Thüringern. Den Streit gewannen die Böhmen mit Vergunst etlicher, denen das christl. Heer befohlen war. Die Meissener musten fliehen und wurden ihnen dabei zehn Grafen und Bannerherren aus Thüringen und Meissen erschlagen. Auch der angebliche Verräther Bas. v. Vitzthum senior, zur Zeit Amtspfleger in Leipzig, fiel. Dann alle die Herren und guten Leute, die an dem Tage vor und bei dem Banner waren, die wurden alle erschlagen und dazu manche 100 Mann von Rittern und Edelleuten, auch aus den Städten Bürger und aus den Dörfern Bauern in unsäglicher Zahl. Tod blieben in dem Streite: Thüringer: die Hrn. v. Witzleben, v. Wangenheim, v. Schönfeld; von den Meissenern fielen: der Hrn. v. Dohna, der v. Carissen (v. Carass), der v. Regensberg, der v. Karlowitz, v. Schönfeld, v. Schönberg — ein Vater mit fünf Söhne — und v. Köckritz, deren einundzwanzig nach *Dr. Müller's Theatr. Freibergensis*, pag. 77 und *Ziegler's histor. Schauplatz*, pag. 666. Ob Nycel. v. Ktz. auch unter den einundzwanzig war, ist nicht zu ermitteln, doch wahrscheinlich, da uns zwei Urkunden Kurfürsts Friedrich v. Sachsen, 1428, vorliegen, (*Hasche, Magazin* 1789, pag. 361 und 363), in denen als Zeugen die gesammte Fürstliche Umgebung, doch ohne den Kanzler N. v. Ktz., auftritt. Erst nach 1430 erscheint wieder in Meissen ein Nic. v. Ktz. als Grundbesitzer, doch ohne Amt, wie das die später folgenden *Reg.* ergeben.

Von den Böhmen wird der Hergang ihres Sieges bei Aussig eingehend wie folgt geschildert:

»Die böhmischen Fractionen vereinigten sich nach langem Streite, 1426, zu gemeinsamem Handeln. Man beschloss, die von Kaiser Sigismund an Meissen versetzten Städte wieder zu nehmen, deren Besatzungen unter Befehl der Meissner Führer, die Umgegend beherrschend, raubten und streiften, und begann mit der Belagerung der stark besetzten Stadt Aussig, die bei dem damaligen Gange der Kriegführung als Schlüssel des Elb- und Bielathals, als Hauptstützpunkt der militärischen Niederlassung der Meissner zwischen Erz- und Mittelgebirge anzusehen war.

»Zum Entsatz der Stadt sammelte sich, besonders auf Antrieb des meissnischen Kanzlers Nykel v. Köckritz und der Gemahlin des Markgrafen, ein Heer bei Freiberg, das vom Geiersberge in's Thal hinabsteigen sollte, um unter dem Befehle des Hrn. Busso v. Vitzthum senior, derzeit Landvoigt v. Meissen, der Grafen v. Weiden und v. Schwarzburg das schwer bedrängte Aussig durch den Ausgang einer glücklichen Schlacht zu retten. Die Deutschen zählten 36,000 Mann, an ihrer Spitze die Blüthe des meissnischen und thüringischen Adels. Auf der später Bihanna — Siegreich — genannten flachen Höhe westlich von Aussig, zwischen Predlitz und Türmitz, angrenzend dem Schlachtfelde bei Culm v. 1813, war das Hussitenheer aufgestellt und mit 500 durch Doppelketten verbundene feste Kriegswagen umschanzt. Diese Aufstellung sperrte, gut gewählt, den Zugang zum Aussiger Thalkessel. Die Böhmen waren, ausser den armirten Dreschflegeln und Morgensternen, den eigenthümlichen und gefürchteten Hussitenwaffen, schon damals mit Feuergewehren gewaffnet, und ihre Heeresordnung war durch Disciplin und Beweglichkeit den Deutschen überlegen. In den Reihen der Hussiten kämpften und führten die böhmisch. HH. Wenzel Czernahorsky, Hyneck v. Waldstein, Victorin Boczuk v. Podiebrad, Vater des Königs Giersik, Diewisch Borzek v. Dohalis, Czenik v. Wartenberg, Hanusch v. Kolowrat und Procop der Grosse, der Feldherr der Taborritter.

»Ein heisser Kampf begann; dreimal stürmten die Deutschen die Wagenburg, hinter der den Hussiten schwer beizukommen war, vergeblich; endlich gelang es nach grossem Verluste eine Oeffnung zu machen, und neu ermuthigt drangen die Deutschen vor. Doch jetzt stürzten sich die Böhmen aus der Verschanzung auf die Flügel der Angreifenden, Procop fiel mit einer Abtheilung ihnen in den Rücken, und ein fürchterliches Handgemenge begann, das bis in die Nacht währte.« — Vergebens rief selbst der Hussitische Adel den Meissner Herren zu, sich durch die Flucht zu retten; heldenmüthig entschlossen, hier den Bauern gegenüber zu siegen oder zu sterben, standen sie, wohl auch wissend, dass ihre Bewaffnung kein Fliehen erlaubte. Endlich entschied die bessere Bewaffnung der Böhmen für das Handgemenge und ihre grössere Kriegsordnung die Schlacht; mit einem Verluste von 12,000 Mann überliessen die Meissner den Wahlplatz dem

Sieger, dem sie noch 4000 beladene Heerwagen, die unvorsichtig von dem Rücken des Gebirges herabgezogen waren, überlassen mussten. **An 200 meissnische Edelleute lagen unter den Todten, unter ihnen 32 Köckritze, 21 Schönberg?** — Die Köckritze wurden der Sage nach unter einen Birnbaum zusammen begraben. Es stehen dort noch viele vereinzelte Birnbäume. —

»Die Hussiten hatten 3000 Mann verloren, und zum Andenken der Gefallenen wurde auf der Bihanna-Höhe eine noch bestehende Kapelle gegründet.

»Die gänzliche Zerstörung Aussigs und ein wüthender Einfall der Hussiten in das Meissnische war die Folge dieses Sieges.« (Aus den *Denkwürdigen Begebenheiten der Gegend um Töplitz* etc., 1841.)

Der Kurfürst Friedrich, dem als Erbe 1425 auch das Osterland zugefallen war, starb bald nach dem verhängnissvollen Tage von Aussig, 1428. Er hatte von seiner Gemahlin, Heinr. v. Braunschweigs Tochter, der unerschrockenen Katharina von 1426, vier Söhne, der eine Bischof v. Würzburg, der andere früh verstorben; die beiden regierungsfähigen, Friedrich und Wilhelm, theilten sich friedlich die väterlichen Lande mit Ausnahme der Chur und des Herzogthums Sachsen, welche dem Aeltesten, Friedrich, zufielen. Durch den Tod Friedrich's von Thüringen, 1440, gab dieses Land Veranlassung zu neuer Theilung, 1445 zu Altenburg, welche Zwietracht und den zerstörenden Bruderkrieg im Gefolge hatte. Der Kurfürst behielt die Mark Meissen, sein Bruder Wilhelm erhielt Thüringen. Einiges, namentlich Freiburg und die Bergwerke, blieb wieder gemeinschaftlich. Die Theilung zu Altenburg war durch das Loos erfolgt. — Wenn dennoch die Bruderfehde losbrach, die den sächsischen Ländern, welche kaum den zerstörenden Hussiteneinfällen entgangen waren, wieder neue Wunden schlug, so trug Landgraf Wilhelm, den Einflüsterungen ungetreuer rachebrütender Räthe Gehör gebend, die grössere Schuld. — Wie sein Vater für Kaiser Sigismund, der mit den Böhmen versöhnt 1437 starb, so legte Churfürst Friedrich für dessen Schwiegersohn Albrecht, Kaiser und König v. Böhmen, das ihm die Krone verweigerte, sein Schwert in die Waage.

Er führte sein Heer nach Böhmen und schlug am 23. Septbr. 1438 die Taboritten bei Sebnitz zwischen Brüx und Billin. — Die hussitischen Unruhen hatten eine Masse unglücklicher und verwegener Leute in die böhmischen Grenzgebirge getrieben, die die Sicherheit des Landes höchstlich beschädigten. Das Grenzschloss Frauenstein, im Besitz des Ritters Dietrich v. Vitzthum, eines Vetters des Verräthers bei Aussig, 1426, war der Mittelpunkt dieses Treibens und Dietrich die Seele desselben. Verstossene Böhmen in grosser Zahl dienten ihm und verbreiteten Raub und Mord über das Land. Der siegreich aus Böhmen zurückkehrende Churfürst beschloss die Züchtigung der Landesbeschädiger. Er sandte seine Leute vor Frauenstein, das erst im November 1438 durch Erstürmung fiel. Vitzthum legte auf dem Schlossplatze sein Haupt auf den Block. Aus dem zerstörten Schlosse und seinem Blute entkeimte der 1446 entbrennende Bruderkrieg. — Dietrichs v. Vitzthums Vettern, Apel und Bosso, verstanden das höchste Vertrauen des Landgrafen Wilhelm v. Thüringen zu erwerben. Sie benutzten diese Stellung zur Rache an dessen Bruder für die erlittene Familienschmach. So wie sie den Wunsch nach gänzlicher Ländertheilung bei dem Landgrafen zu erwecken wusten, so machten sie ihn jetzt für die Meinung dabei erlittener arger Uebervortheilung empfänglich. Der Kurfürst, in Kenntniss dieses Treibens, forderte die Entlassung und Bestrafung der Vitzthume und liess nach erfolgter Weigerung ihre Schlösser in Meissen besetzen. Sein Versuch, sich zum alleinigen Herrn von Freiberg zu machen, scheiterte an der Festigkeit des Bürgermeisters und Rathes dieser Stadt. Der Kurfürst wandte sich jetzt gegen die Vitzthum'schen Schlösser in Thüringen; Landgraf Wilhelm stand für seine Räthe ein, und es kam zum Kampfe zwischen beiden Brüdern, der zu unseligen Verwüstungen ihrer Gebiete führte. Wilhelm wurde anfänglich, 1449, dabei von dem Markgrafen Albrecht von Brandenburg und später auch, 1450, von Georg v. Podiebrad unterstützt, dessen Hilfstruppen die ganzen Gräuel der Hussiteneinfälle erneuten. — Wohl nicht wiederkehrende Bruderliebe, sondern gegenseitige Ermattung, sowie die Ueberzeugung, Fremden in die Hände zu arbeiten und die durch

Kurfürst Friedrich angebahnte Erwerbung der Nd.-Lausitz zu verfehlen, führten nach mehrfach gebrochenen Waffenstillständen den Frieden zu Pforta am 27. Januar 1451 herbei, der treu gehalten wurde. Die Familie v. Ktz. war persönlich in die Vitzthum'schen und Nd.-Lausitz'schen Fehden verwickelt, wovon erstere in ihren Folgen auch die bekannte That Kunz v. Kaufungens herbeiführte, für dessen Helfer v. Schönberg ein Hans v. Ktz. vermittelte. Wir schliessen hier die *Reg.* an, so weit sie über die Verhältnisse der Familie in der ersten Hälfte des 15. Jahrhunderts Zeugniss geben. Zu einem lebendigen Bilde genügen sie nicht, und wir können nur die Hoffnung aussprechen, dass von hoher Hand reichere Aufschlüsse aus den Dresdener Archiven gewährt sein und das eingehende Studium der zahlreichen Litteratur sächsischer Lokal-Geschichte uns oder Spätere befähigen möge, diese Bruchstücke zum übersichtlichen Ganzen zu fügen.

1408. Heinrich v. Ktz. auf Wehlen Zeuge in des böhm. Königs Wenzels Bestätigungsbrief über die Confirmationsurkunde der Freiheiten der Stadt Pirna, ausgestellt von den drei Landgrafen Friedrich, Wilhelm und Friedrich. Heinrich v. Ktz. verstärkt hier, durch sein Zeugniss als böhmischer Lehnsmann, das Versprechen seines Lehnsherrn. (*Hohenstein und Lohmen von Götzinger*, 1786, pag. 58).

1411. Bischof Rudolph v. Meissen bekennt, dem Ulmann v. Molbeck und Genossen 305 Schock böhm. Gr. zu schulden. Unter andern Zeugen: Jan v. Ktz. zum Lome gesessen. (Urkund. Nr. 837 im Hochstift Meissen bei *Gersdorf.*) — Dieser Jan focht wahrscheinlich 1410 bei Tannenberg. (Vide *Die Ktze. im Deutch. Orden.*) — Lohmen, Schloss und Herrschaft war Dependenz des Schlosses Wehlen. Wenn hier Ktze. auf Lohmen und später im Voigtlande (1534) die HH. v. Lohmen, als auf Köckeritz gesessen, vorkommen und damit die Lehnsverbrüderung beider Familien (vide *Reg.* zu 1457 und 1464) in Verbindung gebracht wird, so scheint dies auf einen gemeinsamen Ursprung Beider hinzuweisen.

1412. Heinrich v. Ktz. auf Wehlen, Zeuge in der Confirmation der alten Kirchleite an der Biele bei Königstein. (*Hohenstein, Götzinger*, 1786, p. 58.)

1413, 10. März, d. d.? Pope v. Ktz. gelobt, wider die Markgrafen Friedrich und Wilhelm, und Friedrich, Landgraf v. Thüringen, die ihm ihre Huld wieder geschenkt haben, nichts Feindliches zu unternehmen. (Archiv zu Weimar.)

1413, 3. Mai, d. d.? Bischof Rudolph v. Meissen verspricht, an Schylen v. Trebsen, der Schloss, Stadt und Pflege Wurzen an ihn abgetreten hat, 80 Schock Gr. zu nächstem Michaelitage zu zahlen, und stellt dafür Bürgen: darunter Conrd. und Walt. v. Ktz. zu Saatan, und Casp. v. Ktz. zu Elsterwerda gesessen. (*Urkunden des Hochstifts Meissen bei Gersdorf.*)

1413, 28. Mai. Bischof Rudolph v. Meissen bekennt mit mehreren Bürgen, dem Ritter Heinr. v. Ktz. zu Wehlen 50 Schock Gr. zu schulden. (*Urkunden des Hochstifts Meissen bei Gersdorf*)

1414. Johann v. Ktz., Ritter, ist auf dem Concil zu Kostnitz. (*Münsterus, Cosmographie.*) Wahrscheinlich einer der beiden 1402 auf Elsterwerda gesessenen Johanne v. Ktz.

1414, 28. Novbr.? Bischof Rudolph v. Meissen stellt dem Henko v. Berken (v. d. Duba) auf Schlukenau-Hohenstein eine Verschreibung über 60 Mark böhm. Gr. aus. Bürgen: Conrad Kockeritz zum Saatan gesessen etc. (Urkunden abgedruckt in *Nachricht. v. Neustadt* bei *Stolpen*, 1759, 4., p. 6.)

1414, 11. Decbr. Bischof Rudolph v. Meissen entlässt Caspar v. Schiev-en (Schlieven?) der Haft unter dessen Bürgen Conrad v. Ktz. (*Urkunden des Hochstifts Meissen* bei *Gersdorf.*)

1415, 18. Juni. Ritter Otto v. Ebeleben stellt eine Verschreibung aus, worin er anstatt Heinr. v. Ktz. für Friedr. junior, Landgraf v. Thüringen, gegen die Herzoge Rudolph und Albrecht v. Sachsen für 1000 Schock Gr. böhm. Bürge wird. (Archiv zu Weimar.) — Hr. v. Ktz. besass demnach grosses Vertrauen bei Fürsten und seines Gleichen.

1416, 10. Februar. Vincens Buschmann zu Gorbitz verkauft an das Domkapitel zu Meissen verschied. Zinsen zu Cotta und Pennrich. Dabei als bischöfl. Rath Conrad v. Ktz. (*Urkunden des Hochstifts Meissen* bei *Gersdorf.*)

1417. Allisch v. Ktz. auf Schloss und Herrschaft Wehlen.

(*Grundig und Klotsch*, Sammlung, Bd. II, p. 46, unter Bezug auf eine seltene Schrift: *Nachrichten von Neustadt etc.*, 1759, 4., *von einem Ungenannten*, p. 13.) — 1389 sassen Heinr. v. Ktz., Ritter, und Jean v. Ktz., Gebrüd., auf Wehlen. Die Herrschaft und das Schloss Wehlen waren, wie angeführt, Dependenzen des Gebiets von Pirna. (Vide die 3 *Reg.* von 1335.) — Als Grenzschloss war Wehlen in zweifelhafter Abhängigkeit, als böhmisches Lehn unter meissner Herrschaft. 1379 bei der 3 Brüder-Theilung fiel Lohmen an Markgraf Wilhelm Coclides, der die H. H. von Lohmen als arge Hussiten vertrieb. Nach ihnen (1389) gelangte die Herrschaft wieder an die v. Ktze., die nach Urkunden von 1457 und 64 mit jenen zur Gesammthand sassen. Auch die Birken v. d. Duba auf Hohenstein, die Rechte über Lohmen übten, hatten als Hussiten ein gleiches Geschick; sie wurden 1443 nach Mühlberg verpflanzt, wohl um sie von der böhmischen Grenze zu entfernen. Markgraf Wilhelm, auch der Reiche genannt, hatte in den Erträgen des Freiberger Bergbaues die Mittel in der Hand, unliebsame Edelleute zu neutralisiren.

1417, Sonnabend nach Ostern, d. d. Dresden, gestattet Landgraf Friedrich dem Jan, Nyckel und Alisch v. Ktz., zum Schloss Wehlen gehörige Güter an Folsche v. Torgau, doch nicht anders als wieder käuflich, zu verpfänden. Das Geschäft erfolgte nach Angabe einer Urkunde von 1457 durch einen Tausch gegen die Herrschaft Mükenberg, welche die v. Ktz., Poppo und sein Bruder, übernahmen. Sie behielten den Rest der Güter in der Herrschaft Wehlen, die gegen 1424 an den Landesherrn zurückgelangten, der sie in diesem Jahre an 4 Gebrüder v. Gorencz für 600 Schock Gr. Schuld verpfändete. 1451 kamen Schloss und Herrschaft durch Kauf von dem Landesherrn an den v. Polenz, der es 1457, unter Schwierigkeiten wegen der Belehnung, an Hans v. Clomen, einem Lehnsvetter der v. Ktz., abtrat. Durch Clomen gelangte Wehlen vor 1484 wieder an Nyc. v. Ktz., der es in diesem Jahre an Heinr. v. Starzettel verkaufte. (Vide *Reg.* 1433, 1451, 1457, 1464 und 1484; *Hohenstein, Götzinger*, 1786, p. 58, 60 und 61.)

1418/21. Ritter Walter v. Ktz. gerieth nach 1414 mit

Markgraf Friedrich d. Streitbaren, der nach Conrad v. Ktz. Tode die beiden Schlösser Saathan und Schönfeld für heimgefallene Lehne erklärte, in Zwistigkeiten. Es wurden jedoch 1418 und 21 zu Altenburg Vergleiche aufgerichtet, vermöge deren der Markgraf Friedrich sich nur Schönfeld mit dem Oeffnungsrechte in Saatan vorbehielt; Letzteres jedoch mit Ausnahme gegen Landgraf Friedrich v. Thüringen, als Lehnsherrn Walthers. (*Schelz*, p. 184—91. *Horn, Friedr. d. Streitbare*, p. 831.)

1418, 3. Juli, d. d. Altenburg. **Walter v. Ktz.** verschreibt dem Landgrafen Friedrich v. Thüringen das Oeffnungsrecht in seinem Schlosse Saatan. (Archiv zu Weimar; *Horn*, wie oben; *Schöttchen, Invent. dipl.*, p. 364, Nr. 19.)

1419, 20. Juni, d. d. Gr.-Hain? **Jane v. Kakeritz** zu Wehlen verkauft dem Kloster Hain, Lambrechtswalde, die ¹/₂ Haide zu Rachwitz und das Gehölz der Stolpenbusch um 200 Schock Gr. unter Bürgschaft von Casp. v. **Kakeritz** auf Elsterwerda und Alsche v. **Kakeritz** zu Tieffenau. (Archiv zu Weimar.) Der obige Kauf wird 1419, den 24. Septbr., wahrscheinlich von dem Markgrafen v. Meissen bestätigt. Wir weisen hier auf das Erscheinen des *a* im Namen hin.

1419, 24. Juni. **Walter v. Kokericz** zu Saatan verkauft an **Walter v. Ktz.**, Archidiac. Lusati. und Domherr in Meissen, Geld- und Naturalzinsen im Dorfe Czep, wiederkäuflich. (Archiv zu Weimar.) Czep soll Zchäpe im Amte Mühlberg sein. — Gegenüber Strehlen, nahe am Elbübergange der alten östl. Salzstrasse, liegen die Dörfer Gr. und Kl. Zschapa.

1420, 24. Juni. Herzog Albrecht v. Sachsen, mit dem Heinrich v. Ktz. nach Böhmen **reiten** wird, verlieh dessen Frau Ilse zum Leibgedinge 15 Schock Gr. Zinsen von allen Lehngütern, die Heinr. v. Ktz. inne hat. (*Lehn- und Handelsbuch*, Nr. 3, fol. 35ᵃ. Archiv zu Weimar.) Herzog Albrecht, der 1423 starb und dessen Churwürde auf Friedr. den Streitbaren überging, zog damals zu dem Heere Kaiser Siegismunds gegen Ziska vor Prag. Für die erwartete Gefahr bei diesem Zuge spricht obige *Reg*.

1421, 22. Decbr. **Jan v. Ktz.** auf Lohmen und dessen Söhne, **Poppo** und **Fritz**, verkaufen dem Bischof Rudolph

v. Meissen ihre Zinsen und Renten zu Fischbach. (Zwischen Radeberg und Stolpen gelegen.) In der *Reg.* heisst es beginnend: »Ich Jan v. Kakericz« — die einzige, in der der Name mit *a* geschrieben wird, bemerkt das *Urkundenbuch des Hochstifts Meissen* bei *Gersdorf*. Dieser Bemerkung entgegen, kommt der Name mit *a* geschrieben noch mehrfach vor (siehe die vorstehende *Reg.* zu 1419). Die Variation zwischen *a* und *o* entstand in der vulgairen Sprache des Mittelalters, wie noch heute bei Hand und Hond, Mas und Mos, Vater und Voter. Im urkundlichen Namen der Familie beweist sie nur den sprachlichen Standpunkt des Ausstellers. — Aus der vorstehenden und der *Reg.* zu 1414 folgert, dass Jan v. Ktz. die Herrschaften Wehlen und Lohmen gleichzeitig besass.

1422, St. Georg-Tag, 23. April, d. d. Liebenwerda. **Ritter Alisch v. Ktz. auf Tieffenau** verkauft dem Probst Jacob zu Mühlberg die 4 Schilling? Gr., die sein Vater, Hr. **Alisch v. Ktz.** zu seinem Seelengeräthe gegeben hatte. Zeugen: »**meine Vettern Nic. v. Ktz. zu Drebkau und Casp. und Hans v. Ktz. zu Elsterwerda.** (*Kreyssig, dipl. Nachlesen,* Bd. III, p. 40, wo die Urkunde fehlerhaft abgedruckt ist.)

1422. Herr **Niklas v. Ktz.**, Landvoigt der Nd.-Lausitz auf **Lieberas.** (*Grosser, Nd.-Lausitz'sche Merkwürdigkeiten,* T. III, p. 86.) — Das Irrthümliche dieser Angabe ist p. 137 schon besprochen.

1422, 24. Novbr. **Walter v. Kokericz zu Glubatz (Glaubitz)** gesessen, verpfändet dem Kloster zu Riesa 2 Schock Gr. jährl. Zinsen auf 4 Jahre im Dorfe **Rodwitz.** (Archiv zu Weimar. Vide *Reg.* 1429, 14. Januar.)

1423, 13. Decbr., d. d. Mühlberg? Hülfsbrief des Mannen-Richter und der Mannen-Beisitzer, in der Pflege Mühlberg, für Folsche v. Torgau gegen **Alsche v. Kokericz — Tieffenau.** (Archiv zu Weimar.)

1423. **Walter v. Ktz.**, Pfandschaft von Zinsen in Schönborn, Amt Gr.-Hain. (Archiv Dresden. Cop. 34b, Bl. 1.)

1426. **Nic. v. Ktz.**, Kanzler des Churfürsten Friedr. v. Sachsen, sammelt das zum Entsatz v. Aussig bestimmte Heer in Freiberg.

1429, 14. Januar. Walt. v. Ktz. zu Glaubitz verkauft dem Kloster Riesa 2 Schock jährl. Zinsen im Dorfe Rodewicz, wiederkäuflich. (Archiv Weimar.)

1429, 4. Juni. Conrads v. Ktz. Urfehde an die Herzoge von Sachsen und die Bischöfe von Naumburg, Merseburg und Meissen. (Archiv Weimar. Vide *Reg.* zu 1413, 14 und 16.)

1430, Jubilata. Katharina, Herzogin v. Sachsen, Wittwe Friedrichs des Streitbaren, ertheilt dem v. Lindenau einen Anwartschaftsbrief über das Dorf Machern. Zeugen: Hr. Nic. v. Heinitz, Hofmeister; Ehrenfried v. Ende; Hr. Niclas, Kammermeister, unsern lieben, getreuen, heimlichen. (*Klotsch und Grundig, Sammlung etc.*, Bd. VI, p. 171—72.) — Der hier bei dem Kammermeister weggelassene adlige Familiennamen ist ohne Zweifel durch Köckritz zu ergänzen; es spricht dafür die Stellung Nic. v. Ktz. als Kanzler 1426 und dazu die Bemerkung *Spangenberg's* in der *Mansfelder Chronik.* — Es kann nicht befremden, ihn unter den lieben, getreuen, heimlichen auch bei der Wittwe zu finden, nachdem er nicht unter den Gefallenen bei Aussig genannt ist.

1432, 3. Januar, d. d. Dresden. Theidigung zwischen Nic. v. Ktz. (Kanzler?) und dem Landgrafen Friedrich v. Thüringen wegen der Lehnsgerechtsame am Schloss Schönfeld, welche N. v. Ktz. zu haben meint, so dass N. v. K. seine Schulden dem Rath zu Dresden in 4 Wochen bezahlen soll, worauf 6 Mannen aus der Pflege Dohna und 6 aus der Pflege Dresden zum Rechtssprache zu ernennen sind. (Archiv Weimar; *Handelsbuch, Landgrf. Friedrich v. Thüringen.*) — Nic. v. Ktz. war also ein Vetter von Conrad und Walter zu 1418/21.

1433. Nicol. v. Ktz. hat nach Aussage *Busse Vitzthums* ein 1/2 Antheil vom Lehn (Schloss) Saathan pfandweise durch Geld an sich gebracht und denselben nachher dem v. Heinitz wieder aufgelassen. (Archiv zu Weimar, *Handelsbuch des Landgrafen Friedrich.*) — Ist das ein Vorwurf?

1433, 19. November. Alsche und Alexius v. Kokericz, Gevettern, verzichten auf das Schloss Wehlen an der

Elbe, das ihnen die Herzoge v. Sachsen um 4(:0 fl.? Rh. abgekauft. (Archiv zu Weimar.)

1435, 17. März. Johann v. Ktz. wird mit vielen Andern von der Baseler Kirchenversammlung in den Bann gethan, »obgraves quos Dioceseos Misnensis clericis intulerint injurias.« (Archiv Weimar?) — Ist das der Jane v. Ktz. auf Lohmen von 1421 oder der als eifriger Hussit bezeichnete im *Zedler*'schen *Universal-Lexicon?*

1435, 20. November, Lobenstein. Auf einem Rechtstage im Streite der Herzoge Friedr. und Siegmund v. Sachsen gegen Heinrich II., Graf v. Plauen, wegen der Burggrafschaft Meissen, erscheinen an diesem Tage die Herzoge in Lobenstein mit stattlichem Gefolge, darunter ihre Eideshelfer, die frühern burggräfl. Vasallen: Heinr. v. Schleinitz, Fr. v. Maltitz, Siegfried v. Schönfeld, Walt. v. Ktz., Dietr. und Dillich v. Honsberg, Hs. v. Maltitz, Jürg. v. Miltitz, Hs. v. Heinitz, Heinz Pflug, Jürg. v. Taubenhain, Siegfried v. Schönfeld senior, Nicl. Pflug, Hs. v. Grünrode und Marschall v. Gertitz. (*Dr. Märker, das Burggrafthum Meissen*, p. 339.) — Der Graf v. Plauen erschien nicht und behauptete nachher, die Herzöge hätten es dort auf seinen Mord abgesehen gehabt. Das sächsische Gefolge soll sich allerdings Demonstrationen in feindlichem Sinne erlaubt haben. — Walter v. Ktz. ist ohne Zweifel der 1414—21 in Lehnsstreitigkeiten wegen der Schlösser Saatan und Schönfeld Verwickelte.

1435 fordern in der Klagschrift zum Forchheimer Schied im obigen Streite »die Burggrafen von Meissen — Plauen — von unseren Herren zu Sachsen« unter vielen vorenthaltenen Lehnen auch zurück: item Gorzik — bei Zabeltitz an der Salzstrasse — was die v. Ktze. haben. (*Dr. Märker*, p. 278.)

1436. Alisch und Alexius v. Ktz. haben Gröditz — bei Tieffenau am Flosgraben — besessen. (Dresd. Archiv, Copiar 35, Bl. 142.)

1436, 3. Juny. Steuervertrag zwischen Friedrich, Kurfürst zu Sachsen, und Denen v. Schleinitz, den Pflugen und den Köckritzen, kraft dessen sie von ihren Dörfern 1 Schild — Schock? — echter Groschen je von dem Dorfe als Hülfe und Steuer zu dem Kriege wider Sigmund v. Tetschen-Wartenberg folgen lassen sollen. (Archiv Weimar.)

1436, 4. August. Alsche v. Ktz. und Andere teidingen einen Frieden zwischen Friedrich, Sigmund, Wilhelm, Herzögen zu Sachsen, und Sigmund v. Wartenberg zu Tetschen. (Archiv Weimar.) — v. Wartenberg war ein Genosse des Herzogs Hans v. Sagan, der Wilde genannt, der als Söldnerhauptmann den Krieg als Handwerk trieb. Krieg oder Frieden mit diesen Schwertgesellen war nicht ohne Bedeutung für das noch immer von den Hussiten bedrohte Meissen und Sachsen.

1437. Heinr. v. Ktz. hat Besitzungen in Stadt und Amt Gräfenthal ver'auft. (Dresd Archiv, Copiar 35, Bl. 143.)

1437. Alisch und Alexis v. Ktz. wird das Schloss Mückenberg an der Elster — geliehen. (Copiar 35, Bl. 143, Dresd. Archiv.)

1437, Sonnabend nach Lætare. Foltsche v. Torgau, der durch Tausch gegen Mückenberg an Nicol und Allisch v. Ktz. in Besitz von Ober- und Nieder-Wilsdorf bei Stolpen, Parzellen der früher v. Clom'schen Herrschaft Wehlin, gekommen war, muss auf Spruch des Rittergerichts zum rothen Thurm — Meissen — genannte Dörfer wegen einer unbezahlten Bürgschaft für den sel. Hs. v. Polenz, 1432 Landvoigt der Nd.-Lausitz, wiederkäuflich abtreten. (*Grundig und Klotsch, Sammlung,* 12. Band, p. 207—8, desgl. 221—24.)

Dass die v. Ktz. 1437 noch die gesammte Hand an der Lehnherrschaft Wehlen hatten, ergibt sich aus der für sie in diesem Spruch eingerückten Rechtsverwahrung: »On die frien? von Altzche v. Kokeritz, Conrad v. Hermannsgrune, und von eynem ydermann menniglich und aller slachter rechter ansprache ungeferlichen, wie gewonlich und recht ist.« Die hier gewahrten Ansprüche, welche sich auch nach dem Verkauf von Wehlen an Hs. v. Polenz 1451 und zu 1457 und 1464 wieder bemerklich machen, lassen folgern, dass sie schon aus den Zeiten des ersten Clomen'schen Besitzes datiren und dass nach Vertreibung der Clomen, 1380, die v. Ktze. nur als Lehnsfolger in Besitz der Herrschaft Wehlen-Lohmen gelangten.

1440, 22. July. **Walter** und **Heinr. v. Kokericz**, Gebrüder, zu Glaubitz gesessen, und Margarete, ihre Mutter, verkaufen dem Kloster Seuslitz einen **Mann** zu Nymchericz mit Geld und Material-Zins. (Archiv Weimar.)

1440, 3. August, d. d. Wittenberg. **Hans, Walth.** u. **Heinr., Gebrüder v. Ktz. — Glaubitz?** — werden belehnt mit dem **Sedelhofe** und Dorfe Wildenau, Freiwalde, Wüstermark und Waltersdorf, fünf Männern und dem Gericht zu Wippersdorf, drei Lehnsleuten zu **Kruppersdorf** — Knippelsdorf? — einem Hofe und einer Hufe zu Schlieben. (Archiv Weimar, *Lehnsbuch*, Bd. 2, fol. 58a.) — Aus vorstehenden *Reg.* zu 1440 ergibt sich: dass in dieser Zeit einer der beiden Ktze. auf Glaubitz und Wildenau, die 1408 mit Schloss Drebkau belehnt wurden, starb und seine Söhne hier die Lehn für Wildenau bei dem Kurfürsten zu Sachsen erneuern.

1441, 4. März, d. d. Wittenberg? Albrecht v. Lipzk, Friedr. Hogenest u. Heinr. v. d. Lochau theidingen zwischen Graf Georg, Fürst zu Anhalt, und den Erben **Heinr. v. Ktz.** selig, seiner Mutter Elze und seinen Söhnen Hans u. Walt. v. Ktz. und ihren Getreuhändern um 200 Schock böh. Grosch. Zins und Entschädigung für ein Einlager in Casp. Crapfen's Hause zu Wittenberg, als Schuld vom Fürsten laut Brief und Siegel anerkannt und von den Erben angesprochen, dass beide Theile am 19. März vor dem ehrsamen Rath zu Wittenberg Scheidspruch nehmen wollen (Theidingungsbrief mit des Fürsten und Hans v. Ktz. Insiegel bedruckt und gegeben wie oben etc. — *Schöttchen et Kreyssig, Diplo. et Script.*, T. III, p. 513 u. 476. — Im *Codex dipl.?* über den Kreis Kursachsen schlecht abgedruckt.) — Als Resultat dieses Abkommens erfolgte auf den Spruch des Schiedsgerichts, 1441, folgender Bescheid des Fürsten: »Graf Georg, Fürst zu Anhalt, an Bürgermeister und Rath zu Wittenberg, als anerkannte Schiedssprecher zwischen Ihm und Hans v. Ktz., seiner Mutter, Bruder und Getreuhänder etc. — Auf Klage des Hans v. Ktz. wegen 200 Schock böh. Grosch. Schuld laut Brief und Siegel antwortet der Fürst, dass wissentlich und offenbar ist, dass **Wir** die 200 Schock wohl gezahlt haben. «!!!

1443, 25. April. **Conrad v. Kokeritz** u. **Heinr. v.**

Ktz. zu Rotitz? u. Nyk. v. Ktz. zu Bocherwitz? und viele Andere werden mit ihren Gütern dem Henko Birken v. d. Duba geliehen. (Archiv zu Weimar.) — Diese Belehnung bezieht sich auf die eben besprochene Verpflanzung der Birken v. d. Duba nach Mühlberg. Das Nähere hat *Hasche, Merkwürdigkeiten*, Bd. IV und V, und das *Nd.-Lausitz. Magazin*, Jahrgang 1838, Heft IV, p. 536. Die beiden Dorfnamen sind in den Herrschaften Wehlen und Mühlberg nicht aufzufinden.

1445, Montag nach St. Katharinentag, d. d. Leipzig. Nach dem Ende Friedr. d. Einfältigen, Ldgrf. v. Thüringen, fielen die Gesammtlande an die Brüder, Kurfürst Friedrich II. v. Sachsen und Herzog Wilhelm III., welche die Theilung der bis daher in Gemeinschaft geführten Regierung ihrer Länder beschlossen. Herren, Edelleute und Städte ihrer Lande (82 genannte Edelleute und 37 Städte), besorgt über den friedlichen Ausgang dieser Theilung, vereinigten sich an dem bezeichneten Tage zu einer energischen Protestation gegen dies Vorhaben. — Unter den Edelleuten ist Hans v. Ktz. auf Elsterwerda genannt. (*Schwarz, Mantissa Coment. Lisnic*, apud *Menken, Script.*, T. III, p. 1062. — *Müller, Sächs. Annalen*, p. 31. — *Limmer, Meissen*, p. 297.) — Trotz dieses Vorgehens der Stände kam durch den Vertrag vom 10. Sept. 1445, d. d. Altenburg, die Theilung zu Stande, bei der die Ktze. durch die Besitzungen Frauenhain, Tieffenau, Saathain, Elsterwerda, Mükeburg, Schönfeld Lehnsleute des Kurfürsten Friedrich II. wurden. Hans v. Ktz. unterschrieb auch diesen Vertrag, was ihn jedoch nicht hinderte, auch den Bundesbrief mit zu vollziehen, den 1445, 29. November, d. d. Leipzig, die vereinigten Bischöfe, Grafen, Prälaten, Landschaft und Städte in Meissen, Osterland, Franken und Voigtland ausstellten, als sich ergab: dass durch die Hetzung der Vitzthume, Günstlinge des Herzogs Wilhelm (die unter den 82 protestirenden Edelleuten fehlen), Krieg wegen der eben vollzogenen Theilung unter den Brüdern auszubrechen drohte. Der Brief bezweckte gemeinsamen Schutz gegen alle Verwältigung, mit der That oder mit Unrecht, wer der wäre, ausgenommen ihre genannten Landesherren. Auch setzte derselbe eine gemeinsame Executif-Commission zur Aufrechterhaltung des Beschlusses ein. Die Stände brauchten energische Mittel, um sich gegen die Folgen des Zwistes der regierenden Familie zu schützen, und es erklärt sich auch daraus, warum Herzog Wilhelm den Krieg gegen seinen Bruder grösstentheils durch böhmische Söldner führte, während dem Kurfürsten gegen den Herzog und die Vitzthume seine Lehnsleute zur Seite standen. (*Menken, Script.*, T. III, wie oben.) — Ohngeachtet dieser verschiedenen Acte der Opposition muss Hans v. Ktz. doch dem Kurfürsten nahe getreten sein, denn wir finden ihn bald (*v. Langen* bezeichnet das Jahr 1449) als Hofmeister bei der Gemahlin desselben, wie er auch als Kanzler mit anderen fürstlichen Räthen, M. v. Erdmanndorf, D. v. Miltitz, N. v. Schönberg, G. v. Haugwitz, Dechant von Meissen und Kanzler, die Beschuldigungen des Jungfrauen-Klosters zu Freiberg gegen den Burgmeister Weller v. Molsdorf wegen Missbrauch der Amtsgewalt und Devastation verhört. (*Grundig u. Klotsch*, T. VII, p. 31.)

Diese undatirte *Reg.* ist schwer festzustellen, da sie den Heinr. v. Ktz. als Kanzler bezeichnet, was er nach *v. Lange* erst seit 1449 sein kann. Der Klosterstreit würde demnach in dieses Jahr oder wenig später fallen, hätte nicht in der zweiten Hälfte des Bruderkrieges (von 1446 bis 51) Herzog Wilhelm in Freiberg die Oberhand gehabt, was den angeführten Rechtsact des feindlichen Bruders ausschliesst. Die erste Hälfte dieses Krieges, in der der Kurfürst gegen Freiberg feindlich vorging und seine Pläne durch den gedachten Bürgermeister v. Moller gehindert sah, wäre einem solchen Acte entsprechender; doch da soll Hans v. Ktz. sich noch nicht im persönlichen Dienste des Kurfürsten befunden haben. (*v. Lange, Friedrich der Beherzte*, pag. 558.)

1447, 28. April, d. d. Naumburg. **Friedrich, Erzbischof zu Magdeburg, und Friedrich, Herzog zu Sachsen und Kurfürst**, schliessen ein Bündniss mit den **Bischöfen v. Meissen, Merseburg und Naumburg**, sowie vielen **Edeln, Herren, Rittern und Knechten**, darunter auch »**Er Poppo v. Ktz., Ritter**«, wider Wilhelm, Herzog zu Sachsen, und die v. Vitzthum, v. Kocksberg und

v. Witzleben. (Original-Copie im Prov.-Archiv zu Mgdbrg. Copiar Nr. L—CIX, f. 453ʳ ff.)

1447, 1. Septbr. Hans v. Kokeritz wird von Kaiser Friedrich III. als Mitglied des von Kurfürst Friedrich zu Sachsen in seinem Testamente niedergesetzten Vormundschaftsraths bestätigt. (Archiv zu Weimar.)

1450, 4. Juli, d. d. im Felde zu Molstroff (zwischen Erfurt und Arnstadt). Hans v. Ktz., Hofmeister der Gemahlin Kurfürst Friedrichs zu Sachsen, ist Zeuge in dessen Schutzbriefe für die Stadt Erfurt, während des Krieges mit seinem Bruder, Herzog Wilhelm. (Original im Kgl. Prov.-Archiv zu Mgdbrg., F. R. Erfurt A., Tit. XIII, Nr. 96.) — Dieser *Reg.*, welche über die persönliche Theilnahme des Hans v. Ktz. an dem Kriege der beiden Brüder keinen Zweifel lässt, schliesst sich, obwohl undatirt, ein Fehdebrief an, den die Gesammtfamilie v. Ktz. gegen den einen älteren Vitzthum, »gezeut zu Koburg«, richtete. — Wir glauben aus der Isolirung und dem Aufenthalte Vitzthums schliessen zu dürfen, dass der Brief aus der Zeit nach der brüderlichen Einigung (1451, 29. Jan.) und vor der Eroberung Koburgs (1452, 29. Mai) datirt, und setzen ihn ins Jahr 1451, kurz vor die Zeit, in welcher Herzog Wilhelm die Schlösser d. Vitzthums in Thüringen brach.

1451? d. d.? Absagebrief. Wiesst Hr. Appel Vitzthum d. Aeltere, gezeut in Koburg, dass wir Nachgeschriebene v. Kokericz, Hans (d. Hofmeister), Heinrich, Nickel und Luppold und (der) junge Hans Euer und Alle der Euern Feind sein wollen um des Hochgeborenen Fürsten willen, Herzog Friedrich v. Sachsen, d. H. Röm. Rchs. Erzmarschall, Landgraf zu Thüringen und Markgraf zu Meissen, und ezyn uns des ynsyn Frede und Unfrede und wollen uns des zu unserer Ehre gegen Euch bewahrt haben und ab wir (keiner Bewahrung) mehr gegen Euch bedürfen, das wollen wir in diesem Briefe Alles gethan haben. Gegeben etc. unter meines, Hans, Siegel. (L. S.) des Hans v. Ktz. (Original auf ½ Bogen Papier, beschädigt, mit anhängendem unversehrtem Siegel, im Ernestinischen Gesammt-Archiv zu Weimar, Nr. 5587, Regal D, pag. 319, Nr. 7ᵏ.)

Die genannten Fehder sind Meissner Ktze., der Lausitzer

Alexis fehlt. Ihr Brief spricht unzweideutig aus, dass nach den noch lebendigen Usancen des Fehderechts die Ritterschaft und die Lehnsmannen ihre Ehre durch die Kriegsordre des Lehnsherrn allein noch nicht für gewahrt erachteten. — Herzog Wilhelm hatte seinem Heimlichen, Lieben, Getreuen Apel v. Vitzthum Schloss und Pflege Koburg als Tausch für Rossla am Harze 1447 übergeben und 1450 die Vitzthums mit mehreren wüsten Raubburgen in Thüringen zum Wiederaufbau gegen seinen Bruder Friedrich belehnt. Koburg war Leibgeding der Kaiser-Tochter, Gemahlin Wilhelms; auf Zuthun des Kaisers forderte Wilhelm den Apel v. Vitzthum zur Rückgabe auf und entschied auf dessen Weigerung und nachdem die Vitzthums sich schweren Friedensbruchs durch das Auffangen einer Brautgesandtschaft Karl des Kühnen v. Burgund schuldig gemacht, die Sache brevi manu 1452 durch Erstürmung der Feste Koburg. Ihre Schlösser an der Saale wurden gebrochen und Apel nach Böhmen vertrieben. (*Müller, Sächsische Annalen.*)

So endeten die Vitzthums, ähnlich den Wersowitzern, nur weniger tragisch; sie gingen nach dem angezeigten Falle von Koburg (1452) nach Böhmen und Polen, von wo sie sich vergeblich bemühten, durch politische Anbändelungen wieder in Besitz der verlorenen nahe fürstlichen Güter zu kommen. — Zu der früheren Macht brachte es die Familie nicht wieder, und es bleibt zweifelhaft, ob die Katastrophe, welche sie stürzte, durch Verzweiflung über die sie treffende fürstliche Diplomatie oder durch rohen Ritterübermuth herbeigeführt wurde. — Wir sind hier auf dieses Ereigniss eingegangen, weil der Fehdebrief vom 14. ? und die Stellung Hans v. Ktz. als Hofmeister bei Herzog Friedrich den nähern Antheil der v. Ktz. bezeugt. Auch die folgende *Reg.* erklärt sich dadurch.

1451, 20. Octbr. Hans v. Ktz. und Bernh. v. Kochperk soll der Verwilligungsbrief über Luxenburg zu getreuer Hand übergeben werden. (Archiv Weimar.) Dem Datum nach fällt diese Handlung in die Zeit der Gefangennehmung der Burgunder und bezieht sich entweder direct darauf oder nach dem gebrauchten Ausdrucke Verwilligungsbrief auf die Forderung, welche Herzog Wilhelm durch seine Gemahlin aus dem Kaiserhause Luxemburg noch an dieses Land hatte, mit dem er vom Kaiser 1439 belehnt worden war. Auch scheint mit dieser Sendung folgende Angabe des *Chronicon Vetero Cellensis.* (*Menken, Script.,* T. II, pag. 430) in Verbindung zu stehen. »Wilhelm, Landgraf zu Thüringen, verkauft seine Ansprüche an Schloss und Land Luxemburg dem Herzog (Karl) v. Burgund durch seine Sendboten und Rudolph Schunk zu Kuttenberg etc.« Die Gesandtschaft blieb 1 Jahr in Frankreich und Burgund, kam Ostern wieder ins Land und brachte einen Theil der Kaufsumme mit, der andere wurde durch Nürnberger Kaufleute bezahlt, was erst im Jahre 1464 erfolgte. — Wir führen nach diesem Excurse die Reihe der *Reg.* weiter.

1451, St. Elisabeth, d. d. Meissen. Kurfürst Friedrich d. Sanftmüthige verkauft Schloss Wehlen und Zubehör an den Ritter Nic. v. Polenz mit Macht der Einlösung der verpfändeten Güter. Zeugen: Bischof v. Meissen, (v. Haugwitz) Kanzler; Hans v. Ktz., unser lieb. Gemahl. Hofmeister; v. Maltitz, v. Bünau, v. Schönberg, v. Schleinitz, Ritter, und Otto Spiegel. (*Hohenstein, Götzinger,* 1786, pag. 60.)

1451 verkauft Herzog Friedrich v. Sachsen der Stadt Gr.-Hain das Ober- und Halsgericht für 1200 fl. rh. Zeugen: unsere Räthe, heimliche und liebe getreue, Hans v. Ktz. zu Elsterwerda, uns. lieben Gemahlin Hofmeister; Hr. Hans v. Maltitz, Hr. Dietr. v. Maltitz, Hr. Georg v. Haugwitz, Probst zu Zeitz, unser Kanzler, Otto v. Spiegel. *Hasche Magazin* (Jahrg. 1790, p. 537—39) enthält die ganze Urkunde.

1452, Sonnabend nach Heiligen Leichnahms-Tag, 27. May? d. d. Oschatz. Friedrich, Herzog zu Sachsen, erlässt ein Schiedsgericht zwischen dem Jungfrauen-Kloster zu Mühlberg und Christof Tossen — Amtmann zu Torgau — wegen der Obergerichte im Dorfe Zeckritz (Ceckritz). Zeugen und Richter: Hr. Casse, Bischof zu Meissen, und die gestrengen unsere Räthe etc., Hans v. Ktz., uns. lieb. Gemahl Hofmeister, Hr. Hans v. Maltitz, Hr. Joh. v. Schleinitz, Ritter, und Otto Spiegel. (*Hasche's Magaz.,* Jahrgang 1791, pag. 110—13, die Urkunde.)

1452, 24. September, d. d.? Hans v. Ktz. der Hofmeister hilft einen Schied zwischen Herzog Friedrich v.

Sachsen und dem Burggrafen Anarg v. Waldenburg errichten. (Archiv zu Weimar.)

1453, Dienstag, 11,000 Jungfrauen-Tag, d. d. Liebenwerda. Kurfürst Friedr. II. v. Sachsen bestätigt dem Rathe zu Liebenwerda ⅓ der Einnahme des Gerichts. Zeugen: uns. Räthe liebe Getreue, Hr. Hildebrand v. Einsiedel, Ober-Marschall, Hans v. Ktz., Hofmeister, Georg v. Haugwitz, Dechant zu Meissen, Kanzler, Hr. Nic. v. Schönberg, Ritter, Hans Löser etc. (*Kreyssig, dipl. Nachlese,* Bd. III, p. 40.) — Im gleichen Jahre nennt *Peccenstein* (*Teatrum Saxonia,* Pars 1, Cap. 10, p. 127) in gleicher Stellung einen Johann v. Ktz. auf Saathain und Elsterwerda. Da Hans und Johann synonym sind, so haben wir hier einen Nachkommen der Patruis Johann auf Elsterwerda vom Jahre 1402 vor uns.

1453, 20. November, d. d. Merseburg. In einem von Herzog Wilhelm zu Sachsen zwischen Friedrich, Erzbischof von Magdeburg, und Friedrich, Herzog zu Sachsen, gestifteten Vergleiche heisst es auch unter Anderm: dass der Erzbischof verpflichtet sein soll, zu bewirken, dass der über **Hans v. Ktz. Bruder verhängte Bann aufgehoben werde.** (Gleichzeitige Copie im kgl. Provinz.-Archiv zu Magdeburg, 1. R., Erzstift Magdeburg, Tit. XII, Nr. 101.) — Hansens Bruder war der 1435 vom Conzil zu Basel gebannte Joh. v. Ktz. Ueber Beide vide die vorhergehende *Reg.*

1455, 17. Sept., d. d. Dresden. Georg v. Ktz., Hofmeister des Kurfürsten Friedrich II. zu Sachsen, ist Zeuge, als dieser der Stadt Dresden ein Privilegium, betreffend die Salz- und Fischniederlage, ertheilt. (*Müller, Sächs. Anna'en,* p. 31. Vide *Reg.* 1475.)

1456, 62 u. 97. **Der v. Köckritze Lehnbriefe.** (Copiar 9, Bl. 7—12, 74, Archiv zu Dresden.)

1456, 21. Februar, d. d. Meissen. **Hans v. Ktz., Hofmeister** etc. Kurfürst Friedrich II. von Sachsen ist Zeuge in dem kurfürstlichen Wiederkaufs-Briefe für den **Rath zu Eulenburg über die Gerichte daselbst.** (Orig. im Provinz.-Archiv Magdeburg, 1. R., Eulenburg, Nr. 1.)

1456, 16. März, d. d. Altenburg? **Richtung zwischen Kurfürst Friedrich zu Sachsen und den Ge-**

brüdern v. Schönfeld. — Herr Georg v. Bebenburg, Ritter, Hans v. Kokericz, Hofmeister etc. und Sigmund v. Schönfels haben zwischen dem Kurfürsten einen Theils und den sechs Gebrüdern v. Schönfeld andern Theils entschieden: dass der Kurfürst den genannten v. Schönfeld seine Gnade wieder geben soll, unter Bedingung der Urfehde; auch soll der gnädige Herr den v. Schönfeld ihren Schaden an Harnischen und Pferden nach der Taxe der v. Ktz. und v. Schönfels vergütigen, welchen dieselben auf 60 Schock Neu-Groschen, zahlbar zu Martini, festsetzen. — Darauf — nach Abschluss der Richtung — sollen die Schönfelder und ihre Knechte des Gefängnisses ledig sein, unter strengster Gelöbniss, dem gnädigen Herzog, seinen Erben und den Seinigen treu, gehorsam und gewärtig zu sein. (*Osterländische Mittheilungen.*) — Die begnadigten v. Schönfeld waren, 1455, Genossen des hingerichteten Prinzen-Räubers Kunz v. Kaufungen, und ihre Begnadigung nach jahrelanger Bestrickung war durch die Unzufriedenheit des sächsischen Adels beeinflusst, der in der peinlichen Strafe des v. Kauffungen ein fürstliches Attentat auf sein Fehderecht fand. Allerdings balancirten hier Recht und Unrecht nur nach den Stunden, in welchen Kunze seinen Fehdebrief zu Händen des Kurfürsten brachte.

1456, 25. May, d. d. Meissen. Friedrich, Herzog zu Sachsen, verkauft auf Theidigung Heinr. v. Ktz. zur Schweidnitz und Otto's v. Scheidingen zur Wittenberg, unseren Voigten und lieben Getreuen, den 3. Mahl-Scheffel erblich und ordnet die Artikel der Mühl-Pacht. — Die Urkunde bei *Kreyssig* (*dipl. Nachlese*, Bd. III, p. 345) enthält das Detail des Verkaufs. Nach *v. Langen* (*Albrecht der Beherzte*, p. 567) waren ein oder zwei Heinr. v. Ktz. Voigte zu Schlieben mit Schweidnitz und Lochau in den Jahren von 1450 bis 55 und von 1457 bis 58.

1457, 6. Decbr., d. d. Schweidnitz? Heinr. v. Ktz., Voigt zu Schweidnitz, stellt für Margaretha, seine eheliche Wirthin, eine Leibgedinge-Verschreibung aus über das $\frac{1}{2}$ Vorwerk zu Promnitz und die Dörfer Behle und Kauwel (Biehla und Kahla?) bei Elsterwerda, das

½ Geleite daselbst und 400 Schock Neu-Grosch. auf der Stadt Chempnitz. (Archiv zu Weimar.) — Der Gegenstand des Leibgedinges lässt den Heinr. v. Ktz. als einen Meissner aus dem Hause Elsterwerda, wohl ein Bruder oder Vetter des Hans v. Ktz., Hofmeister der kurfürstlichen Gemahlin, einer Erzherzogin von Oestreich (Schwester Kaiser Maximilians?) erscheinen. — Beide, Hans und Heinrich, vielleicht Brüder, verschwinden fast gleichzeitig, zwischen 1456 und 1458, aus den Diensten der sächsischen Fürsten.

1457. Kurfürst Friedrich II. von Sachsen überliess die Herrschaft Wehlen, deren Schloss er 1433/34 von den Gevettern Alsche und Alex. v. Ktz. erkauft und welche er 1424 an Nic. v. Gorenz und drei Brüder für 600 Schock Gr. verpfändet hatte, 1451 an Nic. v. Polenz, seinen heimlichen lieben Getreuen. — Polenz wollte 1457 diese Besitzung an Hans v. Clomen, wohl einem Nachkommen der 1380 als Hussiten aus Schloss Lohmen Vertriebenen, weiter verkaufen, als sich bei Nachsuchung des Lehns-Consenzes für die v. Clomen und »denen, die mit ihm in Gesammter-Lehn sitzen,« die Kockritze, auf Anzeige des Edlen Hr. Heinrich v. Plauen — Vormund — herausstellte: dass von Alisch und Nycel v. Ktz., den Erben des Hrn. Heinr. v. Ktz., Stücke der Herrschaft (Dorf Poyeritz etc.) an Folsche v. Torgau den Vater, für die Herrschaft Mückenberg, und von dem Hrn. Poppe v. Ktz. an Folsche v. Torgau, den Sohn, ein Wald abgefreimarkt (eingetauscht) worden sei. — Auch stellte sich heraus, dass über diese Stücke ohne Wissen des obersten Lehnsherrn, Markgraf Friedrich des Einfältigen v. Thüringen, verfügt worden und dem Kurfürsten Friedrich dessen Erbe, sein Recht des Wiederkaufs verheimlicht worden sei. — Zur Strafe dafür ertheilt dieser das Lehn nur mit Vorbehalt des Wiederkaufs. (*Grundig u. Klotsch, Sammlung*, Thl. XII, p. 209 etc. Die betreffenden Urkunden Nr. VI und VII daselbst, p. 225 bis 229.) — Aus diesen Urkunden ergibt sich: dass ein Hr. Heinr. v. Ktz. (1389 mit seinem Bruder Jaen) die Herrschaft Wehlen besass und seine Erben — Söhne? — Nicel u. Alisch v. Ktz., über Theile derselben mit Umgehung des Lehnsherrn disponirten und dafür die Herrschaft Mückenberg erwarben. — Auch ein Hr. Poppe v. Ktz., vielleicht ein Sohn Jans zu 1389, hatte Rechte an der Herrschaft und benutzte sie eigenmächtig. Bei diesen Missbräuchen bleibt es auffällig, dass sie erst jetzt, 1457, und nicht schon 1451, beim Verkauf an Nic. v. Polenz zur Sprache kommen. Die Zeugen der spätern Urkunde sind die heiml. lieb. Getreuen Hildebrand v. Einsiedel, Ob.-Marschalk, Hr. Dietr. v. Miltitz und Hr. Jan v. Schleinicz. Der Kanzler und Hofmeister Hans v. Ktz. war seit 1456 aus dem Rathe des Kurfürsten geschieden, und sein Abgang gab wahrscheinlich den v. Plauen Veranlassung, jene Eigenmächtigkeiten an den Tag zu ziehen.

1459. Nycel v. Ktz. zu Steinbach. (Dresd. Archiv, XIV, Abtheil. 50, Bl. 392; Abtheil. 54, Bl. 612.)

1459. Heinr. v. Kotwitz, Domherr zu Budissin, Versprechen einen Gunstbrief über 100 fl. für die v. Ktz., Caspars selig (Söhne?) und Albrecht zu Mückenberg auszubringen. (Dresd Archiv, Copiar 125, Bl. 32.)

Wir sind mit der Jahreszahl der beiden vorstehenden Reg. bei einem Wendepunkte der sächsischen Geschichte angelangt, der auch für die Familie v. Ktz. nicht ohne Bedeutung war, da der in diesem Jahre abgeschlossene Vertrag zwischen Sachsen und Böhmen einen grossen Theil ihrer genannten meissner Besitzungen definitiv in böhmische Afterlehen verwandelte.

König Ladislaw von Böhmen starb, der Welt überraschend, 28 Jahre alt, zu Prag 1457, 23. Novbr. — Viele strebten nach der erledigten Krone, auch Kurfürst Friedrich II., Bruder Herzog Wilhelms, doch Alle überwog Georg Podiebrad, der Goubernator von Böhmen und Führer der Hussiten. Am 7. Mai 1458 wurde er gekrönt. Mit Georgs Erhebung erneuten sich die Ansprüche der Krone Böhmens an zahlreiche Lehnsbesitzungen in den sächsischen Gebieten, Ansprüche, welche, geschärft durch die bisher feindliche Politik Sachsens und die jetzt in einer Hand concentrirte Macht Böhmens, Alles fürchten liessen. — Schon einmal hatte Sachsen das Schwert Podiebrads gefühlt. — Die Mittel und Wege, welche Kaiser Karl IV. zur Annection von Sachsen benutzte, sind besprochen. — Viele sächsische Herren hatten sich dem Mächtigsten zugewandt, für böhmische Lehnsleute erklärt, und es unterliegt keinem Zweifel, dass die Köckritze, seit dem Anfange des 14. Jahrhunderts im Besitz von Grenz-Schlössern und Herrschaften, die schon seit 1289 in Beziehungen zu Böhmen standen, diesen Vorgängen folgten. — So standen rechtlich die Verhältnisse, als Podiebrad die böhmischen Ansprüche erneute. Sachsen und das vermittelnde Brandenburg fanden die Ausgleichung durch Anknüpfung verwandtschaftlicher Verhältnisse, die dem emporgekommenen böhmischen Edelmanne Podiébrad bis dahin fehlten. Trotz entgegenstehender religiöser Bekenntnisse schlossen sich mehrfache eheliche Verbindungen zwischen den Häusern Sachsen, Böhmen und Brandenburg, wesentlich vermittelt durch Markgraf Albrecht Achill von Brandenburg und bestätigt durch die Verträge zu Eger 1459. 64 benamte sächsische Schlösser und Orte wurden dabei als böhmisches Afterlehn erklärt, eine Berechtigung, die erst 1809 sich löste, und auf diese Basis hin vollzogen sich die fürstlichen Verlobungen. Die Familie v. Ktz. war durch Lehnsansprüche oder durch den Besitz von Waldau, Senftenberg, Pirna, Gottleube, Frauenhain, Saathan. Elsterwerda, Glaubitz, Tieffenau, Zabeltitz, Wehlen, Schönfeld bei diesen Tractaten nahe betheiligt. Ihre Doppelstellung zwischen Böhmen, Sachsen und auch Brandenburg ist dadurch bezeichnet. In den sächsischen Landen machte die Anknüpfung dieser Familien-Verbindungen mit dem Ketzer-König Girsick böses Blut, und Herzog Wilhelm von Sachsen sah sich gezwungen, durch ein rechtfertigendes Manifest, d. d. Weimar, Mittwoch vor Pfingsten, 1459, dem beruhigend entgegen zu treten. »Viel Fluchen und schmähliche Reden mussten die Herren (Fürsten) da hören und durften nicht strafen, es hätte sonst Oberhand genommen« *Escheloer* (Bd. I, p 82—85) gibt diese Staatsschrift, die auch noch dadurch merkwürdig ist, dass sie, wie in Brandenburg, den Unterschied beschlosster und unbeschlosster ehrbarer Mannen auch in den sächsischen Ländern hervortreten lässt.

Wir nehmen hier die Reihe der *Reg.* wieder auf.

1460, 18. October. Hans v. Ktz. zu Mückenberg quittirt Kurfürst Friedrich zu Sachsen über 20 Schock Neu-Grosch.

für im Dienst ins Land zu Franken erlittenen Pferdeschaden. (Archiv zu Weimar.) — *Müller's Sächs. Annalen* zu diesem Jahre sagen: »Kurfürst Friedrich zu Sachsen kam Markgraf Albrecht — Achill, — nachher Kurfürst zu Brandenburg, zu Hülfe und bot seine Landstände wiederum auf und zwar unter diesen, ausser den Ritter-Pferden, die Herrschaften Gera mit 100, Schlick mit 40, Schönburg mit 50, Waldenburg mit 30, Schenk v. Seyda, Landsberg, Weyda, jede mit 20, die Birk mit 30 zu Fuss und Leysnic mit 40, Reusse mit 50 und Donin mit 60 Trabanten. Die Stellung von Fussvolk in Lehnsfolge ist neu und durch die veränderte Kriegsführung der Hussiten herbeigeführt. Wir werden diesen sächsischen Trabanten als Besatzung in den Köckritz'schen Schlössern der Nd.-Lausitz wieder begegnen. Uebrigens war dieser fränkische Kriegszug des Hans v. Ktz. ernsthaft genug; Ritter v. Eib (bei *Höfler, Quellensammlung* etc., Bd. I, p. 82) erzählt ihn: »Im 1460 Jahre, umb Palmarum, fing Mrkgrf. Albrecht zu Brdbg. einen neuen Krieg an mit Herzog Ludw. von Bayern und war Alles nur wegen des Landgerichts des Burggrafenthums zu Nürnberg zu thun — dass Albrecht Staffel zur politischen Grösse werden sollte, — und thäten sich grossen Schaden.«

1461, 6. April. Gelöbniss Michel und Hans, Gebrüder v. Canitz, den Kaufschilling für ihre dem v. Ktz. zu Mückenberg verkauften Güter wieder unter Herzog Friedr. zu Sachsen anzulegen. (Archiv Weimar.) — Der hier auftretende Michael v. Canitz wurde schon 1452 von fünf schlossgesessenen Köckritzern, als Vetter und treu gedient, dem Heermeister und Gebietigern des Ordens in Preussen in einem offenen Briefe empfohlen. Der schlossgesessne Alex v. Ktz. zu Mückenberg war unter den fünf Ausstellern. Abschnitt Nd.-Lausitz, *Reg.* zu 1452, aus der hervorgeht, dass gleichzeitig ein Hans v. Ktz., Ritter, zur Alten Dober, Poppo v. Ktz., Ritter, zu Lohmen, Alex. v. Ktz. zu Mückenberg, Hans v. Ktz. zu Drebkau, Hans v. Ktz. zu Seese, Hans, Hofmeister der Kurfürstin zu Sachsen, zu Elsterwerda, und Hans v. Ktz., D. Ord. Ritter, als Hauptmann zu Küstrin sassen.

1464, Sonnabend Lamperti. Nic. v. Ktz., Landvoigt, zu

Lohmen gesessen, nimmt von dem Kapitel zu Wurzen 20 Schock Gr. auf zur Haltung einer ewigen Predigerei auf seinen Dörfern Sturza und (Hohen) Burkersdorf. (*Nachrichten von Neustadt und Wehlen* bei *Götzinger, Hohenstein*, 1789, p. 440.)

1464, Montag nach Franciska. Der 1457 nur unter Vorbehalt des Wiederkaufs oberlandesherrlich genehmigte Verkauf der Herrschaft Wehlen, des v. Polenz an den v. Clomen, wird dato von den Herzögen Ernst und Albrecht zu Sachsen zu rechten Lehnbesitz genehmigt mit dem Beisatze: »so uns daran zu verleihen gebühret«, was sich auf die 1459 zu Eger anerkannte Oberlehnsherrlichkeit Böhmens bezieht. — Das Lehnsanrecht der Ktze. ist in der Urkunde von 1457 durch den Satz gewahrt: »reichen und leihen Hans v. Clome und seinen rechten Leibes- und Lehnserben das gemeldete Schloss Welin mit dem Städtlein dabei gnädiglichst.« Als Zubehör der Herrschaft werden 13 Dörfer: Pannewitz, Wünschendorf, Cleina, Graupen, Opitz, Mockenthal, Posta, Zschakau, Doberzeit, Daube, Rügersdorf, Nentmannsdorf und Pogeritz, ferner ein Weinberg bei Kötzenbroda, der Wehl genannt, ein Stück von dem Wehlner Walde und ein Mühlsteinbruch, bei Liebenthal gelegen, genannt. — Lehnsansprüche Dritter kommen später (1543) bei einem Tausche Wehlens etc. nicht mehr vor. (*Grundig und Klotsch*, Bd. XII, p. 211 und 227, die Urkunde VII. — *Schöttchen*, Bd. III, p. 292.)

Kurfürst Friedrich II. war am 7. Sept. 1464 gestorben; seine in vorstehender Urkunde genannten Söhne regierten das Erbe eine Reihe von Jahren gemeinschaftlich in voller Eintracht. Sie empfingen am kaiserlichen Hofe, umgeben von grossem Gefolge, die Belehnung aus den Händen ihres Onkels, Kaiser Friedrich III, dem sich besonders Herzog Albrecht, der seinem ältern Bruder Ernst an Entschlossenheit und ritterlichem Wesen voranstand, politisch anschloss. Auch mit dem verwandten König Georg v. Böhmen nahmen sie zu Prag persönlich Rücksprache. Als vertraute Räthe standen beiden Brüdern Nyckl v. Ktz., der Landvoigt v. Meissen, und Hugold v. Schleinitz, Obermarschall, zur Seite. Nyckel v. Ktz. erscheint in dieser Stellung von 1465 bis 72 in vielfache Angelegenheiten des Landes eingreifend. Sein Sitz war zu Pirna;

er berechnet nach v. Langen die Einnahmen dieses Amtes mit Dohna und dem Orte Rathen. — Seine Abkunft aus einem der Stammhäuser in Meissen weist auf Wehlen oder Lohmen hin; doch schwebt ein Dunkel darüber, ob er identisch mit dem seit der Aussiger Schlacht verschwundenen Nic. v. Ktz. sei. Es würde diese Annahme als wahrscheinlich voraussetzen, dass derselbe 1426 an der Grenze des Jünglings- und Mannesalters stand. —

Der Regierungswechsel scheint auf die öffentliche Stellung des Hofmeisters Hans v. Ktz. nicht ohne Einfluss geblieben zu sein; er verschwindet aus den Staatsacten der Söhne Kurfürst Friedrich II., und die nachstehende Reg. deutet auf eine Abfindung bei seinem Austritt hin.

1465, 16. Januar. Hans v. Ktz. wird mit dem Dorfe und Vorwerke Frauenhorst (nördl. von Herzberg an der schwarzen Elster) und mit dem Vorwerke Milbendorf mit 4 Hufen beliehen. (Archiv zu Weimar, Cop.-Buch, B. 6, fol. 29ᵇ.)

Beide Fürstenbrüder zu Sachsen wurden bald nach der Rückkehr von der kaiserlichen Belehnung (1466) in eine vererbte Streitfrage verwickelt, die sie in unliebsame Berührungen mit Georg v. Podiebrad, Kaiser Friedrich III., König Mathias v. Ungarn und dem Papste brachten. Die Bemühungen, Territorial-Geschlossenheit zu erlangen, hatten nach dem Tode des letzten Erben des Burggrafenthums Meissen und des Reussischen Voigtlandes, bei Aussig 1426, die sächsischen Fürsten verleitet, Besitz von der Burggrafschaft zu nehmen. Der Lehnserbe von Plauen, kaiserlicher Hofmeister, machte dies Recht streitig; ein Machtspruch des Kaisers wies ihn ab und liess dem Reussen nur Titel und Würden des Burggrafenthums. Unter seinem Nachfolger, Heinrich Reuss v. Plauen, wachte, den Söhnen Kurfürst Friedrichs gegenüber, dieser Anspruch, in dem schon 1435 Walter v. Ktz. getheidingt hatte, wieder auf und es entspann sich eine Fehde, welche weit über ihre Bedeutung hinaus nachwirkte. Plauen selbst war böhmisches Lehn; sein Besitzer drückte seine Lehnsmannen. Er brachte seine Edelleute unverschuldet, wider Gott und Recht, um ihre Güter, machte die Edelhöfe zu Viehhöfen und Schäfereien und sprach höhnend, seiner Zeit vorauseilend, es sei ihm nützlicher, zu Käsen und zu Buttern, als Edelleute darauf zu hegen. Die Misshandelten führten Beschwerde bei König Georg, dem Lehnsherrn des Reussen. Ladungen, um Recht zu nehmen, waren bei diesem ohne Erfolg. Da legte ihm Georg nach Anhörung seines Rathes und nach Inhalt eines Magdeburger Rechtsspruches Geldentschädigung und Busse auf und sprach ihm bald darauf (1466, 9. März) nebst seinem Sohne die Herrschaft Plauen ab und verlieh sie Herzog Albrecht v. Sachsen, dem Dienstherrn Nyckel v. Ktz. Die sächsischen Fürsten hatten bald den Widerstand des isolirten Reussen gebrochen und Besitz von Plauen genommen. Mit der Vollstreckung des Spruchs König Georgs war jedoch diese Angelegenheit nicht entschieden; sie beschäftigte die sächsische Politik noch lange, als Folge der Stellung des Königs Mathias v. Ungarn zu Böhmen und der Stimmung des Papstes gegen König Georg. Die römische Curie konnte nicht vergessen, dass Podiebrad eifriger Anhänger der Utraquisten war, und Mathias hegte weitere Pläne und Absichten auf das Erbe Ladislaw's. Der vertriebene Reusse fand bei Beiden und endlich auch beim Kaiser Gehör für seine Klagen. Der Papst sandte ein bitteres Schreiben, worin er die sächsischen Fürsten als Verleitete »durch den Ketzer Girsik, der sich nenne einen König v. Böhmen, mit verkehrter Hinterlist dahin geführt, dass sie entsagt haben dem rechtgläubigen Manne, des Papstes lieben Sohne Heinrich v. Plauen«, bezeichnete. — Dieses päpstliche Schreiben hatte aber keineswegs die gewünschten Folgen. Die sächsischen Fürsten würdigten mit Klarheit in einer ausführlichen, deutsch verfassten und lateinisch übersetzten Schrift an den Papst, deren Verfasser sich als der Fürsten »genüge Sendboten« ankündigt, die Grenzen der päpstlichen Gewalt, die deutschen Reichsfürsten gebührende Selbständigkeit, mit nachdrücklicher Bedeutung der im Bereiche weltlicher Dinge, durch die Lage ihrer Länder und sonst, gebotenen Staatsklugheit. Schliessend wird insbesondere bemerkt: dass der Streit mit Plauen nicht die Irrungen betreffe, welche Böhmen mit der römischen Kirche habe, und dass sie, Ernst und Albrecht, als Fürsten des Reichs, Macht gehabt, »Streit anzufangen und das mit Recht gewonnene Land zu behalten.« Dieses wichtige Schriftstück, dessen

Verfasser sich als Mann der höhern Politik erweist (das Original im Staatsarchiv zu Dresden), kann unter den bekannten Rathgebern der Fürstenbrüder nur Hugold v. Schleinitz, Nykel v. Ktz., oder dessen Freund, den Nürnberger Stadtschreiber und deutschen Publicisten in bester Bedeutung des Wortes, den Dr. Heimburg, zum Verfasser haben, wenn letzterer nicht durch den Umstand ausgeschlossen ist, dass die Schrift ursprünglich deutsch verfasst war. — Auch kündigt sich der Verfasser als »genüger Sendbote«, also als mehrfach diplomatisch Verwandter an, was auf die Thätigkeit des Schleinitz oder Ktz. hinweist, welche uns später beschäftigen wird. — Die Beharrlichkeit der Reussen zur Wiedererlangung ihres Besitzes blieb erfolglos, doch nicht ohne Einfluss auf die sächsische Politik Besonders liess sich's Herzog Albrecht angelegen sein (1467), die schwindende Einigkeit zwischen Kaiser Friedrich und König Georg zu vermitteln, da der Kaiser mit Absichten auf die böhmische Krone die feindseligen Gesinnungen des Papstes gegen den alternden Georg billigte.

Allen diesen Strömungen gab der Tod König Georgs Podiebrads, Herzogs Albrechts Schwiegervater, (1471, 22. März) eine neue Richtung. Doch bevor wir sie weiter verfolgen, geben wir die bis hierher reichenden Familien-Regesten.

1465, 21. Octbr., d. d. Wittenberg. Nyc. v. Ktz. ist Zeuge in Ernst's, Kurfürst und Herzog zu Sachsen, Lehnbrief für den v. Ammendorf, über Schloss Pouch (West. v. Düben), das Dorf Friedersdorf etc. (Gleichzeitige Orignal-Copie im Copiar Nr. XLVI, fol. 49ᵛ, Kgl. Prov.-Archiv zu Mgdbrg.)

1466, 10. April, d. d.? Benes v. Weitmühl, Burggraf zum Karlsstein, und Jobst v. Ainsiedel zu Tirzau, Kgl. Secretarius, beide Ritter, quittiren Nyc. v. Ktz., Landvoigt zu Meissen, Bernhard v. Schönberg, Marschalk, und Hans v. Mergenthal, Kanzler, über 10,000 fl. rhein. (Archiv zu Weimar.) — 1468 sass Nyc. v. Ktz. auf Lohmen; die gezahlte Summe war das Faustgeld, welches die sächsischen Fürsten an Georg v. Böhmen für den unterm 9. März 1466 ertheilten Lehnbrief über die Herrschaft Plauen zahlten. (*v. Langen. Albrecht d. Beherzte,* p. 50.)

1466, 27. Mai. Schied zwischen den v. Ktz. auf Mückenberg und denen v. Maltitz wegen der Grenze der Finsterwalder Haide. (Archiv zu Weimar.)

1466, 3. Juni, d. d. Meissen. Urkunde des Kurfürst Ernst und Herzogs Albrecht v. Sachsen, worin sie dem Nonnenkloster v. Cronswicz im Voigtlande das ihm von den vertriebenen HH. v. Plauen entzogene Gut Strassberg a. d. Elster zurückgeben, so dass Conrad Metsch, Ritter, ihr Rath und Amtm.. un zu Vötzbergk, und Apel v. Tettau, Amtmann zu Plauen, von Strassberg nichts mehr zu verlangen. Zeugen: ihre Räthe, die HH. Hans v. Maltitz; Nyc. v. Schönberg, Hofmeister; Conrad Metsch; Jörge v. Schleinitz; Dietr. v. Schönberg, Unter-Marschalk, Ritter; Hans v. Mergenthal, Kanzler; Dietr. v. Miltitz, Hofmeister; Hans Marschal; Nyc. v. Ktz.; Heinr. v. Schönberg. (Archiv zu Weimar. Gleichzeitig Abschrift. Geh. Staats-Archiv zu Dresden?) *Limmer* (*Voigtland*, Theil III, p. 755) will das Original dieser Restitutions-Urkunde in dem Archiv des Schlosses Neudorf im Voigtlande gefunden haben und nimmt nach seiner einseitig »verbissenen« Weise grossen Anstoss an den ihm scheinheiligen Worten derselben. Weiteres über die vorhandenen Urkunden jenes Archivs, *Limmer* (*Voigtland*, Theil II, p. 404, Anmerkung).

1466, Freitag nach St. Arnoldi, 18. Juni? d. d. Meissen. Kurfürst Ernst und Herzog Albrecht zu Sachsen versichern die Privileg. der Stadt Frauenstein im Erzgebirge. Zeugen: die Räthe und lieb. Getreuen Hr. Georg v. Schleinitz, Dietr. v. Schönberg, Ritter, unser Unter-Marschall. Heinr. v. Schönberg, Nicol v. Ktz., unser Landvoigt zu Meissen, Hans Marchal, Hans v. Mergenthal, unser Kanzler, etc. (*Kreyssig, dipl. Nachlese,* Bd. 1, p. 692.)

1466. d. d. Jüterbork. Herzog Ernst, Kurfürst zu Sachsen, empfängt vom Bischof Dietrich von Brandenburg die Lehn über mehrere Dörfer. Zeugen: Kurfürst Friedr. II. v. Brandenburg, Gottfried Graf zu Hohenlohe, Georg v. Waldenfels, Ritter, Hugold v. Schleinitz, Ob-Marschalk, Balzer v. Schlieben, Hauptmann zu Trebin, Nyc. v. Ktz., Landvoigt zu Meissen. (*v. Barnewitsck, Einiges von den alten Städten etc.*

*der Mark Brandenburg*, p. 103, Stuttgart, Liesching, 1863.) —
Bei einer weitern Belehnung Sachsens mit denselben Gütern
1476 tritt Nyc. v. Ktz. nicht mehr auf.

1467, 20. Mai. Hans, Alisch, Caspar u. Albrecht,
Gebrüder v Kokeritz, zu Mükenberg, werden mit
Schloss, Stadt und dem Dorfe vor dem Städtchen, der Mühle
in Bockwitz und den Dörfern Nauendorf, Grunwalt, Leipisch,
Zschipkau, Serchen und Kostebrau beliehen. (Archiv Weimar.)

1468, 17. Sept. Nyc. v. Ktz., auf Lohmen gesessen,
Landvoigt zu Meissen, verkauft dem Hochstift Meissen
22 ½ fl. rh. jährl. Zins aus Burkersdorf, wiederkäuflich
für 300 fl. rh. Kapital. (*Hasche, Magazin der sächs. Geschichte,*
Bd. IV, p. 90—96, 1787, Kaufbrief abgedruckt.)

1468, Freitag nach Jubilate. Lehnbrief für die v. Ktz.
— Nyc. v. Ktz. — über Burkersdorf, Zeschnig etc.
(Dresd. Archiv [Abschrift], III. Abtheilung, Justizsachen,
Bl. 19, Nr. 1, Bl. 25.)

1468. Lehnbrief für Nycel v. Ktz., über Stürza,
nördl. von Wehlen. (Abschrift, Dresdner Archiv, ibid.,
Bl. 25ᵇ.)

1468, Freitag vor Pfingsten. Kaufbrief zwischen den
v. Ktz. und S. v. Lüttichau über Kl. Kmehlen bei
Ortrandt. (Dresd. Archiv [Abschrift], III. Abtheilung, Justizsachen, Bl. 69, Nr. 55, fol. 43.)

1469, 8. Octbr. Heinr. v. Ktz. erhält die kurfürstl.
Erlaubniss, 3 Schock Gr. und 2 Malter Korn im Dorfe Freyenwalde, Pflege Schweidnitz, au Thomann v. d. Drossel
zu verkaufen. (Archiv Weimar. Copiar-Buch B. 6, fol. 64ᵃ.)
— Heinr. v. Ktz. etc., belehnt mit Freyenwalde etc.
(Vide *Reg.* 1440.)

1470, Dienstag Reminiscere, 23. Febr. Ordnung für den
Eisenhammer in Eisenberg, welche Ernst und Albrecht,
Herzöge zu Sachsen, in Gegenwart der Ritter: Heinr. v. Einsiedel, Nic. v. Ktz, des Landvoigts, Rudolph v. Bünau
und mehrerer Sachverständigen hatten entwerfen lassen.
(*v. Langen, Albrecht d. Beherzte,* pag. 359.)

Durch den Tod Podiebrads trat eine andere Constellation
der Politik in Deutschland ein, die auch Sachsen wesentlich

berührte. — Sechs (sage 6) Fürsten bewarben sich um die Thronfolge in Böhmen: der ländergierige Kaiser Friedrich; König Matthias v. Ungarn; Ludwig der XI. von Frankreich, der Protector des Schotten Quentin Durward; der polnische Kronkandidat Wladislaw; Heinrich v. Münsterberg, der Sohn Podiebrads und Schwiegersohn Albrechts Achill v. Brandenburg; der Herzog Albrecht v. Sachsen, der Schwiegersohn König Georgs, traten gleichzeitig auf den Plan. — Kurfürst Ernst, der Bruder, war mit Albrechts v. Sachsen Bestrebungen einverstanden. Nach *r. Langen* belebten besonders die vertrauten Räthe v. Ktz. (Nykel) und Hugold v. Schleinitz des Herzogs Hoffnungen und warben eifrig bei den böhmischen Wahlherren. Ausser diesen Räthen war noch ein Mann für den Herzog thätig, dessen in der Geschichte der deutschen Reichssachen damaliger Zeit mehrfach gedacht wird, und dessen Persönlichkeit zu den edelsten gehört. Es war der deutsche Rechtsgelehrte Dr. Georg Heimburg. — Heimburg, der seit 30 Jahren in geistlichen und weltlichen Sachen die Würde des Reichs deutscher Nation durch Rede und Schrift vertheidigte, hatte seit dem Concil zu Basel gegen die Alleinherrschaft der römischen Curie gekämpft. Früher befreundet mit dem Kardinal Aeneas Sylvius, wurde ihm dieser als Papst Pius II. abhold, und so kam es, dass der Verfolgte, mit Excommunication und Bann belegt, als alle Versöhnungshoffnungen schwanden, sich zum König Georg nach Böhmen wandte. Die Verwandtschaft Herzogs Albrecht mit dem Könige hatte Heimburg Gelegenheit verschafft, den Herzog und dessen Vertrauten näher kennen zu lernen und liess ihn die Hoffnung hegen, Albrecht werde, wenngleich treu der Kirche, gegen Andersdenkende billig und gerecht sein und das Recht der Fürsten nicht unter die Herrschaft des Papstes stellen. Nach des Königs Tode suchte Heimburg Schutz, neue Kräfte und Stützen zur Verwirklichung seiner Pläne bei Sachsen. Bald nach diesem Ereignisse öffnete er sich dem bei Albrecht in Gunst stehenden Rentmeister v. Mergenthal und meldete, wie dieser berichtet, »Verscheidung und Begängniss des Königs«, auch etliche Rathschläge, die ihm gerathen und gut dächten, ihm mitzutheilen, es möge Mergenthal sorgen, dass jener Rath nicht ganz zurückgeschlagen, sondern dass seiner zu füglichem Eingang und Anfang des Handels gedacht werde, bis so lange Schleinitz und Köckritz wieder zu Lande kämen, welche etlich Wissen (Nachricht) des päpstlichen und kaiserlichen Hofes mit sich bringen würden.« —

Ferner schrieb Heimburg: er wünsche die böhmische Krone Einem, von dem man, wie von Georg, mit Recht sagen könne: es seien mit gleicher Wehmuth von beiden Parteien seinem Sarge gefolgt, die er gleich geschützt und geschirmt. Den genannten 3 Vertrauten Albrechts in der böhmischen Kronsache ist als vierter Benisch v. d Weitmühl, Hauptmann auf dem Schlosse Karlsstein, zuzuzählen. — Auch waren die hervorragendsten Mitglieder der Podiebrad'schen Partei für Albrecht günstig gestimmt. Ostern des Jahres 1471 zog dieser unter Vorwand, die böhmische Wahlfreiheit gegen die gewaltsamen Absichten des Königs Matthias zu schützen, feierlich mit vielem Gepränge und grossem Aufwande, mit 1100 Pferden, 800 darunter in Harnisch, 4000 Mann Fussvolk, 400 Wagen, unter lautem Klange in Prag ein. — Die nicht genügende Handsalbe der böhmischen Wähler, vielleicht auch Politik, die rieth, mehr in einer Trennung als in einer zu gewärtigenden Einigung der polnischen und ungarischen Prätendenten das Interesse Sachsens zu suchen, brachten die Wahl Wladislaws zu Stande und liessen für Sachsen die vorgeschobene Stellung als Mittler aufrecht erhalten. Der Pirna'sche Mönch hat in den Ergänzungen seines Lexigraphischen Werkes unter dem Artikel *Prag* (*Menken, Script.* II, pag. 1627) die Nachricht: »Herzog Albrecht zu Sachsen zog 1470 aus Dresden mit auserlesenem Volke gegen Prag, Sonnabend nach Ostern, lag allda bis Pfingsten, ward mit vieler böhmischen Herren Brief und Siegel versichert, allda König zu werden, Nyckel v. Köckritz trieb das Spiel.« — Der Mönch verwechselt die Jahre 1470 und 71. — Heimburg traf, ausser dem Scheitern seiner Pläne, die Wendung der Dinge in Böhmen persönlich hart. Zwar blieb er nach Albrechts Abzug noch in Prag, doch vielfach angefeindet, und als er sich von hier weg auf eine ihm von Podiebrad eingegebene Besitzung zurückziehen wollte, erging ihm die Weisung, das Königreich zu meiden.

1471. Dr. Giorg Haymburg kam zu Nyclas v. Ktz. auf Wehlen, ward allda lagerhaftig und starb zu Dresden, in der Barfüsser-Kirche bestattet. (*Pirnaer Mönch* bei *Menken, Scrip.* Tom. II, p. 1512.) — Heimburg blieben nach seiner Ausweisung nur die alten Freunde in Meissen, voranstehend Nyc. v. Ktz., der Landvoigt. Lediglich um diese nicht zu beschweren (Albrecht berichtet darüber an seinen Bruder: »als die Pfaffen seiner Ankunft in Dresden inne worden sind, haben sie in etlichen Tagen nicht singen noch lesen wollen, also haben wir Haimburg auf heute, Sonnabend früh, im Geheim auf den Tharand führen lassen, sich daselbst, bis ihm vom Kardinal Dispensation werden möge, zu enthalten,«), wandte sich der unerschrockne Glaubens-Kämpfer nach Rom, seine Absolution zu erlangen. Die Kurie säumte nicht, dem Bischof von Meissen Auftrag zu ertheilen, doch noch vor Eingang der Information vollzog der Bischof, am 6. März 1472, in Gegenwart der Fürsten Ernst und Albrecht die Lossprechung. — Heimburg war todtmüde, krank und gebrochen. Er starb als guter Christ bald darauf, im August d. J., zu Dresden. (Vergl. *F. G. Horn's Sächs. Handbibl.*, p. 393, 14; — *v. Langen. Albrecht der Beherzte*, p. 86—87; — *Droysen. Geschichte der Preuss. Politik*; — *Brockhaus. Haimburg, eine Monographie*.)

So konnte Albrecht dem Manne vergelten, der seinem Schwiegervater Georg ein treuer Anhänger gewesen und einst in Bezug auf Podiebrad erklärte: »Sollte ich von ihm abbrechen in hangender Zwietracht, das ist man von mir nicht gewohnt.« Auch konnte Albrecht und sein Bruder wissen, dass der heilige Zorn gegen Heimburg hauptsächlich eine Folge der päpstlichen Stimmung gegen Georg v. Böhmen war. »Ich bin,« hatte einst Heimburg geäussert, »durch den heiligen Vater nie beschuldigt, dass ich in einigen Artikeln christlichen Glaubens irre, sondern seine Ungnade kommt daraus, dass ich meine Dienste vollleiste meinem Herrn König zu Böhmen, zu dem ich mich mit meinem Dienst habe gethan, zu den Zeiten, als Fürsten und Herren, Geistliche und Weltliche Seiner Majestät mit königlicher Zier errettete.« Der Mönch von Pirna nennt Heimburg einen trefflichen Doctor, in allen Künsten erfahren, und sagt: »er stiftete Frieden zwischen Papst und Herzog Sigmund; erstand sich auch, die hussitische Ketzerei beizulegen und die Böhmen auf einen christlichen Weg zu leiten, und führte hin und wieder in den Landen treffliche Sachen aus.« — Wir verbreiteten uns hier weiter über die klassische Persönlichkeit Heimburgs, um die Bedeutung seines Freundes und Helfers, Nyc. v. Ktz., ins rechte Licht zu stellen. - Heimburgs Pläne und Bestrebungen im Kampfe gegen die Kurie mussten die Politik halb Europa's umfassen, und es bleibt unentschieden, ob Podiebrad den Dr. Heimburg oder dieser Jenen und die sächsischen Staatsmänner für seine Pläne nützte. Auf Nyc. v. Ktz. wirft es keinen Schatten, ihn in den Vorreihen der Männer zu sehen, die neben Heimburg an der Umgestaltung jener Zeit arbeiteten, die den Ersatz Kaiser Friedrich III. durch König Georg beabsichtigten und, als dies fehlschlug, wenigstens einen Kern des Widerstandes durch den sächsischen Albrecht auf dem böhmischen Thron erhalten wollten. — Die Umstände der verfehlten Königswahl in Prag erzählt *Escheloer* als Zeitgenosse (Bd. II, p. 216—219).

Das Scheitern ihres Plans rieth den sächsischen Brüdern, die über bedeutende Geldmittel geboten, die allmählige Vergrösserung ihrer Hausmacht durch Ankauf angrenzender Gebiete zu versuchen. Wir finden Nyc. v. Ktz. mehrfach bei diesen Verhandlungen als thätig genannt, so:

1471, 3. December, in einer Urkunde nebst Revers über den Kauf des Tollensteins und Schlukenau im Meissner Hochlande durch die Herzöge Ernst und Albrecht von Sachsen. Den Kauf schlossen die Beauftragten Bernhard v. Schönberg und Nyc. v. Ktz. mit dem Verkäufer Christof v. Wartenberg. (*v. Langen, Albrecht der Beherzte.* p. 290.)

1472, 11. December. Nykel v Kakericz, Mitbürge für Kurfürst Ernst und Herzog Albrecht zu Sachsen wegen der Kaufsumme für Sagan. (Archiv zu Weimar) — *Escheloer* erzählt von diesem Kaufe: »Um diese Zeit kam Herzog Hans v. Priebus vom König Mathias aus Ungarn und brachte einige Tausend Gulden in Meinung, wider die Pohlen Leute aufzunehmen, als ihm hatte Mathias befohlen. Da er 3000 Mann zusammen hatte, zog er heimlich und eilend vor den Sagan und gewann die Stadt mit Brand. Herzog Balthasar, seinen Bruder, führete er gen Pribus und liess ihn im Thurm Hungers sterben. — War deshalb in Sorgen, dass ihn König Mathias würde strafen. Darum er den Sagau nicht lange behielt, sondern verkaufte Sagan und Priebus den Fürsten v. Meissen um 50,000 Ducaten. — Und also ist dies Fürstenthum an Sachsen kommen.« — Sachsens Recht zu diesem Kaufe wurde bestritten. Ernst und Albrecht sendeten mehrere ihrer heimlichen Räthe an Mathias, welche des Königs misstrauisches Gemüth, besonders wegen Sagan, beruhigen sollten. Unter diesen und den 1473 zu neuen Verhandlungen nach Breslau zum König Gesandten befindet sich Nyk. v. Ktz. nicht; nach *v. Langen's* Angabe soll mit dem Jahre 1472 seine Stellung als Landvoigt abschliessen. Doch aus dem Rathe der Fürsten ist Nyk. nicht geschieden, wie seine mehrfache spätere Verwendung zu diplomatischen Sendungen bezeugt. (Siehe die weiteren *Reg.*)

1476, 1. October, d. d. Dresden. Schied zwischen dem Kloster Alt-Zelle und dem kurfürstl. Rath Nic. v. Ktz. auf Wehlen, wegen Abentrichtung eines Fuders Wein von dem Weinberge der Wehlen genannt, vor dem Bischof Joh. v. Meissen und Hugold v. Schleinitz verhandelt. (*v. Langen, Albrecht der Beherzte*, p. 342. — *Beyer, das Kloster Alt-Zelle*, wo die Vermuthung ausgesprochen ist, dass derselbe Streit auch nachstehend gemeint sei:)

1478, 20. Juli, d. d. Dresden. Kurfürst Ernst und Herzog Albrecht zu Sachsen theidingen zwischen dem Kloster und Nic. v. Ktz. wegen eines Fuder Weins, das nach einer Schenkung des v. Honsperk und der Herrschaft zu Donin dem Kloster aus dem B(W)elinberg am hohen Gebirge bei Kötzenbroda jährlich zu geben ist oder, bei Misswachs, mit 6 ℔ Freibergisch. abgekauft werden muss. Es soll inskünftig nur ½ Fuder und nur in Natura gegeben werden. Zeugen: Johann, Bischof von Meissen, Hugold v. Schleinitz, Dietr. v. Schönberg etc. (*Reg.* bei *Beyer*, p. 696, Nr. 739. Ferner Concept ohne Jahr und Datum aus dem *Wittenberger Archiv* zu Dresden, wonach auf die Anzeige des Abtes Anton, dass der v. Ktz. Abentrichtung verweigere, dieser angewiesen wird, bis zum Austrag das strittige Fuder in kurfürstl. Keller niederzulegen habe. — Mitgetheilt wie oben in der Anmerkung zu p. 696.)

1476. Georg v. Ktz. befand sich als Hofjunker unter den Edelleuten, welche Herzog Albrecht v. Sachsen auf einer Pilgerfahrt nach Palestina begleiteten, die am 5. März d. J. von Langensaltze angetreten und am 30. November beendigt wurde. Am 5. December zog Albrecht wieder in Dresden ein. »Uns wurde hier um eines Rockes wärmer,« sagte einer der Zurückkehrenden. *Müller* (*sächs. Annalen*, I, p. 42) gibt die Namen, *Menken* (*Script. rer. Germ.* II, p. 2103—12) die Beschreibung der Fahrt, aufgezeichnet vom Rentmeister Hans Mergenthal. (Vergl. *v. Langen*, *Albrecht der Beherzte*, p. 110 bis 118.) — Georg v. Ktz. war der zweitälteste von vier Brüdern aus dem Hause Waldau bei Grossenhain.

1477, 18. März, d. d.? Bekenntniss Joh. v. Ktz., auf Elsterwerda gesessen, dass er seinen Töchtern Anna und Barbara, Klosterjungfrauen zu Mühlberg, und, wenn eine von ihnen stürbe, der Ueberlebenden alljährlich zu Michaelis 2 Schock der besten Landeswährung auf allen seinen Gütern (versichert) zu reichen schuldig sei, so dass erst nach Beider Tode dieselben wieder an ihn kommen sollen. (Archiv zu Weimar.) — Andere *Reg.* nennen diesen Johann auch Hans.

1477, 21. Dcbr., d. d. Dresden. Kurfürst Ernst zu Sachsen gibt der Frau Ursula des Heinr. v. Ktz., zu Wüstemark, Dorf und Sitz Wüstemark, das Dorf Freiwalde mit allen Rechten und Gerechtigkeiten, wie sie Heinr. v. Ktz. inne hat, zu rechter Leibgeding. (Archiv Weimar, Copie, Buch B, 6, fol. 168 b.)

1477, 22. December. Kurfürst Ernst von Sachsen gestattet dem Heinr. v. Ktz. auf den Dörfern Freyenwalde und Wüstmark 10 fl. jährliche Zinsen an Christoph v. Lipzk wiederkäuflich zu veräussern. (Archiv Weimar, Copie, Buch 6, fol. 172 b.)

Fürstliche Abmachungen und Begünstigungen, wie die der beiden vorgehenden *Reg.*, gingen gewöhnlich Zügen ausser Landes voraus, zu denen der Adel willig gestimmt werden musste, oder es waren Belohnungen für so geleistete Dienste.

Hier beziehen sie sich auf den Zug der beiden Fürstenbrüder, im Sommer 1477, gegen die Stadt Quedlinburg und den Bischof von Halberstadt, die sächsischen Berechtigungen entgegentraten. — Im politischen Gedränge, zu welchem Streitigkeiten zwischen Wladislaw von Böhmen und Mathias von Ungarn Veranlassung gaben (Beiden hatte der Kaiser die böhmische Kurwürde zugesprochen, und Beide beanspruchten desshalb Herrlichkeit über die böhmischen Lehne in Sachsen), trat überraschend in den politischen Angelegenheiten Europa's ein erschütternder Wendepunkt ein. — Die Venetianer gaben 1479 den Kampf gegen den Halbmond auf, aber die übrige Christenheit den Türken preis. Die Gefahr für Ungarn, die österreichischen Lande, stieg unermesslich. Wohl hatte sich der Ungarn-König nie gehobener gefühlt als jetzt, Angesichts der neuen Gefahr; er gefiel sich darin als Vorkämpfer der Christenwelt. — Auf jenem Tage zu Olmütz, im Mai 1479, wo der Böhmen-König, Herzog Albrecht v. Sachsen und die waffentüchtigsten deutschen Fürsten seinen Hof verherrlichten, — *Escheloer* erzählt davon als Augenzeuge, — wurde die Sachsen bedrohende Zwietracht der ungarischen und böhmischen Krone verglichen und unter den Deutschen die Wege zum Verständniss, über des Kaisers Majestät hinweg, gefunden. Mathias war vom Olmützer Feste heim geeilt, um mit wechselndem Erfolge zuletzt höchst unglücklich gegen die eindringenden Türken zu fechten. Jetzt forderten seine Gesandten in Nürnberg des Reiches Hilfe: »wenn Ungarn falle, werde der Türke bald seine Pferde im Rheine tränken.« Der schwach besuchte Reichstag erklärte sich für nicht ermächtigt. — Die Hilfe kam jetzt von anderer Seite: Stephan Bathory rieb ein türkisches Heer am eisernen Thor-Passe in Siebenbürgen gründlich auf. Ungarn konnte jetzt seine Macht gegen den politisch verkommenen Kaiser und die österreichischen Länder wenden. — Der mehrfach gescheiterte Reichstag in Nürnberg war zu Jacobi 1480 neu ausgeschrieben. Es vollzog sich hier eine merkwürdige Wendung; die Führer der beiden alten Parteien, die Häupter der bedeutendsten Häuser im Reiche, ergreifen die höchsten Interessen der Christenheit, welche die beiden Häupter des Widerstandes, Papst und Kaiser, verabsäumen; sie benutzen es, deren wirre Politik Halt zu gebieten; dafür versprechen sie: »von der ganzen Nation wegen« Hilfe gegen die Türken; die Fürsten bemächtigen sich der Initiative; sie sandten Oratoren nach Ungarn, Italien, Frankreich, Dänemark. Das letztere Land, seit 1478, wo Herzog Albrecht persönlich die Braut zuführte, mit Sachsen verschwägert, hatte früher schon sich zur Türkenhilfe erboten; Sachsen übernahm jetzt hier die Verhandlungen, die dem Nickel v. Ktz. anvertraut wurden, der wohl schon Begleiter jener Brautfahrt war.

1481, Sonnabend nach Pfingsten, d. d. Nürnberg. Befehl Kurfürst Ernsts von Sachsen an den Hofmeister D. von Schönburg und an Nickel v. Ktz., welchen der Kurfürst an König Johann von Dänemark sendet, nebst 200 fl. Reisegeld, um diesem die Briefe des Kurfürsten auszuantworten. (Dresden, Wittenberg. Archiv, Bd. 9, Blt. 21, Nr. 7—9.)

1481, Freitag nach Assumption Mariæ. Schreiben des Königs von Dänemark an Kurfürst Ernst, die Entlassung der an Ersteren gesandten Räthe Nic. v. Ktz. und Dr. Brenser betreffend. (Dresden, Wittenb. Archiv, wie vorgehend.) — Die Mitsendung des rechtsgelahrten Doctors beweist, dass es sich um mehr als einen Briefwechsel aus Courtoisie handelte.

1481. Gleichzeitiges Schreiben Christinens, Königin von Dänemark, an ihren Vater, Kurfürst Ernst, worin sie unter Anderm für die Sendung Nyc. v. Ktz. und des Dr. Brenser dankt. (Dresden, Wittenb. Archiv, Bl. 21$^b$, Nr. 3.)

Diese Sendungen des Reichstages waren nicht ohne Erfolg am französischen Hofe, aber Mathias war in vollen Siegen über Oesterreich; umsonst harrten die Reichsfürsten der Erfüllung der ersten Zusage, die Mathias gegeben, unverrichteter Sache kamen ihre Gesandten zum Reichstage zurück. Die Fürsten waren zusammen geblieben; in einem scharfen Manifeste forderten sie den König auf: »die Hände der Beschädigung von des Kaisers Majestät und dem H. R. Reiche zu wenden.« Die beschlossene Reichshilfe wurde jetzt zu Martini 1481 nach Wien wider die Türken und gegen den König von Ungarn gefordert. Brandenburg, Sachsen, die Pfalz sandten sofort ihre Hilfe, doch nicht zum Missbrauch kaiserlicher Gewalt; Untersuchung und Entscheidung über Krieg und Frieden mit Ungarn sollte den Fürsten bleiben.

Der Krieg zwischen Ungarn und Oesterreich ging inzwischen seinen Gang; auch die Friedenshoffnung des Sommers 1482 scheiterte. Der Tod des gewaltigen Sultans Muhamed, der Kampf um die Thronfolge im Türkenreiche, ein mehrjähriger Friede mit der Pforte, gestatteten dem König Mathias alle Kraft gegen Oesterreich zu wenden. — Der König will sich mit dem Kriege Eingang ins deutsche Reich machen, verkündete die eine Seite; der Kaiser erwarte nur seinen Tod, sprach Mathias. Um Sachsens Beistimmung wurde von beiden Seiten geworben; bei der Gefahr einer einseitigen Entscheidung musste die Politik dieses Landes sich folgerecht dem Bestreben nach Versöhnung der Streitenden zuwenden. Dem Erfolge dieses Strebens trat hindernd eine Theilung der Interessen beider Brüder, herbeigeführt durch den Erb-Anfall Thüringens, 1482, entgegen. Misstrauen und Entfremdung im Gefolge, musste sie das politische Gewicht des Landes in Reichsangelegenheiten schwächen, und es darf nicht befremden, wenn die Entsendung des fürstlichen Rathes Nic. v. Ktz. an den Kaiser (v. *Langen*, p. 136) und nach Ungarn, 1483, 21. October (Archiv zu Weimar), um nochmals die Friedensherstellung zu versuchen, vergeblich blieben. — Kurfürst Ernst's Herzenswunsch, bei der Theilung Meissen zu erhalten, ging fehl und führte noch im Jahre 1486 seinen Tod herbei. Sein Sohn Friedrich folgte ihm in der Kurwürde. — Ueber die Thätigkeit Nic. v. Ktz. bei der Theilung ist nichts bekannt.

1482, 2. Mai, d. d. Brüx. Vertrag zwischen Ernst, Kurfürst, und Albrecht, Herzog zu Sachsen, Gebrüder, und König Wladislaw von Böhmen über die friedlichen Beziehungen ihrer Länder. Zeugen: die Räthe Johann, Bischof zu Meissen; Thilo, desgl. zu Merseburg; Sigmund, Graf zu Gleichen; Günter, Graf zu Schwarzburg; Burkhard, Graf zu Mühlingen; Hans, Graf zu Hohenstein; Bruno, Herr zu Querfurth; Hr. Heinrich der Mittlere, Herr zu Gera; Hr. Heinr. Reuss zu Plauen, Herr zu Graitz; Hr. Zenko, Burgfr. zu Donin; Hr. Hans Berk v. d. Duba zu Mühlberg; Haubold

v. Schleinitz, unser Ob.-Marschalk, Hr. Caspar v. Schönberc, Hr. Heinr. v. Einsiedel, Ritter, Nicel v. Kahnitz (Kakritz), Hermann v. Weissenbach, Hr. Heinr. v. Löser, Landvoigt zu Sachsen, Hr. Heinr. v. Starzeddel, Hauptmann zu Schauberg, Hr. Dietr. v. Schleinitz, Ritter, Hr. Georg v. Wolfersdorf, Ritter, etc. (*Longolius, Sichere Nachrichten.* Thl. II, p. 44—45.) — Der Druckfehler Kahnitz für Nicel v. Kakritz ist unzweifelhaft, da nach *v. Langen* sich unter dem Regiment der zwei Brüder nur ein Sigmund v. Kanitz als Voigt zu Senftenberg vorfindet. *Longolius* ist reich an solchen Verwirrungen.

1482, 16. Sept., d. d. Kamenz. Joh., Bischof zu Meissen, Dietr. v. Schönberg, Hofmeister, Heinr. v. Miltiz, Ritter, Joh. v. Pock, beider Rechte Doctor, und Nyc. v. Ktz., Räthe und Sendboten des Kurfürsten Ernst und Herzogs Albrecht zu Sachsen werden auf den Tag zu Kamenz geschickt, um Frieden zu schliessen zwischen Herzogs Heinr. Wittwe Barbara, vormalige Königin v. Böhmen, geb. Markgräfin v. Brdbg., Herzogin in Schlesien, einerseits und Johann (Hans), Herzog v. Sagan und Gr.-Glogau anderseits. (*Worb's Inventar*, diplom. Lusati inferio. p. 301.)

1484, St. Martinstag, verkauft Nyc. v. Ktz., zu Wehlen gesessen, dies Schloss und die Herrschaft an Heinr. v. Starzedel, Ritter und Hauptmann zu Schneeberg. (Urkunde. Beilage Nr. 5 in *Hohnstein und Lohmen von Götzinger.* Freiberg 1786.)

1484, 30. Sept. d. d.? Nyc. v. Ktz. gelobt sich nach Verkauf seiner Güter, die er von den Herzogen Ernst und Albrecht zu Sachsen zur Lehn hat, an Gleich und Recht genügen zu lassen. (Archiv zu Weimar.) Es erscheint nicht fraglich, dass hier Lohmen und Wehlen, auf welchen auch böhmische und bischöflich meissen'sche Lehnsansprüche ruhten, gemeint sind, doch lässt sich über Grund und Absicht dieser Rechtsverwahrung bei dem gleichzeitigen Verkaufe kein Aufschluss gewinnen. Der Verkauf seiner Güter änderte in der Stellung Nyc. v. Ktz. zu den sächsischen Fürsten nichts.

1486, 18. August, d. d.? Nyc. v. Ktz. bringt einen Vertrag zwischen dem Bischof Johann v. Meissen und Heinr.

v. Star-zedel (Starschedel) zu Stande. — Wohl wegen der Ansprüche des Ersteren an Wehlen. — (Archiv zu Weimar.) Der Uebergang der sächsischen Chur auf den Neffen gab dem Herzog Albrecht Veranlassung, seinem ritterlichen Enthusiasmus für Habsburg, das der glänzende Maximilian repräsentirte, und seinem Drange nach Thaten durch Annahme der Reichsfeldherrnstelle, 1487, gegen Ungarn nachzugehen. Albrecht erliess demzufolge:

1487, 9. August, d. d. Linz? ein Manifest gegen Mathias v. Ungarn in Form eines Absagebriefes, dem die feierliche Form, dass er des Königs Feind sein wolle, nicht fehlte, auch sagte er demselben die böhmische Lehn auf. Mathias antwortete: 1487, 15. August, d. d. aus dem nahen Lager von Wienerisch Neustadt, dem Herzog klagend, dass er die wahre Lage der Dinge verkenne, indem er sich ihm feindlich gegenüber stelle; der Krieg sei kein Reichskrieg, sondern gegen das Kaiserliche Erbland gerichtet; freundlich habe ihn noch jüngst durch Nyclas v. Ktz. grüssen lassen und es sei zwischen ihnen beiden Verständniss gewesen. Albrecht erwiederte: »Wie der König bisher gegen den Kaiser und der Kaiser gegen ihn gehandelt, lasse er unangefochten, was er thue, thue er aus Gehorsam gegen das Reich, obwohl er wisse, dass dieser Krieg Kaiserlicher Majestät, christlichem Glauben, deutscher Nation und dem ganzen Reiche unvermeidlichen Schaden thue, welches ihm ein wahres Leid sei.« (v. Langen, Albrecht d. Beherzte.) Albrecht konnte die Fortschritte der Ungarn nur hemmen, nicht aufhalten, Wien fiel in Mathias Hände und der Waffenstillstand von Markersdorf bei St. Pölten gewann dem Reiche nur mühsam eine Frist, bis der Tod des Königs Mathias (1491) den Andrang der Ungarn dämpfte. · Bald, noch im Jahre 1488, sollte Albrecht zu neuem Kriegsunternehmen im Dienste der Habsburger veranlasst werden. Die Niederlande (Burgund) hatten sich gegen Maximilian, den König der Deutschen, und dessen Kinder im freventlichen Aufstand erhoben, als Reichsfeldherr führte Albrecht das deutsche Heer dorthin. Die Städte Brüssel, Brügge und Gent waren die Mittelpunkte des Widerstandes, den Albrecht siegreich brach. Durch das von Albrecht hier Vollbrachte hatten sich Maximilians Angelegenheiten günstig gestaltet, als durch schnöde Familienbeleidigungen König Karls VIII. v. Frankreich gegen die Habsburger ein neuer Krieg entbrannte, an den um Albrechts Theilnahme geworben wurde. Maximilian suchte ihn durch Anweisung auf die **Fuggers** für die Schuld des Kriegsaufwandes in den Niederlanden zu entschädigen. Kaiser Friederich starb 1493, Maximilian bestieg den Kaiserthron. Herzog Albrecht hatte von ihm für anerkannte Dienste 272 Tausend fl. rh. zu fordern. Es erfolgte keine Zahlung und der bedürftige Herzog schrieb an seinen Sohn Georg in Sachsen: »er möge **Nyck. v. Ktz. und Hns. v. Leimbach, Zehntnern zu Leipzig,** sowie Uhlrich Schützen, Bürger zu Chemnitz, und mehrere Andere um Darlehn angehen und sich desshalb mit dem Ob.-Marchalk v. Minkwitz besprechen«. (*v. Langen,* pag. 233.) Nyc. v. Ktz. war demnach in seinem vorgerückten Alter in ein Finanz-Amt übergetreten. Solche Zehntner an den wichtigsten Geldplätzen des Landes, Freiberg, Leipzig, hatten die Finanzoperationen der Fürsten zu besorgen, auch die Freiberger Silberbarren zu verwerthen. Sie standen mit den Geldleuten in Nürnberg, Augsburg, Brügge in Verbindung und mussten, wie wir sehen, oft aushelfen. — Mit dem Jahre 1493 verschwindet Nyc. v. Ktz.; er musste ein hohes Alter erreicht haben. — 14..? Kald. October VI. Idus, **Nycolaus de Koczik occisus**, sagt das *Calendarium Pegaviensis. Menken, Script.* I. II., pag. 146., dies ist die letzte unsichere Spur seiner Existenz. — Den Herzog Albrecht beschäftigten jetzt theils Reichsangelegenheiten, theils die erblich erhaltene Statthalterschaft über Friesland, womit Maximilian 1494 seine Verpflichtungen auszugleichen glaubte. Dem Herzoge wie seinem Lande brachte dies Amt schwere und fruchtlose Kämpfe, ihm selbst am 12. Sept. 1500 den Tod fern von der Heimath. Albrechts Sohn, Herzog Georg der Bärtige, folgte in der Regierung. Auch bei diesem sehen wir ein Mitglied der Familie, Georg v. Ktz., wahrscheinlich ein Sohn des Hofmeisters Hans v. Ktz., der schon 1476 den Herzog Albrecht nach Jerusalem begleitet hatte, in vertrauter Stellung. (Vide *Reg.* zu 1501—2, Nr. 1, 2, und 1510.)

Ueber die Verhältnisse der Familie seit der Brüderlichen

Theilung vom Jahre 1483 bis zum Beginne des 16. Jahrhunderts liegen die folgenden Reg. vor:

1483, 26. Juny, d. d.? Caspar, Georg, Christof, Gebrüder v. Ktz. (auch für ihren Bruder Hans), auf Waldau gesessen, benachrichtigen den Erzbischöfl. Administrator zu Mgdbg., Herzog Ernst zu Sachsen, von dem von ihnen geschehenen Verkaufe des Zehnten der nachgenannten im Gericht Delitsch und Gibichenstein gelegenen acht Dörfer: Peissen, Pramitz, Schwätz, Cwebendorf, Droschkewitz, Weyern, Grupzk (Gröbzig), Loschwitz, für 620 fl. rhn. an die Gebrüder Heinrich und Georg v. Ammendorf auf Rothenburg, und lassen dem Erzstift als Lehnsherrn die Lehn auf. (Gleichzeitige Original-Copie im Copiar Nr. XLVI., fol. 100—101. *Kgl. Provinz.-Archiv zu Magdeburg.*) Die Dörfer Droschkewitz und Weyern fehlen auf der Reimann'schen Karte.

1483, 20. August, d. d. Leipzig. Kurfürst Ernst und Albrecht, Herzog zu Sachsen, benachrichtigen Heinr. v. Ammendorf, dass sie mit dem Administrator des Erzstifts Magdbg., Herzog Ernst, in Betreff der an den v. Ammendorf verkauften acht Gütern in den Gerichten von Delitsch und Gibichenstein sich geeinigt haben. (Origin.-Copie im Copiar Nr. XLVI, fol. 102. *Kgl. Provinz.-Archiv zu Magdbg.*)

1485, 26. August. In dem sächs. Erbtheilungs-Vertrage der fürstl. Brüder Ernst und Albrecht werden in Meissen fünf Häuser der Familie v. Ktz. genannt: Elsterwerda, Waldau, Mückenberg, Promnitz, Strauch. (Archiv zu Weimar.) *v. Langen* (*Albrecht der Beherzte*, pag. 295) zählt nach der Theilungsurkunde der Brüder zu den angesehensten Adels-Familien Meissens die Ktze., wegen Elsterwerda und Waldau.

1486/7, 18. Febr., d. d. Torgau. Gunstbrief Kurfürst Friedrich zu Sachsen für Jorg v. Ktz. zu Frauenhorst über den Verkauf von 15 fl. rh. Zins für 200 fl. an Andreas Otto. (Archiv Weimar. Cop. B. 7.) Ein Hr. Otto tritt mehrfach in den Privatverhältnissen der Familie auf. —

1486, List v. Ktz. auf Elsterwerda, zur Zeit Amtmann

in Liebeuwerda, mahnt den rückständigen Sold seines selig. Bruders Hans v. Ktz., Ordenssöldner, durch den Hans v. Ysennach bei der Hochmstr. D. Ordens, und siegelt eine Vollmacht Sigismund Roitsch für jenen Ysennach. (*Provinz.- Archiv zu Königsbg.*, v. Rubro, Nr. 62. Ueber das Weitere dieser Forderung vide *die Ktze. im D. Orden.*)

1487, 15. May, d. d. Elsterwerda. List v. Ktz. auf Elsterwerda verkauft mit Einwilligung seines Bruders, Offe v. Ktz. zu Trebendorf bei Kottbus, vide *Reg.* 1491, und seiner Vettern Balths. v. Ktz. auf Promnitz und Kasp. v. Ktz., der Aeltere, zu (Mückenberg), den Gebrüdern Posch 7 fl. rh. jährl. Zinsen von seinen Zinsgütern und Gärten, die Kreyergärten genannt, zwischen Merzdorf und Gröden, um 100 fl. rh. wiederkäuflich. (Archiv zu Weimar.)

1487, 2. November. Schuldverschreibung List's v. Ktz. zu Elsterwerda über die von seinem Vetter Balths. v. Ktz. (auf Promnitz) dem Georg Posch, Bürger in Gr.-Hayn, schuldigen 25 fl. rh. (Archiv zu Weimar.)

1487, 7. December, d. d.? Hugold v. Schleinitz schreibt an Hans v. Ktz., Hauptmann zu Dahme, in Angelegenheiten seiner Ansprüche an das den v. Schleinitz verpfändet gewesene Schloss Dahme. (Origin. im *Provinz.-Archiv zu Magdeburg* v. Rubro *Dahme*, Nr. 26.) Hugold v Schleinitz, bis 1487 Obermarschall des Kurfürsten Ernst v. Sachsen, hatte aus unlauteren Absichten die brüderliche Theilung des Landes gefördert, die hervortretenden Nachtheile derselben hatten ihm das beiderseitige Vertrauen der Brüder entzogen und seine Rechtfertigung erfordert, mit der wohl das obige Schreiben in Verbindung steht. (*v. Langen*, pag. 146.) In oder bei Dahme lebten noch zwischen 1820—30 bürgerliche Ktze., sollten das im 30jährigen Kriege herabgekommene Nachkommen jenes Hans v. Ktz. sein?

1488, 20. November, d. d. Gibichenstein. Ernst, Erzbischof von Magdeburg, belehnt Hans v. Ktz., Amtshauptmann zur Dahme, für seine treuen Dienste mit den nach dem Tode der Wittwe Bartholdi Schenk dem Erzstift heimgefallenen Gütern, nämlich: 5 Hufen Land vor Dahme und 1 Schock Grosch. mit 3 Hühnern Zins von 1 Hufe zu Ihlow. Original-Registratur im Lehnbuche *Ernst Prinz zu Sachsen, Erzbischof v. Magdeburg*, Rubro *Jüterbock'sche Lehne*. (Prov.-Archiv zu Magdeburg.) Ernst v. Sachsen war der Enkel jener Margaretha, Kurfürstin v. Sachsen, der Schwester Kaiser Friedrich III., bei welcher Hans v. Ktz. von 1449—56 als Hofmeister fungirte.

1489, 24. Novbr., d. d. Magdbg. Ernst v. Sachsen, Erzbischof v. Magdbg., belehnt Hans v. Ktz., Amtshauptmann zur Dahme, für die ihm geleisteten angenehmen Dienste mit Heinz Kurnchens? erledigten Gütern, nämlich: 7 Hufen auf der Feldmark Zubellsdorf? und 1 Hufe vor dem Neu-Märkischen Thore vor Jüterbock belegen. Am Rande der Urkunde bemerkt: dass diese Hufen später veräussert sind. (Original-Registrat. im Lehnbuche *Ernsts, Erzbischof v. Magdeburg*, v. Rubro *Jüterbock'sche Lehne*.)

1489, Dienstag nach Palmarum. Friedrich, Herzog zu Sachsen, belehnt Georg v. Hundorf mit ½ Dorf Falkenberg bei Uibigau, so sonst Schoffes, und ½ Dolgen, so sonst Kockeritz gewesen. (*Kreysig, dipl. Nachlese*, Bd. III, Thl. IX, p. 103.) Das Dorf Dolgen (Dolga), jetzt Döllingen, wurde 1438 an die Schoffe zu Falckenberg verkauft, der Besitz der Ktze. muss sich also auf die Zeit vor 1438 beziehen. Die Patrius Johann sen. und jun. werden 1402 auf Elsterwerda und Dorf Kroupa, das mit Dolga grenzend, genannt. Beide Dörfer gehörten zur früheren Herrschaft Elsterwerda.

1491, 3. Juni. Alisch v. Ktz. zu Bogkwitz (bei Mückenberg) verkauft das Dorf Särchen nebst Zubehör an die Gebrüder v. Pischan. (Archiv zu Weimar.)

1491, 24. Juny. Caspar und Albrecht v. Kokeritz zu Mückenberg verzichten auf Särchen, das Alisch v. Ktz. zu Bogkwitz, ihr Bruder, verkauft habe. (Archiv zu Weimar.) Alisch sitzt 1494 noch auf Bogkwitz.

1495, 28. Januar. List v. Kokeritz zu Elsterwerda verkauft 7 fl. rh. jährlichen Zins von dem Hopfgarten zu Mertzdorf, wiederkäuflich an Georg Pusch zu Meissen. (Archiv zu Weimar.)

1495, 23. Januar, d. d. Torgau. Gunstbrief Friedrichs,

Churfürst zu Sachsen, für Georg v. Ktz. über die Verpfändung des Sitzes Frauenhorst, worauf Georg 200 fl., unter Bürgschaft Heinr. Leipczk und Helfrich v. Mekau, schuldig ist; ferner über die Anleihe von 7½ fl. rh. jährlichen Zins bei Lorenz Hennigkin. (Archiv Weimar, Copiar B. 7, fol. 146$^b$.)

1496. Act Albrechts v. Ktz. zu Mückenberg, worin er an den v. Pichan seine Güter zu Cletiz (Klettwitz) und Kostebrau bei Senftenberg verkauft. Loc.? 9832. (Archiv zu Dresden?)

1496, 28. Februar. Conrad v. Kokeritz zu Strauch bei Gr. Hain verkauft 6 fl. rh. jährl. Zinsen in seinem Dorfe Hirchfeld (westl. Ortrand), wiederkäuflich um 100 Goldguld. rh. (Archiv zu Weimar.)

1498, 28. May, d. d. Jüterbock. Nicel, Apt zu Zinna, der Amts-Hauptmann Hans v. Ktz. zur Dahme und der Rath zu Jüterbock, stiften einen Vergleich zwischen dem Jungfrauen-Kloster zu Jüterbock und der Gertrud Bergmann und ihrer Schwester wegen des Nachlasses ihres Vaters. (Orig. im *Prov.-Archiv zu Magdbg., v. Reg. Kloster Jüterbock,* Nr. 49.)

1499, 20. August, d. d. Gibichenstein. Ernst, Erzbischof v. Magdbg., Prinz zu Sachsen, belehnt Hans v. Ktz. (Amts-Hauptmann) und Ere George, seinen Bruder, mit einer ½ Hufe Land vor Dahme, die Ersterer (Hans) von Veit Hensel, Bürger in Dahme, gekauft hat. (Original-Registratur im Lehnbuche *Erzbischofs Ernst v. Magdbg.,* in foin (facicel?), v. Regist. *Jüterbucker Lehne.*)

Die nachstehenden 9 *Reg.* zum Jahre 1500 sind wörtlich so kargbemessen aus dem Kgl. Staats-Archiv zu Dresden mitgetheilt:

1. Caspar v. Ktz. zu Mückenberg, Schuld an Hans v. Ktz. (Copiar 106, Bl. 7.) — 2. Hans v. Ktz., Klage wegen verzögerter Hilfevollstreckung. (Cop. 106, Bl. 7.) — 3. Hans Birka (v. d. Duba) soll Ktz. gütlich entscheiden. (Cop. 106, Bl. 44.) — 4. Jorg v. Ktz. wird zum Erscheinen bei Herzog Albrechts Begräbniss aufgefordert.

(Cop. 106, Bl. 60.) — 5. Vorbescheid zwischen Nic. und Albrecht v. Ktz., Gevettern. (Cop. 106, Bl. 70$^b$.) — 6. Conrad und Hans v. Ktz., Gebrüder, werden vorbeschieden. (Cop. 106, Bl. 78.) — 7. Hans v. Ktz., Forderung an seinen Vetter Casp. v. Ktz. zu Mückenberg. (Cop. 106, Bl. 82 und 247$^b$.) 8. Hans v. Ktz. und sein Bruder (Conrad?) vorgeladen. (Cop. 106, Bl. 95.) — 9. Hans v. Ktz. zu Merzdorf, Klage gegen Nic. v. Ktz. zu Nauendorf. (Cop. 106, Bl. 95.)

Desgleichen die folgenden 12 Reg. zum Jahre 1501 u. 2: 1. Georg v. Ktz., Ritter, (Hans v. Ktz. zu Dahme, Bruder) soll Herzog Georg v. Sachsen, dem Sohne Albrecht des Beherzt., seinen Schimmel verkaufen. (Cop. 106, Bl. 199.) — 2. Georg v. Ktz., Rath bei Herzog Georg v. Sachsen. (Cop. 106, Bl. 255$^b$.) — 3. Conrad v. Ktz. auf Strauch, Schuldsache. (Cop. 106, Bl. 271.) — 4. Hans v. Ktz., Schuld betreffend. (Cop. 106, Bl. 275.) — 5. Nicel. v. Ktz. soll Simon Richtern, dem er sein Gericht abgekauft hat, befriedigen. (Cop. 106, Bl. 284.) — 6. Balthasar v. Ktz., Termin mit Christof v. Maltitz zu Finsterwalde wegen einer Geldschuld. (Cop. 106, Bl. 304.) — 7. Conrad v. Ktz. zu Strauch schuldet Hans v. Taubenhein. (Cop. 106, Bl. 328.) — 8. Casp. v. Ktz., bei dem König v. Böhmen gegen Herzog Georg v. Sachsen angebrachte Beschwerde von Letzterm zurückgewiesen. (Cop. 106, Bl. 342 und 359$^b$.) — 9. Gebrechen zwischen Alex. und Nic. v. Ktz. eines, und Albrecht v. d. Sale andern Theils betreffend. (Cop. 106, Bl. 372$^b$.) — 10. Casp. v. Ktz., Ritter, erhält sicheres Geleite. (Cop. 106, Bl. 375.) — 11. Hans v. Ktz. zu Buckwitz, 1502. (Cop. 106, Bl. 12.) — 12. Alex v. Ktz. verpfändet 6 fl. F. Zins auf sein Gut Zschiepke, 1502. (Cop 106, Bl. 98$^b$.)

Desgleichen die folgenden 9 Reg. zum Jahre 1503: 1. Hans v. Ktz. zu Mertzdorf, Schuldsachen. (Cop. 108, Bl. 155 und 187. — Ihm soll das von seinen Vettern mit Beschlag belegte Geld im Amte Senftenberg verabfolgt werden. (Dresd. Copiar, Bl. 66$^{a/b}$?) — 2. Georg v. Ktz. um einen Zelter ersucht. (Cop. 108, Bl. 173.) — v. Langen sagt von solchen Anforderungen pag. 449—50: »Auch brachte es die

Ritterschaft mit sich, dass die Fürsten bereitwillig Bitten um Herleihung der Rosse willfahrten, wenn sie auch von ihren zugehörigen Edelleuten ausgingen. Dagegen wendeten sie sich auch wieder an Ritter, die in Besitz eines besonders guten Pferdes und liehen es zu einzelnen Rennen und Kämpfen. So brachte es der Geist des Ritterthums mit sich, es galt in gewisser Hinsicht hier keine Standesabstufung.« Georg v. Ktz. stand dem Fürsten als Rath näher. — 3. Nic. und Alex. v. Ktz., Gebrüder, sollen die ihren beiden unverheiratheten Schwestern aus ihren ererbten Gütern vermachten 300 fl. auszahlen oder Bürgen stellen. (Cop. 108, Bl. 192$^b$.) — 4. Georg v. Ktz., Herzog Georgs Rath, Donnerstag nach Oculi nach Leipzig berufen. (Cop. 108, Bl. 194$^b$.) — 5. Die v. Ktz. zu Mückenberg haben Bürgschaft geleistet (wohl ad 3). (Cop. 108, Bl. 257.) — 6. Curt und Hans v. Ktz., Gebrüder, nachgesehener Ritterdienst. (Cop. 108, Bl. 269$^b$.) — 7. Anna v. Ktz. zu Elsterwerda. (Cop. 108. ibidem.) 8. Albrecht v. Ktz., Zubusse zum Bergwerke von St. Annaberg ist anzunehmen. (Dop. 108, Bl. 305.) — 9. Consens zum Contrackt zwischen Nicl. und Alex v. Ktz. und ihren unmündigen Geschwistern. (Cop. 108, Bl. 278$^b$.)

Zum Jahre 1504 finden sich die folgenden *Reg.*:

1504, 3. November. 1. **Hans v. Ktz. zu Merzdorf** Revers, betreffend die Einlösung von verpfändeten 2$^1$/$_2$ fl. Zins auf 4 Bauern in seinem **Dorfe Bruckwitz** binnen 2 Jahren. (Dresdn. Copiar.) — 2. Georg v. Ktz. nach **Torgau (an den Hof)** befohlen. (Dresdn. Cop. 109, Bl. 3.) — 3. Schuldsachen zwischen v. Ktz. und **Albrecht v. Ktz., seinem Vetter** (ibid., Bl. 43).

Die sächsischen, durch die brüderliche Theilung vom Jahre 1485 getrennten Länder hatten in dieser von religiösen Gährungen überfüllten Zeit das Geschick, von zwei Fürsten regiert zu werden, welche auf den entgegengesetzten Seiten standen. Kurfürst Friedrich d. Weise mit seinem gleichgesinnten Bruder Herzog Johann liessen Luther's Bestrebungen in Kursachsen den kräftigsten Schutz angedeihen, während Georg der Bärtige in Meissen religiösen Veränderungen, in denen er sociale Umwälzungen keimen sah, entgegentrat. Georg v. Ktz., der Wallfahrer, der Lehnsmann des Erzstifts Magdeburg, folgte, zum Rathe des Herzogs Georg berufen, der Ansicht seines Landesherrn, während sich andere Familienglieder der alten Kirche feindlich gegenüberstellten. Wenn diese Trennung ungünstig auf das Gedeihen des Geschlechtes einwirken mochte, so hatte sie doch dasselbe davor bewahrt, sich an den Gütern der geplünderten Kirche zu bereichern, einem Makel, dem damals (um 1525) Fürsten und Adel gründlich verfielen. — Churfürst Friedrich d. Weise † 1525. Sein Bruder Johann regierte im gleichen Sinne. Wenn auch in ihren religiösen Ansichten mit Georg im Zwiespalte, so bewahrten doch die Kurfürsten Friedrich und Johann, diesem Vetter gegenüber, den äussern Frieden. Der hartnäckig an dem Rechte der Selbsthülfe festhaltende Adel und das die Freiheitslehren des Evangeliums auf Hab und Gut beziehende Volk, waren die schwer zu bewältigenden Elemente der Unruhe und Störung, welche die sächsischen Fürsten und im weiteren Bereiche Kaiser Maximilian zu bekämpfen hatten. Kurfürst Friedrich überlebte noch diesen Kaiser lange genug, um dem Reiche einen Nachfolger, Karl V., zu geben und das Ende der bäuerlichen Unruhen (1525) zu sehen. — Es finden sich keine Nachrichten vor, dass Mitglieder der Familie v. Ktz. dem Kurfürsen Friedrich nahe standen; wohl aber mögen sie ihm und seinem Vetter Georg mannichfach durch ihre die Landesordnung verletzenden Gewaltthätigkeiten gegen den Handel und die alte Kirche und durch die in Uebung befindliche Selbsthülfe schwere Regierungssorgen bereitet haben. Wir müssen es unseren Lesern überlassen, sich aus den hier folgenden kurzen *Reg.* des Dresd. Archivs und den *Nachrichten über die Mückenberger Händel* ein Bild jener Zeit und des Auftretens der Ktze. in derselben zu entwerfen. —

1508. 1. Hans v. Ktz zu Merzdorf Gewaltthätigkeiten gegen Jacob Fiedler und dessen Frau betreffend. (Dresd. Copiar 110, Bl. 7ᵇ.) — 2. Balth. v. Ktz. zu Promnitz soll seine Frau leibgedingen. (Ibid. 110, Bl. 8ᵇ.) — 3. Casp. v. Ktz. zu Mückenberg soll die 50 fl., die er Honsberg schuldet, nicht zahlen. (Ibid. 110, Bl. 30ᵇ.) — 4. Albrecht v. Ktz. zu Mückenburg Schuldsachen. (Ibid. 110, Bl. 27ᵇ.)

1509. 1. Caspar v. Ktz. wird aufgegeben, an Hans v. Ktz. zu Lübben (Löben?) die verkauften Zinsen abzutragen. (Dresd. Copiar 110, Bl. 184ᵇ.) — 2. Die v. Ktze. zu Mückenberg sollen ihre Unterthanen zu Zorngosta aus dem Bann befreien wegen verweigertem Bau eines Schulhauses, zu dem diese nicht verpflichtet. (Ibid. 110, Bl. 195ᵇ.) — 3. Jorg v. Ktz., dem das Städtchen Elsterwerda empfohlen, Ritter und Rath, soll Balth. v. Ktz. seine Zinsen folgen lassen. (Ibid. 110, Bl. 197.) — 4. Hans v. Ktz. zu Merzdorf soll Margaretha v. Ktz. zu Strauch an ihres Leibgedinges Brauch nicht hindern. (Ibid. 110, Bl. 235.) — 5. Dem (obigen?) Hans v. Ktz. soll im Geheimen nachgetrachtet und er in den Thurm gesetzt werden. (Ibid. 110, Bl. 50ᵇ.) — 6. Albrecht v. Ktz. Schuldsachen. (Ibid. 110, Bl. 55.) — 7. Georg v. Ktz., Ritter, nach Torgau befohlen. (Ibid. 110, Bl. 111.) — 8. Herzog Georgs Schreiben an Georg v. Ktz., die Fehde Jacobs v. Ktz. (des Pfaffenfeindes), seines Vetters, gegen den Bischof v. Meissen betreffend. (Ibid. 110, Bl. 129—135.) — 9. Casp. und Albrecht v. Ktz. zu Mückenberg. (Ibid. 110, Bl. 135ᵇ.) — 10. Hans v. Ktz. zu Merzdorf zu Herzog Georg erfordert. (Ibid. 110, Bl. 45.) — 11. Hans v. Ktz., vielen Ungehorsams wegen in's Gefängniss gesetzt, soll daraus entlassen werden, wenn Georg v. Ktz., sein Vetter, ihn zu Herzogs Georg Hand mit einem Rittergefängniss bestrickt. (Ibid. 110, Bl. 48.) — 12. Derer v. Ktz. und v. Feilitsch Erbansprüche. (Dresd. Archiv. Justizsachen. Generalia Nr. 19, Seit. 140 folg.) — 13. Georg v. Ktz. und ein durch seinen Tod apert werdendes Geldlehn von 20,000 fl. betreffend. (Ibid. Nr. 99, Bl. 578 fl. und Nr. 102, Bl. 22 fl. — 14. Jakob v. Ktz. hat angefragt, warum Herzog Georg v. Sachsen sein Gut Elsterwerda eingenommen. (Drsd. Copiar 115, Bl. 4, 7, 8ᵇ.) — Wie es bei dieser Einnahme zugegangen, ergibt die folgende Reg.: 15. Der Frau v. Ktz. zu Elsterwerda (Jakobs Gattin?) Klage, dass die Fussknechte, die daselbst gelegen, ihre Laden erbrochen, Silber, Gold und Anderes genommen. (Ibid. 115, Bl. 8.)

1509, Freitag nach Lätare, d. d.? Es ist dem v. Ktz. auf

Mückenberg geschrieben, auf Beklagen Er Martin Otto, Doct. etc., wie sie ihm die Briefe, so bei dem Abt v. Dobrilug niedergelegt, gekümmert haben sollen, mit Begehrnug, davon abzustehen und die Briefe ungesäumt folgen zu lassen, wo sie aber dessen beschwert, solches in Schriften vermelden zu wollen. (Dresd. Copiar 111, Bl. 100$^b$.)

1509, Donnerstag nach Misericordias, d. d.? Ist an Doct. Martin Otto zu Herzberg geschrieben, dass sein Schreiben, die v. Ktz. zu Mückenberg, wegen der bei dem Abt zu Dobrilug niedergelegten Briefe, betreffend, sammt den eingelegten (Bei-) Schriften verlesen werde, und weil inzwischen weitere Antwort von denen v. Ktz. eingekommen sei, werde ihm dieselbe überschickt, worauf er sich der Gebühr zu verhalten wissen werde. (Dresd. Copiar 110, Bl. 120.)

1510. Georg v. Ktz. soll mit Andern in Herzogs Albrecht? (Georgs) Abwesenheit Statthalter sein. (Dresd. Copiar 116, Bl. 60$^b$.) -- Dienstag nach Convers. Pauli zog Herzog Georg mit 800 Mann Gefolge nach Prag, um vom Kg. Ladislaw die Lehn zu empfangen, und von dort nach Augsburg zum Reichstage.

1511. 1. Der v. Ktz. zu Mückenberg Schuld an Heinz. v. Kottwitz betreffend. (Ibid. 116, Bl. 121, 147$^b$.) — 2. Hans v. Ktz. (Merzdorf) Schulden an Fried. v. Petzschitz betreffend. (Ibid. 116, Bl. 130$^b$.) — 3. Jacob v. Ktz. und Casp. v. Maltitz sollen ihre Fehde gegen den Bischof v. Meissen einstellen. (Ibid. 116, Bl. 176.)

1512, Sonnabend nach Cantate. 1. G(eorg) und H(ans) v. Ktz. Wiederkaufsverschreibung an sie, über Schloss und Amt (Gross-) Hain. (Abschrift Dresd. Archiv, III. Abtheil. Oerter: Elsterwerda, Nr. 1, Bl. 1, 9.) — 2. Kaufbrief Gr. und H's. v. Ktz. über Schloss und Gut Elsterwerda an Herzog Georg zu Sachsen. (Abschrift ibid. Bl. 5.) — 3. Revers Herzog Georg zu Sachsen wegen Wiedereinlösung der von den v. Ktz. zu Merzdorf verpfändeten jährlichen Zinsen zu Elsterwerda. (Abschrift ibid. Bl. 13.) — 4. Balthasar v. Ktz. zu Zehista. (Dresd. Cop. 113, Bl. 125.) — 5. Hans v. Ktz. zu Merzdorf soll sich der Kinder seines Bruders Conrad und dessen Gutes? annehmen.

(Copiar 116, Bl. 244ᵇ.) — 6. Drohungen Hans v. Ktz., Sohn Albrechts v. Ktz., gegen Friedr. v. Schleinitz. (Ibid. Bl. 263ᵇ.) — 7. Jacob v. Ktz. hat Elsterwerda verkaufen wollen. (Ibid. Bl. 283.) — 8. Leibgedinge der Wittwe Nic. v. Ktz. zu? betreffend. (Ibid. Bl. 268ᵇ.)

1511/12. Hans v. Ktz. zu Mückenberg (ein Nachkomme Nic. v. Ktz. auf Wehlen) wird von den gegen die Wegelagerer ausgeschickten Reitern der 6 Städte auf seinem Hofe gefangen und weggeführt. Die Städte mussten sich vor Herzog Georg zu Dresden wegen dieser Grenzverletzung vertheidigen. Das starke Geleite der Ktze. auf diesem Rechtstage gab den Städten viel Bedenken. Sie konnten sich nicht rechtfertigen und die Stegreifreiterei unterblieb nicht. (*Script. rerum Lusatic.* Neue Folge, Bd. III, pag. 192 und 224 etc.) Die Sache trug sich nach der vorangeführten Quelle wie folgt zu: Der Görlitzer abgesagte Feinde blieben nach dem tragischen Falle mit den Kottwitzern (vide Abschnitt Nd.-Lausitz) deren bekannte Spiesgesellen Heinrich Krayen und Hans Maxen; der dritte, Greifenhain, war mittlerweile in Berlin gehangen worden. Sie fielen den sechs Städten sehr beschwerlich, verbrannten ihre Güter, bis Krayen in die Dienste des Herzogs von Lüneburg trat und Maxen mit Jakob v. Ktz., dem Pfaffenfeinde, in Putzkau bei einem v. Haugwitz einfiel und dort gefangen wurde. Nämlich um Michaelis 1510 wollte Jakob v. Ktz., der viele Jahre, wohl noch von 1496, der Ermordung List v. Ktz. auf Elsterwerda her, des bischöfl. Kapitels und der ganzen Priesterschaft zu Meissen abgesagter Feind gewesen und davon seinen Beinamen erhalten hatte (*Reg.* zu 1509 [10]), den genannten v. Haugwitz, einen Belehnten des Bischofs, überfallen, fangen und aus dem Lande führen. Er verband sich mit vielen wüsten Gesellen, zusammen XV Pferde, und waren darunter: Jakob, Hans Maxen, Liborius Kittlitz, der schwarze Andreas v. d. Krotzau, Sigismund Zirnofsky, ein Böhme, ein Müller von München-Grätz, auch Rackwitz. — Als mit Tagesanbruch Köckritz daselbst einfiel, waren auf dem Hofe die Drescher schon thätig, merkten das Vorhaben und setzten sich zur Rettung ihres Junkers zur Wehre und draschen sich mit etlichen der Reiter im Hofe herum, bis andere Bauern ihnen zur Hilfe gekommen und ihrer zusammen acht waren. Als Ktz. das gesehen, ist er herab aus der Schlafkammer des alten Haugwitz, der durch ein Schlupfloch sich rettete, seinen Gesellen zu Hilfe geeilt. Doch sind die Reiter sehr in die Enge getrieben und, theils schwer verwundet, flüchtig geworden, auch Rackwitz und drei Bauern todt geblieben. Es ist hierauf grosser Lärm im Lande entstanden, und die Flüchtigen, welche über Bischofswerda gegen die Lausitz zogen, als sie merkten, dass ihnen hier aufgepasst wurde, wandten sich nach dem Gebirge, doch wurden ihnen in der Hohenstein'schen Pflege von den Leuten Heinrichs v. Schleinitz 13 Pferde abgenommen, auch der schwarze Andreas gefangen und auf Ansuchen der Städte in Ronneburg hingerichtet. Hans Maxen, Zirnofsky und der Müller wurden gefangen nach Dresden geführt, wohin die Städte 40 Pferde sandten, um ihr Recht zu erbitten gegen Hans Maxen, was jedoch von fürstl. Gnaden bis auf Anspruch mit dem Bischof von Meissen abgewiesen wurde. Später, im Herbst, durften die Städte ihr Recht durch zwei Gesandten wahren und wurden dann der Maxen sammt dem Müller — der vorher getauft wurde?!! — in Dresden hingerichtet, der Zirnofsky aber losgelassen. — Selbstredend dauerte auch nach diesem blutigen Akte das durch den Justizmord der Kottwitzer zwischen der Landschaft und den Städten der Ob.-Lausitz angeregte Zerwürfniss fort. Um beide zu versöhnen, schrieb der Landvoigt Sigismund von Wartenberg zum 23. Sept. 1511 einen Landtag nach Bautzen aus, wo durch den besonders dazu geforderten Hans v. Ktz. für den Landeshauptmann umsonst zur Einigung geredet wurde. (Vide *Script. rer. Lusati.* N. Folge, Bd. III, p. 163 etc.)

Desselben Jahres 28. Octbr. 1511 übertrug der Gesandte der böhmisch. Krone, Peter v. Birken, Herr v. d. Leipa, zu Bautzen, dem Sohne Christof des bisherigen Landvoigts Sig. v. Wartenberg dieses Amt. Bevor die Einweisung und Verbriefung erfolgte, forderte die Landschaft von Hrn. Christof die Zusage: »dass er nie einem im Lande Ob.-Lausitz nicht angesessenen und beerbten Manne die Landeshauptmannschaft übertragen solle, wie dies auch der frühere Landvoigt Herzog Sigismund, jetzt König von Polen, gethan habe.« Der Grund dieser Forderung war die Besorgniss der Landschaft, dass Hr. Christof v. Wartenberg diese Stellung dem städtefreundlichen Hans v. Ktz. auf Schenkendorf übertragen würde, was die Städte von Hrn. Christof bereits mehreremal erbeten hatten. Der neue Landvoigt ging auf diese Sache nicht ein, da auch sein Vater sich keiner solchen Verpflichtung unterzogen habe. Bei der Einweisung, am 29. Octbr. 1511, stand Hans neben dem neuen Landvoigt und führte für ihn das Wort auch auf dem Tage zu Spremberg, am 4. Januar 1512. (*Script. rer. Lusati*, N. Folge, III. Bd., p. 164, 69, 70, 71 und 192.)

Weiter wurde auf der Tagung am 28. und 29. October 1511 zu Bautzen Hr. v. Dohna auf Königsbrück wegen eines geduldeten Strassenraubes bei dieser Stadt, an zwei Wegen der Görlitzer, durch Heinr. Crayen und Hans Maxen, vor Hrn. Peter v. d. Birken, Herr zu Leippa, königl. Gesandten, Hrn. Christof v. Wartenberg, Landvoigt, Hrn. Hansen v. Ktz. auf Schenkendorf und der versammelten Landschaft von den sechs Städten angeklagt. Die Landschaft vertheidigte den v. Dohna, und der Landvoigt versprach nur, demselben als Abwesenden davon Bescheid zu geben. Da die Städte wegen dieses Raubes kein Recht bekamen, — »wenn der Krämer einen Pfeffersack verliert, soll gleich Kaiser und Reich aufstehen,« — so zogen sie mit mehreren Hundert Pferden gegen die Nd.-Lausitz, wohin der Raub gebracht sein sollte, fingen auf Verdacht hin einen gewissen Martin Kober bei Kl.-Düben und geriethen hierdurch und wegen böser Nachrede, wegen Hehlerei, deren sie den Hrn. Heinrich Tukel v. Bernitzky, Landvoigt der Nd.-Lausitz zu Spremberg, beschuldigten, von Neuem in Verklagung auf einer nach Spremberg ausgeschriebenen Tagung, wo, wie angeführt, Hr. Christof v. Wartenberg durch Hans v. Ktz. die Sache vortragen liess. Die Städte bekamen des Lausitzer Zuges und der ganzen Sache wegen Unrecht vor genanntem Landvoigt der Ob.-Lausitz. Dennoch unternahmen sie bald darauf in ihrem Geldtrotze einen neuen Zug in die Nd.-Lausitz, vorgeblich gegen Heinrich Crayen, dessen Verlauf wir nach *Script. rer.*

*Lusati* (N. Folge, Bd. III, p. 224 etc.) als lebendiges Bild der Zeit erzählen. (Hans v. Ktz. u. Schenkendorf ist nicht weiter dabei betheiligt.) Der Ritt der Städte gegen H. Crayen schlug fehl; beim Rückwege erfahren sie jedoch, dass sich Hans Maxen mit zwei Pferden in einer Schenke zu Mückenberg befinde, das zum Meissner Lande gehörte. Auf eilige Nachforschung in der Schenke erfahren sie, dass die zwei Pferde dem Maxen zugehören und dieser selbst sich auf dem Hofe beim Junker Hans v. Ktz. — nicht der H. v. Ktz. u. Schenkendorf — zum Essen befände. — Als die Abgesandten nach dem Hofe sprengten, werden die Gäste und der Wirth flüchtig. Erstere retten sich durch den Elsterbruch (Schraden) und Letzterer lief bis an den Hals in das Wasser seines Schlossgrabens und wurde als verdächtig und weil er keine Kunde über seine Gäste geben wollte, festgenommen und an Herzog Georg zu Dresden übergeben, wo in dieser Sache am 9/12. Oct. 1512 ein Tag für beide Theile angesetzt ward. Als die Städte am Sonntag Arnolphi mit nahe 40 Pferden in Dresden einritten, bemerkten sie, dass ihre Gegner mit starkem Geleite schon dort lagen; es waren dies: Hans Maxen, Casp. Maltitz, Jakob Ktz., der Pfaffenfeind, Caspar Kottwitz v. Nechan mit seinem Knechte Lorenz Kussmann und anderen ihrer Helfer. — Die Böses erwartenden Städte haben durch Hans v. Schönberg bei Sr. Fürstl. Gnaden frei Geleit gegen Gewalt und Unrecht begehret und ist ihnen dies zugesagt worden mit dem Bemerken, dass, so Jemand dagegen handele, Se. Fürstl. Gn. sich dermassen dagegen erzeigen, dass man wahrnehmen würde, Er habe keinen Gefallen daran.

Den folgenden Montag ist der Bericht, wie es sich mit dem Einfall in Mückenberg begeben, aus welcher Ursache solcher geschehen, Sr. Fürstl. Gn. vorgetragen mit anhängiger Bitte, da besagter Einfall Sr. Fürstl. Gn. zu keinem Schimpf, gerichtlichem oder obrigkeitlichem Abbruch, sondern nur im Drange der grössten Nothhilfe geschehen sei, auch die Städte ihre gefangenen Gegner nicht aus dem Lande führen, sondern sich mit ihnen vor Gericht wenden wollten, wie Sr. Fürstl. Gn. dies aus der Ueberantwortung der Pferde entnehmen möchten; auch sei Niemand Gewalt angethan oder unbillig Etwas entwandt worden; Se. Fürstl. Gn. möchte daher geruhen, sich durch die v. Ktz. und ihren Anhang zu keiner Ungnade gegen die Städte bewegen zu lassen und ihr Gnädiger Herr sein und bleiben. Sie wollten auch diese Sache ganz auf Sr. Fürstl. Gn. mächtigen Ausspruch stellen und würden sich sonder Zweifel gegen Hans v. Ktz., als der, der durch seine und seiner Gäste Flucht sich verdächtig machte, ihre Feinde gehauset zu haben, wohl wissen gebührend zu — ver—halten. — Es ist in letzter Sache eine Entschädigung für Hans v. Ktz. angedeutet. —

Als dieser Bericht dem Ktz. bekannt gegeben wurde, hat er mit seiner Freundschaft begehrt, dass derselbe in ihrer Gegenwart vorgetragen würde, was die Gesandten durch den Hrn. Landvoigt, der mit ihnen nach Dresden zu ziehen vermocht war, abgeschlagen haben aus der Ursache: dass die Gegner vielleicht ihre Worte nach deren Gefallen und Absicht deuten wollten und die Gesandten darauf mit spitzigen Worten verunglimpfen würden, was diese zur Replik nöthigen und solches mehr zum Zank als zur Förderung der Sache und dadurch zur Belästigung Sr. Fürstl. Gn. gereichen möchte. Sollten nichtsdestoweniger Se. Fürstl. Gn. Solches von ihnen haben wollen, und dass sie ihre Gegenpart nicht hinter dem Rücken beschuldigen wollten, so wollten sie Sr. Fürstl. Gn. zu Gefallen ihren vorgetragenen Bericht in Desselben Gegenwart wiederholen, doch vorbehaltlich, dass sie damit sich nicht aus einiger rechtlicher Klage und aus dem Recescz nicht wollen gegeben haben, denn sie hätten keinen Auftrag, den Ktz. rechtlich zu beschuldigen oder rechtliche Klage von ihm anzuhören und sich darauf mit Antwort auszulassen.

Dem nach sind die Städte-Gegner auch besonders vernommen worden, und wiewohl deren Bericht dem der Städte ferne entgegen ausgefallen, auch die Städte allweges auf Ihren Angaben beharret, die Fürstl. Gn. davon erhalten haben, wie es geschehen, auch die Mitbetheiligten durch ihre Eide verpflichtet wurden, so ist es doch dahin gekommen, das Sr. Fürstl. Gn. durch den Hrn. Marschalk Heinr. v. Schleinitz und Hans v. Schömberg von den Parteien zu begehren, die Sache gänzlich auf Sr. Fürstl. Gnaden Machtspruch zu stellen.

Es ist diese Forderung Sr. Gn. mit dem Anhange zugesagt worden: dieweil die Städte vermerkten, dass Ktz. aus dem Einfalle einen Widerwillen gegen sie gefasst, wiewohl ihm keinerlei Gewalt angethan, und zu besorgen stünde, dass dieser Sr. Fürstl. Gn. jetzt oder hinfüro derhalben, dass solches durch die Noth geboten, ferner geschehe, sich mit Ungnade gegen die Städte möge bewegen lassen, so wollten sie gern wissen, wie's künftig, wann die Gegner in Sr. Gn. Lande behauset würden, ob sie ohne Weiteres auf sie fallen und sie greifen dürften, oder wie sie sich darin zu verhalten hätten. Se. Fürstl. Gn. wollten sie darauf mit Bescheid gnädigstlich versehen. Darauf ist in Gegenwart beider Theile von Sr. Fürstl. Gn. durch Heinrich v. Schleinitz folgender Abschied gegeben worden: Se. Fürstl. Gn. hätten nun von beiden Theilen Bericht zur Genüge gehört und dabei von der einen Seite mehr Grund und guten Schein als von der andern vermerkt etc. Dieweil jedoch von beiden Theilen Alles auf Sr. Fürstl. Gn. Machtspruch gestellt, so sollte für diesmal aller Unwillen aufgehoben sein, und Se. Fürstl. Gn. wollte die Sache zu vertreten auf sich nehmen; wenn Se. Fürstl. Gn. solches jedoch thun sollten, so hätte es von beiden Parten unerinnert zu bleiben, d. h. wohl in gutem Gedächtniss zu bleiben. — Parten haben sich darauf des Spruches höchstlich bedankt.

Nach dem Abtritt beider Parteien hat Se. Fürstl. Gn. den Städten Folgendes sagen lassen: Es müsse Se. Fürstl. Gn. sehr befremden, dass man dergestalt in sein Land gefallen und gegriffen habe, da er doch Niemand sein Recht verweigere. Damit man jedoch nicht glauben sollte, als ob Se. Fürstl. Gn. solche Leute wider die Städte und ihren Handel in seinem Lande hegen oder dulden wollte, so würden Se. Fürstl. Gn. aus Gnade Folgendes gestatten: wo man Städtefeinde oder andere Landesbeschädiger in Sr. Fürstl. Gn. Landen, in Dörfern oder Städtleins merke, dass man da einfallen, selbige suchen und sich mit ihnen vor Gericht wenden möchte. Wo aber solche Leute auf Höfen oder Schlössern wahrgenommen würden, soll man sich derselben durch Einschliessung versichern und zu dem Hauptmann der nächsten Pflege senden und ihm im Namen Sr. Fürstl Gn. solches zu wissen thun, damit derselbe in Verbindung mit den Städtischen einfiele und die Widerwärtigen überwältige. — Dass mit diesem Handel die Reiterei des N.-L. Adels nicht abgethan war, entnehmen wir (Abschnitt Nd.-Lausitz) aus der Sendung Balthasars v. Ktz. zu Seeze nach Ofen und Glatz. — Hans v. Ktz. u. Schenkendorf kommt in den Lausitzer Händeln nicht mehr vor; er wird in einer Urkunde des Königs Wladislaw v. 1512, d. d. Ofen, den 21. Sept., schon als weiland bezeichnet.

1513. 1. Kaufverabredung zwischen Jacob v. Ktz. und Herzog Georg v. Sachsen wegen Letzterm zu verkaufenden Antheil v. Elsterwerda. (Abschrift. III. Abthl. Justiz-Sachen, Bl. 14. Dresd. Archiv.) — 2. Jacob und Otto v. Ktz. Kaufbrief über ihren Antheil v. Elsterwerda. (Abschrift. Ibid. Bl. 16, ibid.) — 3. Beschwerde der Wittwe Nic. v. Ktz., Anna, und ihres Sohnes Hyronimus v. Ktz. über Albrecht v. Ktz., dass er das Geld, wofür er Casp. v. Ktz. selig seinem Bruder Mückenberg verkauft, nicht wieder an Lehngütern angelegt, auch nicht zu Lehn gemacht habe. (Dresd. Cop. 113, Bl. 165.) — 4. Donnerstag nach Dionis. Friedrich v. Schleinitz zu Saathain soll Anna, Nic. v. Ktz. Wittwe, an ihrem Leibgedinge, dem ½ Dorfe Nauendorf und dazu gehörigem Holze, nicht hindern. (Cop. 113, Bl 165$^b$ und 166.)

1514. Jacob v. Ktz. Schuld an Barbara, Caspar v. Mergenthals Gattin, betreffend. (Cop. 119, Bl. 40$^b$, 41.)

1515. 1. Auszug aus dem Lehnbriefe der v. Ktze. über Blessa bei Elsterwerda, Landesregierung. (Dresd. Alt. Archiv Nr. 138, Loc. 30401.) — 2. Balzer v. Ktz. Rechtsstreitigkeiten betreffend. (Dresd. Cop. 122, Bl. 27$^b$.) — 3. Albrechts, Hans', Balthasars und Anderer v. Ktz. Streitsachen betreffend. (Copiar 126, Bl. 2.)

1515. Es fällt auch in diese Zeit der Abschluss einer Reihe von Fehden, in denen Jacob v. Ktz., der Pfaffenfeind, eine Hauptrolle spielte. Sie begann im Meissner Lande und endete 1515 ohne bestimmtes Resultat, wie oft in jener Zeit, mit Nic. v. Ktz.-Drebkau in der Nd.-Lausitz. Die Edelleute

v. Guttenstein und v. Brandenstein hatten 1503 (nach *Fabricius*) die bischöflich Meissnische Stadt Bischofswerda mit Hülfe Böhmischer Wegelagerer überfallen, geplündert, 40 Bürger weggeführt, wovon 9 starben; sie wurden für diesen Friedensbruch vom Herzog Georg v. Sachsen geächtet. Die Mehrzahl des Meissnischen Adels unter Führung des Burggrafen Alexander v. Leisnick, Johanns v. Kittlitz und der Köckritze (*Fabricius* sagt dabei: »familia antiquis et fortis«) rächte diesen Spruch an dem Bischöflichen Gebiete durch eine 1508 erhobene, lang dauernde Fehde, in der sich Jacob v. Ktz. seinen Beinamen erwarb. — Jacob v. Ktz. muss sich nach dem Dresdner Reichstage salvirt haben; denn bald finden wir ihn wieder in der gewohnten Thätigkeit mit Gott, Kirche und der Welt im Streit. *Hasche* (*Magazin*, Jahrgang 1787, pag. 99) bezeichnet ihn bestimmt als Urheber des Ueberfalls von Bischofswerda, der durch Bewaffnete, die in bedeckten Wagen verborgen waren, zur Ausführung kam. *Hasche* sagt: »Jacob, bekannt durch die Guttenstein-Brandenstein'sche Fehde, die eine ältere des List v. Ktz. zu Elsterwerda von 1496, die List mit dem Leben büssen musste, veranlasst hatte, und die Nic. v. Ktz. zu Drebkau nach 1515 zu rächen suchte, wie man im *Manlius* und *Senf* weitläufig findet.« — Aus der im Abschnitte *Nd.-Lausitz* beigebrachten *Reg.* 1496 lässt sich deutlich entnehmen, dass verzogenes Recht, um den mit einem Todtschlag an List v. Ktz. belasteten Pfarrer zu Gödau der Strafe zu entziehen, dem Stifte Meissen diesen langjährigen Hass des Adels zugezogen hatte.

1515, 26. Decbr., d. d. Halle auf Moritzburg. Albrecht, Erzbischof, und das Domcapitel zu Magdeburg schliessen einen Vertrag mit Hans v. Ktz., Amtshauptmann zu Dahme, die Abtretung des bisher von ihm innegehabten Schlosses und Amts Dahme betreffend (Orig. im Kg. Prov.-Archiv zu Magdeburg sub Rubro *Dahme*, Nr. 27.)

1516, 30. Juni, d. d.? Balth. auf Promnitz, Hans auf Merzdorf, für sich, die Vormundschaft Curts selig Sohnes und Hanses auf Lobben, Gevettern v. Kokeritz, quittiren dem Erzbischof Albrecht v. Magdeburg über alles Erbe, was ihnen zu Erbrecht aus dem Amte Dahme nach dem Tode Georgs, Ritter, und Hans, Gebrüd. v. Ktz., ihrer Vettern, vormaligen Inhabern des Schlosses und der Pflege zu Dahme zugestanden, nebst Verzichtleistung auf ihre weiteren Ansprüche. (Original auf Papier mit den 3 ungetheilten Siegeln der Aussteller. Kg. Prov.-Archiv zu Magdeburg sub Rubr. *Dahme*, Nr. 28. — Vide das Original der Urkunde bei *Reg.* 1622.)

Das Archiv zu Dresden ergab noch die folgende Reihe von *Reg.* aus dieser Zeit:

1516. 1. Liborius v. Kittlitz, ein öffentl. Strassenbeschädiger, ist bei Jacobs v. Ktz. Einfall in Putzkau Helfer gewesen. (Dresd. Archiv. Copiar 125, Bl. 54, 57 b.) — 2. Baltzars v. Ktz. Forderung auf Ersatz ihm weggenommener Schafe und dessen Frevelthaten betreffend. (Ibid. Cop. 125, Bl. 92 und 93.) — 3. Baltzer v. Ktz. hat Drohbriefe an den Rath von Senftenberg gesandt. (Ibid. Cop. 125, Bl. 96.) — 4. Hans v. Ktz. zu Merzdorf betreffend. (Ibid. Cop. 123 Bl. 58 und 61 b.) — 5. Hans v. Ktz. Verlassenschaft betreffend. (Ibid. Cop. 123, Bl. 103 b.) — 6. Casp. und Albrechts v. Ktz. Klage gegen Christof v. Maltitz. (Ibid. Cop. 127, Bl. 2 b.) — 7. Pop. und Nic. v. Ktz. Fehde. (5. *a*. II. Abthlg. Bd. 8, Bl. 66, Nr. 209.) — 8. Nicel v. Ktz. der Prediger: Räuberei. (Ibid. Bl. 69 b, Nr. 44.) — 9. *Acten.* Derer v. Ktz. und Casp. v. Maltitz Fehde wider den Bischof zu Meissen. 1508 bis 1516. Loc. 8983.)

1517. Balthasar v. Ktz. Streit mit Herzog Georg v. Sachsen. (Dresd. Archiv. Cop. 128, Bl. 81 b.)

1519. Hans v. Ktz. zu Merzdorf Streit mit Hans Moller daselbst. (Ibid. Cop. 129, Bl. 1—11 b.) - Hans v. Ktz. zu Lobben betreffend. (Ibid. Cop. 129, Bl. 11 b.)

1520. Hans v. Ktz. Schuldsachen mit dem Kloster Dobrilug. (Ibid. Cop. 133, Bl. 10, 11.)

1521. Balthser v. Ktz. zu Promnitz und Hans v. Ktz. zu Merzdorf Irrungen mit Jacob v. Ktz. wegen des Kaufes, den Hans v. Ktz zu Lobben mit Jacob v. Ktz. um die Anwartung getroffen, die Hans v. Ktz. zu Lobben an Gut Waldau gehabt hat. (Ibid. Cop. 125, Bl. 199 c, 199 f.)

1522/23. Hans v. Ktz. Verlassenschaft. (III. Abthl. Bd. 35, Bl. 38, Nr. 44.)

1524. Alex. v. Ktz. Vertrag mit Christoph Engelschalk wegen seiner an diesen verheiratheten Schwester. (Ibid. Cop. 127, Bl. 169.)

Wir sind hier zu einer fast 20jährigen Lücke in der Reihe der uns vorliegenden *Reg.* gelangt, ohne einen haltbaren Grund für diese Unterbrechung angeben zu können. Allerdings fällt in diese Zeit (1524 bis 1543) die geistige Arbeit der Reformation und die Sonderung der politischen und religiösen Parteien in Deutschland, deren Zusammenstoss später den 30jährigen und als Vorläufer den schmalkaldischen Krieg herbeiführte, der mit der Schlacht bei Mühlberg (1547) zum Abschluss gelangte. Die Störungen des öffentlichen Lebens in Sachsen mögen durch diese Wirren gross genug gewesen sein; immerhin lässt sich dadurch allein dieser Stillstand, dieser gänzliche Mangel jedes öffentlichen Actes, nicht erklären. Unsere Arbeit findet hier ihren Abschluss, bei dem wir auf die Schriften des *Aeneas Sylvius* und *Ulrich's v. Hutten* hinweisen. Beider Aufzeichnungen von Deutschlands blühender Wohlfahrt und den Schattenseiten des Adelslebens auf den Schlössern geben die Staffage zu einem Bilde des deutschen Volksthumes vor dem 30jährigen Kriege. Sie zu beachten ist um so nothwendiger, als dieser Krieg neue Gestaltungen und neue Menschen schuf, die, gewaltsam aus dem geschichtlichen Zusammenhange gerissen, kein Zeugniss, keinen Maassstab mehr für ihre Altvordern geben können.

Mainz, 1871 im Herbst.

# ANHANG.
(Zu pag. 33.)

In nomine sancte et indiuidue Trinitatis, HENRICVS Aduocatus de Vida fratresque eius omnibus Christi fidelibus, tam presentibus quam futuris in perpetuum. Nouerit omnis Christi fidelium vniuersitas, quod Henricus de Vida, pie memorie, pater noster concessione et beneuolentia serenissimi Domini H. (Henrici) Romanorum Imp. Augusti, Victoris et Regis Sicilie, nec non assensu et fauore illustriss. Principis ac Domini Hermanni, Lantgrauii Thuringie et Palatini Saxonie, authoritate etiam venerabilis Numburgensis ecclesie Episcopi Bertholdi ad honorem Dei et beate virginis matris Marie, in loco ditionis sue Mildenuorde congregationem instituit Canonicorum, secundum regulam beati Augustini Episcopi et institutionem venerabilis Norberti Archiepiscopi Magdeburgensis communem in vitam professoris ortus eorum iugi seruitio et orationum instantia salus iprius et matris nostre Bergte, nec non et nostra, Domino, Deo eiusque sanctissime genetrici Marie commendetur, animeque patris nostri et matris, sed et animabus nostris et cognatorum nostrorum hac deuotione sua possit esse consultum. At sustentationem itaque dicte congregationis parrochiam in Mildenuorde cum omnibus eo attinentibus cuiuscunque conditionis mancipiis, ecclesiis, mansis, agris, sylvis, aquis, pascuis, pratis, molendinis, piscationibus, ceterisque quibuslibet vtilitatibus sancte Marie deuotis obtulit. Cui etiam postmodum addidit subscripta bona, in slauica villa Mildenuorde X mansos, quorum summa cum noualibus attinentibus XX m. equatur, in villa Dobratitz VII m., Vntitz X m., prope villam Schoneberg syluam, que vulgo Forst dicitur, et aliam eodem nomine nuncupatam, adiacentem Burckarsdorf, et piscationem in Vida a fluuio Elstra, vsque ad vadum versus villam Dobratitz. Deuotioni itaque patris nostri cooperatores esse cupientes et largiorem sustentationem fratrum et augmentum iam dicte ecclesie bona subscripta sine emptione comparata, sine largitione collata beate Marie virgini eique seruientibus promptissima voluntate contulimus. Et ne in posterum hoc nostre deuotionis factum infringere quis valeat, impressione sigilli nostri et testimonio honestorum virorum communire studuimus. Sunt autem hec Skumele V m., Wittichendorf, I m., Stenersdorf, IV m., Dieberstorff, II m., Siuerstorff, I m., Richnoc, I m., Dobertitz domini Bartoldi et omnia eo attinentia. In eadem villa insuper omnia fratris eius Heidenrico attinentia et I m. fratris eorum Friderici in eadem villa in Wolffersfert V m. et IV aree, et vnum molendinum.

*In villa* Mildenuorde *I m. cum suis noualibus domini* Wolfferami *et I m.* Echelleri *cum suis noualibus, In villa* Cronschwitz *IV m.*, Lupoldisdorf *IV m., decimam in* Kobeln *integraliter, decimam in* Wolffersfert *de allodio, decimam in* Roselmansdorf, Rubi *a* Meinhero *empti XII jugera, A* Bertholdo Ricimanno *circa XV, A* Christiano *empti circa VIII,* Falkonie *II m.*, Schwirtzschen *II m.*, Wartenbergk *III m.*, Trachensdorf *VI m., pars nemoris* Graiz, *IV jugera in* Tossen *et II in ciuitate* Vida. *Anno dominice incarnationis millesimo, ducentesimo nono acta sunt hec anno* Ottonis *Regis Imperii primo,* Engelhardi *Numburgensis Episcopi ordinationis anno tertio. Huius rei testes sunt:*

                Henricus, *Aduocatus de* Strasberg.

Eckenbertus Willebrandus.      Popo Henricus *de* Kokeritz.
Gotfridus Seupoldus *in* Gera.    Bertholdus *de* Tributz.
Bruno Volradus.                  Albertus de Niebern.
Heinricus Verungus *in* Graiz.    Gerhardus *de* Lupschitz.
Bernhardus Ditmar Wascherus. Heinricus *de* Ronneberg.
Hermannus Conradus *in* Vida.   Sigchardus *scriptor Aduocati*.
Fridericus Craffio.               Heinricus *Plebanus de* Ronneberg.
Viricus Conradus Schmickerus.
Voluanus Lipoldus.

## Druckfehler.

| Pag. | Zeile | | | für | dem | lies: | den |
|---|---|---|---|---|---|---|---|
| 8, | 13 | von | unten | für | dem | lies: | den |
| 15, | 14 | » | oben | » | zwei | » | drei |
| 30, | 3 | » | » | » | pflochten | » | flochten |
| 34, | 1 | » | » | » | Plauen | » | Strassberg |
| 36, | 16 | » | » | » | Widaa | » | Widaa etc. |
| 37, | 5 | » | » | » | 1231 | » | 1241 |
| 44, | 13 | » | » | » | Weimar | » | Dresden |
| 44, | 5 | » | unten | » | » | » | » |
| 57, | 3 | » | oben | » | 70 | » | 97 |
| 60, | 19 | » | » | » | vignit | » | viguit |
| 86, | 5 | » | unten | » | Janer | » | Jauer |
| 86, | 10 | » | » | » | Dobrilag | » | Dobrilug |
| 90, | 10 | » | » | » | spoli | » | Spoli |
| 101, | 15 | » | » | » | honestae | » | honestae |
| 110, | 3 | » | oben | » | Dobriluhc | » | Dobrilug |
| 115, | 20 | » | » | » | Babro | » | Rubro |

www.ingramcontent.com/pod-product-compliance
Lightning Source LLC
Chambersburg PA
CBHW020919230426
43666CB00008B/1496